ジョイス・E・ソールズベリ
後藤篤子 監修
田畑賀世子 訳

ペルペトゥアの殉教

ローマ帝国に生きた若き女性の死とその記憶

白水社

ペルペトゥアの殉教

ローマ帝国に生きた若き女性の死とその記憶

PERPETUA'S PASSION: The Death and Memory of a Young Roman Woman
by Joyce E. Salisbury

Authorised translation from the English language edition published by Routledge,
a member of the Taylor & Francis Group LLC

Japanese translation published by arrangement with Taylor & Francis Group LLC
through The English Agency (Japan) Ltd.

ボブ・バルスリーに

目次

＊注記＊　本文中の〈　〉で示した部分は、訳者注、および訳者が文意を補ったものである。

謝辞

あらゆる本に当てはまるように、この本を書くために、私はたくさんの新しいことを学ばなければならなかった。この作業は多くの人の助けによって進められ、そのおかげで、さらに楽しいものとなった。

私が古代カルタゴをこれほどよく理解することはできたのは、実際その地を訪れることができたのとともに、この古代都市の遺構を長い時間を費やし、苦労を重ねて発掘しながら、何十年間にもわたってそこで働いてきた考古学者たちの専門知識を借用することができたおかげである。特にジョアン・フリード、コリン・ウェルズ、そしてスーザン・スティーヴンズは寛大なもてなしと、チュニジアに関する専門知識を提供してくれた。

メアリー・アン・ロッシ、トーマス・ヘファナンを含む他の多くの学者たちと交わした刺激的な会話により、この本はより豊かなものとなった。グレゴリー・アルドリートは、古典学者としての目で、本書の手稿を注意深く読んでくれた。こうした助力にもかかわらず、間違いを避けることはできない。それらはすべて私の責任である。

この本を豊かなものにしてくれているイラストは、私が多くの人を煩わせて手に入れたものである。ボブ・バルスリー、マーガレット・アレクサンダー、リン・サンチュア、ロリ・フランシスは、チュニジアの現場で写真を取ってくれた。アリシア・ノーウィッキは美しいスケッチを描いてくれた。リサ・クアムは、ウィリアム・ニーツウィズ、ウィリアム・ラーチ両教授の指導の下、地図を描いてくれた。ジェーン・シューレンバーグは表紙のイラストを描いてくれた。本書で引用されている『ペルペトゥアの殉教』は、一九七二年に出版された『キリスト教殉教者行伝』の、ハーバート・ムスリッロによる翻訳である。オックスフォード大学出版がその版権を持っており、ここに引用する許可を与えてくれた。

フランケンタール家は、私がこの研究の経費をまかなうのに必要な研究基金を気前よく提供してくれた。最後に、この本をボブ・バルスリーに捧げたい。彼は、チュニジア旅行の楽しみを共有するとともに、その苦しみを和らげてくれた。また、終わらないのではないかと思うほどの量の草稿を読むという重荷を分けあってくれた。そして、このプロジェクトが生み出したすべての思い出を、私とこれからも共有してくれるであろう。

はじめに

四世紀の教会史家エウセビオスは、信仰のために死んでいった多くの男女のことを、愛情を込めて詳しく語っている。「時に彼らは斧で殺され、……時に彼らは脚を折られ……。時に彼らは、燃える火の上に頭が来るように、逆さ吊りにされた……時には、鼻、耳、そして手を切り落とされた」[1]。殉教者たちが見せたこの堅忍はキリスト教徒にとって話の半分に過ぎなかった。殉教者たちの言行もまた記憶されなければならなかったからである。エウセビオスは「殉教者たちの思い出に再び明かりを灯す」ために記録した[2]。そして、同じような回顧は、キリスト教徒たちの間で一千年以上にわたって続いた。本書は、殉教と記憶――殉教の記憶だけではなく、殉教者たちが果敢な死の瞬間に持っていた記憶――の間の相互作用を研究するものである。それは、人間同士の対立の物語であるとともに、思想の対立の物語でもある。

一世紀の半ばから四世紀の初めにかけて、キリスト教徒は断続的に迫害を経験した。時には一人一人、時には集団で逮捕された。迫害は、何らかの局地的な出来事ゆえに行なわれることもあったが、四世紀までには、キリスト教徒に彼らの信仰を捨てさせようとする皇帝たちの、意識的な政策となっていった。これらすべての場合において、ローマ帝国の異教徒はそこに頑迷な臣民の姿を見、キリスト教徒は神の力を見た。さらに言えば、異教徒たちは迫害によってキリスト教を制圧するどころか、さらなる改宗者を生み出しただけであった。

異教徒とキリスト教徒は殉教を全く異なった観点から見ていたかもしれないが、それが、さまざまな文化や思想の、目に見える衝突であると考える点では共通していた。過去を研究する上で私を常に悩ませてきた問題は、単純に、「彼らは何を考えていたのか」というものである。人間の行動は、世界をどう理解するかというところから生じる。つまり、人々の行動は、人々の信念と一致しているということである。残酷な死を遂げることを知りながら、確信を持って闘技場内へと歩み入った人々のメンタリティーを、私は理解しようとした。もちろん、キリスト教のテクストは、こうした確信は奇跡であると言う。そうなのかもしれないが、それが十分な説明となっているとは思われない。生きる理由がたくさんあるにもかかわらず、熱心に死を望んだペルペトゥアという一人の殉教者に焦点を当てることで、殉教という行為そのものを、そして、その背景にある思想の対立を研究しようと私は決意した。

二〇三年、若いローマ貴婦人ペルペトゥアは、四人の仲間とともに逮捕された。彼女は、彼女を深く愛する富裕な家族の中で育ち、既に結婚しており、まだ乳飲み子である息子もいた。父親の嘆願にもかかわらず彼女はキリスト教信仰を宣言して、その信仰のために生きることを主張し、皇帝のために犠牲を捧げること拒んだ。彼女は裁判にかけられ、闘技場で獣に殺されるという刑を宣告され、牢獄に入れられた。ここまでのところ、彼女の経験は、他の多くのキリスト教殉教者のそれと似通っている。ペルペトゥアが他の殉教者たちと異なるのは、投獄されていた間、最後の日々を日記に記したことである。この日記の中で、ペルペトゥアは家族、息子、そして自分のアイデンティティーへの思いを語っている。さらに彼女は、預言的であると信じた、四つの夢を記録した。彼女の思考の、個人的かつ濃密なこの記録の中に、私たちは一人の人間の心中で起きたさまざまな思想の衝突を見ることができる。

ペルペトゥアの日記は、彼女とともに逮捕された他の殉教者たちが過ごした最後の日々についての目撃証言も含んでおり、そのおかげで私たちは、闘技場における彼らの死を詳細にわたって鮮明に追うことができる。私は本書の中に、『聖ペルペトゥアと聖フェリキタスの殉教』として保存されてきたテクストの全文を掲載している。

このテクストにおける（殉教という現象全般について言えることだが）主要な文化的対立は、ローマの権力と、新たな忠誠心に従う者たちがもつ信仰の力の対立である。しかし、他の対立もまた記されている。これら信仰の試練の中で家族や、家族への忠誠は試され、分断された。ペルペトゥアは彼女の父親の苦悶を、そして、自分が幼い息子を捨てたことを書き記している。闘技場では、ジェンダーに基づく役割と期待が混乱した。例えば、ペルペトゥアは自分が男に姿を変えて裸で現れる夢を見ている。さらに、彼女の経験は、母親であることは殉教への道を閉ざすのかどうかといった、ジェンダーについての他の疑問も提起している。キリスト教徒の共同体の中ですら対立はあり、信者が試練を受ける中、それは悪化した。最後に、ペルペトゥアの幻視と彼女個人の強さは、後のキリスト教徒たちが彼女の勇敢さを先例と讃えながらも対処しなければならなかったいくつかの問題をも作り出した。本書は以上の、そしてその他の知的・物理的な対立についても探求する。

人は、自分の将来について決断を下すとき（ペルペトゥアが、逮捕され、裁判にかけられた際にしたように）、自分たちが過去に得てきた経験に頼る。そして、経験の記憶は、実際に起きたであろうことよりも重要である。カルタゴの闘技場で衝突した対立しあう思想は、ペルペトゥアが当然のものと捉えていた文化的記憶を表現していた。だから私は、ペルペトゥアの物語と彼女の夢の両方に現れる知的な遺産、記憶を探求してゆこうと思う。私は、一人の若い女性が、自分が学んできたことをどう使い、解釈して、殉教への道を歩むという首尾一貫した決断を下すに到ったのかを示したい。その決断が理解できるものだからといって、奇跡的でないということにはもちろんならないのだが。

本書の構造は、次第に距離を狭めつつある複数の集団の中で主流だった種々の思想が、闘技場で獣と対峙するペルペトゥアという個人の中で遂に衝突するにいたるまでを研究するという形を取っている。ペルペトゥアはローマ帝国の市民であり、ローマ市民特有の育ち、教育、家族生活を経験していた。したがって本書はローマから始まるが、もちろん、二世紀後半におけるローマの思想と文化を完全に描きだすものではない。その代わり私は、ペルペトゥアの殉教に直接的な影響を与えたと思われる、ローマ文化のいくつかの面に焦点を当てたい。その中には彼女の家族生活、神々を特定の空間に位置づけようとする宗教的感性、そして、ペルペトゥアがその犠牲となった皇帝に対する配慮が含まれる。

これらの出来事が起きたのは、北アフリカのカルタゴである。このコスモポリタン都市は長い歴史と、ローマとは異なった伝統を持っていた。ペルペトゥアはこの地域特有の文化的記憶を受け継いでおり、彼女の殉教はカルタゴという空間とカルタゴの価値観の枠外では理解できない。したがって、第二章は、富と壮大さでローマと競い合ったこの都市の、物理的、知的背景がどのようなものであったかを示し、そして、ペルペトゥアの思想と行動を導く一要素だった、供犠に対するカルタゴ独特の感性と伝統を検討したい。

ペルペトゥアの異教徒としての過去もいくつかの点で彼女の選択に影響を与えたが、最も重要な影響はもちろん、彼女がキリスト教共同体の中で学んだものである。第三章では、カルタゴにおけるキリスト教団の起源と彼らの慣行を考察する。おそらく最も重要なものとして、私は若い教会の持つ魅力を探りたい。ペルペトゥアたちのようなキリスト教徒は、神がこれらのキリスト教共同体に存在することを確信しており、彼らは神的な存在の近くにいられるということに引きつけられた。ペルペトゥアはこれらの考えを牢獄と闘技場に持ち込んだ。『ペルペトゥアの殉教』のテクストそのものに対する私の再構成と研究は、若いキリスト教共同体が、殉教者の小集団の逮捕でローマ権力と対立するこの章で始める。

それに続く二つの章、「牢獄」と「闘技場」では、ペルペトゥアの殉教の物語を続ける。これらの章では、彼女の日記と関連テクストの分析を通して、彼女の夢の意味を探り、彼女の心がいかにして彼女の経験の記憶を元に、自分の未来をある特定の形で理解したのかを探求する。私はまた、彼女がついに息子を手放し、父を捨て、キリスト教徒の女性としての役割を新たに理解した際の、彼女の社会的アイデンティティーを探りたい。闘技場は、ローマがキリスト教徒共同体に対してその権力を行使しようとした最後の対決の場所である。第五章「闘技場」では、観客と殉教者がそこで何を期待し、経験したのかを考察したい。

ペルペトゥアは闘技場で死を迎えるが、ペルペトゥアの殉教の物語はここで終わらなかった。彼女の日記は、彼女が殉教した日に毎年読み上げられたため、彼女の思い出は、続く何世代もの人々に影響を与えた。しかし、彼女がキリスト教徒としての殉教という新しい状況に適応する際、自分の記憶を変えていったように、彼女の殉教の記憶は、変化したキリスト教世界に適応するように再解釈された。最後の章は、ペルペトゥアの死後の、ローマ、カルタゴ、そしてキリスト教共同体の命運を簡潔にまとめ、彼女のテクストの、時代を越えての利用と再解釈に目を向けたい。

『聖ペルペトゥアと聖フェリキタスの殉教』にはいくつもの良い、そして簡単に手に入る英訳がある。私は、最も手に入りやすいラテン語のエディションで、翻訳の付いたものから引用することにした。ほとんどの場合、私はムスリッロの訳をそのまま使用し、より正確であると私が思ったか、現代の読者によりわかりやすくなると考えた場合のみ改訳した。

パラダイムが変動し、イデオロギーが対立しあうとき、単純なものは何もない。そのような文化の衝突の中で、殉教はおそらく最も鮮烈な瞬間であろう。キリスト教最初の数世紀の間、信徒たちは、古い思想に取って代わろうとしている新しい思想を貫くため、進んで、しかも恐ろしい方法で死んでいった。本書は、一人の人間の生涯の中にこの思想の対立を探るものである。そしてさらには、私たちがこれほどにも長い間、記憶の中に留め続けてきたこの若い女性の思想の力をも考察することになるだろう。

ウィビア・ペルペトゥアは「良家の出身で、しっかりとした教育を受け、貴婦人にふさわしい結婚をしていた」。ローマ当局と衝突する以前のペルペトゥアの生涯について、私たちが知ることができるのはこれだけである。〔図1・1〕に写っている大理石像は、カルタゴで発見された二世紀の若いローマ貴婦人のものである。ペルペトゥアは、ほぼ同時代人であるこの若く品のよい女性と似たような外見をしていたに違いない。ペルペトゥアの背景に関する描写は短いものではあるけれど、彼女の育ちや、若いとき彼女がどのような思想を吸収していったのかについて多くを語ってくれる。伝統的なローマ人少女として育った彼女は、幼いうちから、世界の中心は家族であり、家であり、それらを守る霊であることを学んだに違いない。

家と家庭

ペルペトゥアの家族の名前、ウィビウスは、彼女の家が何世代にもわたってローマ市民であったことを示唆している。彼女の父親は、都市とその行政区内で何らかの高い地位を有していた可能性が高い。元老院階級に達するほど高い地位を占めていたのではないかと推測する研究者もいるが、おそらくは都市参事会員程度であったろう。[1] いずれにせよ、彼女の家族は地方共同体の中で大きな影響力をもっていたに違いなく、また、家族が持っていた、ローマの権力や歴史との関連から利益を得ていたに違いない。

ペルペトゥアが生まれたとき、彼女は父親の足元に置かれたはずである。父親は彼女を抱き上げることで、自分が絶対的な家長の地位を占める家の中に彼女を迎え入れた。伝統的なローマの家では、父親の権力《パトリア・ポテスタス》は完全なものであり、たとえ子供が成人した後でも、父親が死ぬまで継続した。(2)とはいえ、娘と父親の関係はしばしば密接なものであり、時には愛情に満ちてもいた。上流階級のローマ人の間で、父と娘の絆は重要なものだった。(3)従順な娘たちは家長《パテル・ファミリアス》のために政治的、または社会的な絆をつくりだし、そして、彼女たちの従順さはしばしば、父親からの愛情で報われた。小プリニウスが伝える、十三歳の娘を失ったある父親の嘆きはよく知られた一例である。彼は、幼い娘がよく「父親の首にしがみついていた」こと、そして、彼女が死んだとき、父親は「他のすべての徳を投げ捨てて、娘への愛に完全に我を失った」ことを思い起こしている。(4)プリニウスが伝える例が典型的なものであったかどうか私たちにはわからないが、ペルペトゥアの記述の中で、父親が彼女の逮捕に際して示した反応に見られる深い悲しみは、ローマの家族の中で生まれ得た父と娘の絆の強さを示している。年老いた家長《パテル・ファミリアス》は、老年期には娘にいたわってもらい、喜びを与えてもらうことを当然期待していたが、キリスト教徒著述家や、キリスト教徒となった娘たちは、このような期待をあざ笑うことになる。(5)

父親の権威は、世帯のすべての成員に及んだ。ペルペトゥアと血の繋がった家族の中には母親と存命の兄弟が二人いた(三人目の兄弟は幼いうちに死んでいる)が、彼女の父の父権下に入る世帯の中には、奴隷や解放自由人も含まれていた。実際、ファミリアというラテン語自体は、血の繋がりはないけれど、法によって結ばれた人々をも含んでいた。(6)ペルペトゥアが家の奴隷二人とともに逮捕されたとき、難題を抱えたこの家の家長の権威を侮っていたのは、お気に入りの娘一人だけではなかったことになる。

［図1・1］ローマの既婚貴婦人，チュニスのバルド博物館蔵．写真はボブ・バルスリーによる．

父親の絶対的ながら愛情に満ちた導きの下、ペルペトゥアはよい教育を受けた。ペルペトゥアの日記に見られる言葉遣いは、彼女がよい教育を受けたことを示しているが、彼女がローマ人の娘として例外であったと考えるべき理由はない。ローマ人の家族が女子の教育を尊重していたことは多くの史料が物語っている。父親はおそらく、息子の教育よりも、娘の教育に深く関わっただろう。なぜなら、息子には教師がつけられる場合が多かったからである。(7) ローマ人は、教育を受けた女性こそが、息子たちに最もよくローマ的な価値観を伝えられると信じていた。例えば、一世紀の著述家クインティリアヌスは、「親について言えば、私は彼らができるだけよい教育を受けることを望む。私は単に父親たちのことだけを言っているのではない」と書いている。彼は続けて、グラックス兄弟の母コルネリアのように教育のある母親たちは、息子たちに雄弁を教え込む能力があると述べている。(8) または、ペルペトゥアとほぼ同時代に生きたエウリュディケという女性が書いたエピグラムを見てもいい。彼女の碑文はこう語っている「ヒエラポリスのエウリュディケがこの石板を立てた。学識を持ちたいという自分の欲望を満たしたときに。というのも、彼女は成長してゆく息子たちの母親だったので、弁論の容器である文字を学ぶため懸命に励んだから(9)」。

これらの例が示すように、親に愛された娘の教育ですら、彼女がよき母親としての役割を果たせるようになることを目的としていた。ローマの伝統では、結婚は、互いにふさわしい家族の間に協力関係を築くために取り決められるものだった。ローマ人の上流社会では、女性は（私たちの基準からすれば）とても若いうち、十一歳から十六、十七歳の間に結婚した。(10) アウグストゥスの法が、二十歳になるまでの若い女性には未婚の罰を科していないことを見ると、(11) これが立派な家の子女が結婚する年齢の上限だと理解していいだろう。ペルペトゥアは、この年齢の枠の上限近くで結婚している。彼女の殉教伝は、彼女が「結婚したばかり」で、「二十二歳くらい」だったとしている[12]（もっとも、私たちの年齢の数え方では、彼女は二十一歳だったということになるのだが）。おそらく、彼女を愛する父親が縁組に消極的だったのだろうが、もしかすると、他に遅れた理由があったのかもしれない。

ペルペトゥアの結婚の問題は、彼女の殉教伝のテクストを研究する人たちを悩ませてきた疑問の一つに関連している。すなわち、訴訟の間、彼女の夫はどこにいたのかという問題である。裁判の記録も、彼女の日記も、彼女が立派な結婚をしていたと述べて夫がいたことを示唆する以外、彼に関してはまったく言及していない。裁判に夫が姿を見せないことや、ペルペトゥアの日記に夫への言及がないことは、数多くの推測を生んできた。文章の中に夫が姿を現さないことについてはいくつかの説明が提示されている。ペルペトゥア自身が、夫に言及することを重要だと考えなかったのかもしれない。夫の存在によって示唆される性的な意味合いを減らすため、後の時代の編者たちが夫への言及を削除してしまったのかもしれない[13]。もしかすると、夫は彼女がキリスト教に改宗したことを快く思わなかったため、彼女を見捨てて、裁判にはかかわらなかったのかもしれない[14]。あるいは、町を留守にしていただけかもしれない[15]。

夫の姿が見えないことは、少なくとも、ペルペトゥアの結婚契約がどのようなものだったのかを示してくれる。ローマ法の下では、女性はマヌス婚と呼ばれる結婚をすることがあり、その場合、女性に対する権利は父親から夫に移った。しかし、結婚には別の形式もあった。共和政期の終わり頃（ペルペトゥアの結婚の二世紀前）までには、ほとんどの婚姻が、娘への権利が父親の下に残るような方法で行なわれるようになっていた。ペルペトゥアの結婚は、きっとこの形式だったに違いない。そうでなければ、父親が裁判にやって来て、娘に嘆願することはなかっただろう[16]。

私たちは、なぜ夫への言及がないのかを確実に知ることはできないけれど、夫の不在は、少なくとも、ローマ社会における父と娘の絆の重要性を示す更なる証拠にはなるであろう。ペルペトゥアは、娘としての自分の役割こそが論じられるべき、そしてついには断ち切られるべき最も重要な絆だと見なしていたのかもしれない。そして、三世紀ローマの読者たちは、彼女が父親の方に焦点を置いていることを不適当だとは思わなかったのであろう。さらには、夫よりも父親に重点が置かれていることは、世代間の縦の繋がり――彼女の父親とその子孫との間の連続性――の重要性をも示している。ペルペトゥアは、すでに結婚していたとは言え、父の家系を継承する者として期待されている役割を果たす従順な娘だったのだ。

ペルペトゥアは、家系を絶やさないため、子供を産んで家族の期待に応えなければならなかった。彼女はこの義務をすでに果たしており、彼女がローマ当局と対立していたときには、乳児を育てていた。上流のローマ婦人として、彼女はローマ的な価値観を次の世代に伝えるべく育てられてきた。[17] ペルペトゥアが、彼女を慈しむ父親によって注意深く教育され、注意深く守られてきたのは、ローマ文化の保持者にして伝達者としての重要な役割の故だったのだ。

ペルペトゥアの家族生活や彼女が置かれた状況の記述は、私たち現代人が持つ社会学的な好奇心を満足させてくれるが、それだけではローマ人の心を正しく理解することはできない。ペルペトゥアが家族の中、そして家庭の中で置かれた立場は、宗教的な感情や慣行によって注意深く因習化されていたのであり、そうした感情や慣行のほとんどはローマの創建にまで遡るものだった。

古い時代のローマ人は、ローマの偉大さやローマ人的特性は、概して、自分たちの敬虔さによるものと考えていた。前一五〇年頃、鋭い洞察力を持つギリシア人論評者ポリュビオスは、ローマ人がギリシア人の上に立つに到ったのは、「彼らの宗教的信念の性質」の故であると述べている。[18] その一世紀後、キケロは同じ考え方をもっと詳しく論じている。「さらに、もし私たちが自分たちの国民性を諸外国民のそれと比較するなら、その他のすべての点で私たちは彼らと同等か、もしくは劣ってさえいるけれど、宗教心、すなわち神々への崇拝という点では、私たちの方がはるかに優れていることがわかるだろう[19]」。このような引用は他にも挙げることができるが、それらはすべて、ローマ人が自分たちの宗教的感受性を非常に敬虔で、他国民のそれとは異なっていると感じていたことを明確に示している。私たちの疑問は、それが「どのように異なっていたか」ということである。

ローマの宗教を学ぶ者が最初に驚くのは、神々の数の多さである。四世紀末から五世紀初頭に活躍した司教アウグスティヌスは、大著『神の国』の中でローマの神々を侮蔑的に論じているが、ローマの宗教の中で育てられた人物によるこの議論は、真面目で敬虔で伝統的なローマ人がもっていた、神々が遍在しているという感覚をきわめてよく伝えてくれる。アウグスティヌスは一般的総括としてこう書いている。「ローマ人は、特定の領域に、そしてほとんどあらゆる動きに特定の神々を割り当てている[20]」。アウグスティヌスは神々の多くを挙げているが、それでも、すべては挙げきれないと認めている。彼の言葉によれば、「ローマ人は、厖大な書物の中で、特定の機能や特別な責任をさまざまな神々の力に割り当てたけれど、それでもすべての神々をそこに含めるのは困難だった」。例えば女神ルシナは田園部《ルース》を担当し、コッラティナは丘陵部《コリス》を、ウァッロニアは渓谷部《ウァレース》を担当していた。このように特定の分野を担当する神々が数多くいたことは、ローマ人が崇拝していたのは、小さな担当領域を超えたところには力が及ばない微力な神霊だったことを示していると、アウグスティヌスは結論づけている。これらの神霊は、「それぞれの特定の区画にはっきりと閉じ込められていたので、全体的な責任は、そのうちのいずれにも任せられなかったのだ[21]」。

アウグスティヌスのキリスト教的偏見を除去すれば、私たちは、神的な力がそれぞれの神が住まう空間に緊密に結びついていると見ていたローマ人の宗教観を読み取ることができる。二世紀ローマの敬虔な異教徒ケルソス（ペルペトゥアのほぼ同時代人）は、神々と神々が住まう場所の関連の重要性を、アウグスティヌスよりも肯定的に表現している。

世界の初めから、地上のそれぞれの部分はそれぞれの守護神に割り当てられていた。そして、このうに割り当てられたことで、物事はこれらの守護神たちが気に入るようなやり方でなされている。それゆえ、それぞれの場所に原初の時から存在する習慣を放棄するのは不敬虔なことなのである。[22]

ケルソスは、空間とそこに住まう神的存在の間の関係に根強い信仰を抱いていたので、キリスト教徒は（異教の神々の空間である）地上に暮らしているのに、神々に犠牲を捧げることもなく、感謝の念すらも抱かない輩だと述べている。彼はそれを、人の家に住みながら家賃を払わないことにたとえた。[23]

二世紀のある敬虔なカルタゴ市民は、ローマ人がある種の空間がもつ神聖な性質に注意深く敬意を払っていたことに、ほとんど話のついでのような感じで言及している。「敬虔な旅行者は、聖なる森や路傍の聖なる場所に差し掛かると、祈りの言葉を発し、果実を捧げ、旅を中断して一時休むのが普通の習慣である」[24]。

フロランス・デュポンは、ローマ人の宗教性と神々が住まう空間との関連を最もうまく要約している。「したがって、ローマ人は一つの宗教的空間から別の宗教的空間へと移動し、それに従って崇める神を換え、それぞれの空間にふさわしい振る舞いをしながら、生涯を過ごすのである。ローマの多神教が取ったのはまさにこの形態だった。すなわち、多くの宗教的空間が増殖してゆくような形態である」[25]。現代西欧の伝統の中で生きる私たちは、どこにいても呼びかけることができるような超越的な唯一神を当たり前だと思い、また、神があらゆる場所で、降下する雀の動きすら把握していると信じている。私たちにとっては、それぞれの空間が異なった神によって守られ、導かれており、安全でいるためには、それぞれの場所の守り神にふさわしい敬意を示すことが必要だ、というような状況を想像するのは少々困難である。キケロがローマ人の深い敬虔を讃えたとき、彼は、聖なる空間に対するローマ人の意識を特徴づけていた、（畏怖の念の混じった）この警戒感に言及していたのかもしれない。

　ローマの神々や女神たちの最も重要な空間はもちろん、永遠の都ローマであった。七つの丘からマルスの野にかけて、多くの神々がそれぞれの場所を見張っており、そこで行なわれる公的な活動と調和していた。四世紀の異教徒シュンマクスは、キリスト教徒からの反対にもかかわらず、異教の神殿を維持してくれるよう嘆願した。彼はローマが、そこを歩くあらゆる人にとって、いかに目に見えて神聖であったかを思い出させている。「彼は至福の元老院〈議員たち〉の後について、永遠の都のあらゆる街路を通り、祝福された目で神殿を眺め、破風に神々の名前を読み、聖域の起源を論じ、それらを創建した人々を讃嘆した」。彼は議論を簡潔にこうまとめている。「天の摂理は、諸都市をさまざまな守護神に割り当てた」[26]。リウィウスが記録する一つの演説の中で、あるローマ人は同郷人にローマを離れないようにと促している。「あなた方は、あなた方の勇気とともに、どこでも他の場所に行くことができる。しかし、この場所の幸運の女神《フォルトゥーナ・ロキー》は、もちろん、他の場所に持ち運ぶことはできない[27]」。この言葉は、神々と神々が守っている公的な場所との関係に対するローマ人の信仰を、強く表している。

　しかし、家庭という私的な場所を守る神々も同様に多数いた。父親が家庭の中心であったことはすでに見たが、父親が有するこの地位は、法的権威と同様、宗教的な儀式によっても取り巻かれていた。父親は、彼の家門の存続に必要な共同の儀式を維持してゆく責任を負っていた。彼は、家、家庭生活、責任、義務といった、家門と伝統の継続を保証するすべてのものを強調する私的な儀式を取り仕切った。もし彼の監督の下で家門が存続すれば、死後、彼は崇敬され、彼に続く家長の行動に規範を提供した。このシステムにおいては、個人的希望に与えられる余地はない。敬虔なローマ人家庭で育ったペルペトゥアは、彼女が属する家系を守ってくれたという理由で崇拝されている先祖を崇敬した。彼女の父親は、ペルペトゥアの幼い息子が成長した暁には、ウィビウス家の伝統を守り続けた自分を崇敬してくれることを期待することができた。

家庭は、家の先祖に守られていることに加え、かまどの女神ウェスタを初めとする、数え切れないほど多くの神や女神たちの庇護下にあった。この点についてもアウグスティヌスが、世帯を守る数多くの神々の一例を提供してくれている。すなわち、彼は侮蔑的に、ローマ人は扉を守るために三柱の神を必要としたと書いている。すなわち、扉《フォリス》を守るフォルクルス、蝶番《カルドー》を守るカルデア、敷居《リーメン》を守るリメンティヌスである。[28]しかし、空間の重要性を強く意識していたローマ人にとって、一つの扉に三柱の神は多すぎるということはなかったであろう。

ローマ人が空間をいかに重要なものと考えていたか、そして、彼らがいかにその空間の守護神を見極める必要性を感じていたかを認識しても、私たちは伝統的なローマの宗教について半分しか理解したことにならない。正しい神や女神を認めることは初めの一歩であって、その後、その神格に、ふさわしい儀式を行なわねばならないとローマ人は信じていた。ケルソスは以下のように言っている。「地上の諸物を支配する神々に私たちは感謝を捧げ、初穂と祈りを捧げなければならない。そうすれば、神々は、私たちが生きている間、親しくしてくれるだろう」[29]。私たちはここに異教の核心を見る。すなわち、人はまず、特定の場所と結びついた神格を認識しなければならず、次に、その神に必要な宗教的儀式を捧げなければならないのである。

男性も女性も、儀式を通じてその空間の守護神をなだめ、その空間の神的な力から助けを得ることができた。先に引用した、ローマ人の敬虔さを賞讃するキケロの一節の英訳は、ローマ人は神々への「崇拝」において優れているとなっていた。しかし、ここで実際に使われているラテン語の単語 cultus は、英語の「崇拝 reverence」よりも、ずっと多くのものを含んでいる。その言葉は、正しい行為、すなわち、正しい儀式的行為を繰り返し行なうということを強調している。宗教的行為（すなわち儀式）の尊重は、神々の数が増加したのと同じだけ、儀式の数の増加に繋がった。ローマ人は宗教的にきわめて保守的――というよりむしろ、細心と言うべきかもしれないが――であったため、どのような宗教的儀式でも、捨て去ることには消極的だったためである。[30]

儀式の多くは古いものであり、長い伝統に包まれていたけれど、神々を喜ばせるために行なわれるローマの儀式はすべて、根底において一つの基本的な前提を共有していた。それは、神々の恩恵は、犠牲を捧げることによって購い得るかもしれないものだという概念である。犠牲というのは、状況によって、家の祭壇に捧げられる数滴のワインのこともあったし、前二一七年、ハンニバルの侵入からローマを安全に守るため、ユピテルの祭壇で殺された三〇〇頭の白い雄牛のように、大きな規模のこともあった。[31] 犠牲に捧げられたものが何であれ、それは人間からの贈り物として、神の所有物となった。

人間社会では、人が誰かから贈り物を受け取ると、贈り手と受け取り手は永遠に相互の義務によって縛られるが、古代ローマではこの原理は神々の社会にも当てはまるものだと考えられていた。もし神々が犠牲という贈り物を受け取ったなら、人間は、神々が好意的に応えてくれると期待した。そして、ローマ人の多くが、それがうまくいっていると信じていた。キリスト教がようやく勝利した四世紀になってもまだ、シュンマクスは同国人に、これまでローマを守り、繁栄させてきた伝統的な儀式を捨てないようにと促していた。「これらの供犠は、ハンニバルを私〈＝女神ローマ〉の壁の前で追い返し、ガリア人をカピトリウムの丘から追い落とした」として。[32]

古代ローマ人の世界は宗教で満ちていた。名前を挙げきれないほどの数の神々が存在し、神聖でない場所はほとんど存在しないほどだった。すべての神々が、自分たちの守る領域を人間にとって安全なものとするために供犠を要求し、ローマ人は、自分たちが捧げた犠牲に効果があったかどうかを確かめるため、予兆やその他の兆候を読み解くのに多大な時間を費やした。ペルペトゥアは、このように神々がひしめき合う環境で育ち、家の女性にとっては義務である儀式に参加した。もしペルペトゥアが、上流のローマ人女性が伝統的に辿った道を歩んでいたならば、彼女の人生は、彼女の母親の人生同様、多様な宗教的儀式によって枠組みを与えられていたに違いない。

ローマ人が女性のために発展させた多くの祭儀のほとんどが、女性としての振る舞いの理想を保つように意図されていた。祭儀は、振る舞いだけではなく、注意深く秩序立てられたローマ的ヒエラルキーをも維持した。[33]身分ある女性や、高貴な女性のための祭儀があり、また、下層の女性や奴隷のための祭儀もあった。処女、妻、ウニウィラ（一度だけ結婚した女性）、そして未亡人のための祭儀もあった。ローマ人女性としてのペルペトゥアの生涯は、こうした社会秩序を守るために発展させられた諸々の祭儀によって組み立てられ、規定されていたのである。

まだ少女だった頃、ペルペトゥアは自分の母親が、ローマの貴婦人の役割に威厳を与えるような祭儀に参加するのを見ていたことだろう。もし、彼女の母が一度しか結婚していない女性だったなら、「ウニウィラ」だけのための神殿で祭儀に参加することができた。彼女は、「貴族の貞淑」を祀った神殿で、ヴェールを被った像に触ることができ、「女性の幸運《フォルトゥナ・ムリエリブリス》」崇拝に参加することができた。[34] 一人の男性としか通じたことのない女性に、最も格式高い祭儀を与えることによって、ローマの家は、ローマの偉大さを生み出したものと見られていた、家族の強い絆を擁護し、維持しようとしたのである。

加えて、ペルペトゥアの母は「良き母《マテル・マトウタ》」の祭儀にも参加したに違いない。この祭儀は、ローマの貴婦人だけが参加できたもので、奴隷女に肉体的な暴力を加えて追い払う儀式を行なうことで、階級の排他性を表現していた。[35] ペルペトゥアの同時代人であるテルトゥリアヌスは、この儀式もまたウニウィラだけに限定されていたと述べているので、[36] 少なくとも、ペルペトゥアが生きた時代のカルタゴでは実際そうだったと考えてよいのだろう。ローマ宗教(そして、それが反映しているところのローマ社会)は、平等なものではなかった。ペルペトゥアと彼女の奴隷フェリキタスが平等に殉教を遂げたとき、二人は、キリスト教は社会構造を維持するのではなく、それを超越するものであることを劇的な方法で主張したのだと言える。

「良き母」の祭儀は、奴隷を排除することで、集団の団結を際立たせ、強化するだけではなく、直系の核家族の枠を超えた、親族の絆を作り出していた。「良き母」の宗教儀式の中には、女性が自分の兄弟姉妹の子供たち(姉妹の子供たちだけという説もあるが、史料が不確かである)[37] のために祈りを捧げるという特異な儀式が含まれていた。ペルペトゥアも、母親とともにこの儀式に参加し、母の姉妹と強い儀式的な絆を結んだかもしれない。彼女の裁判の際、ペルペトゥアの父は彼女に、おばのことを考えて、頑固に殉教の道を歩むことは止めるよう説得しているが、それは父が、「良き母」の祭儀の際に儀式的に結ばれた絆に訴えようとしたからかもしれない。

ペルペトゥアが思春期（だいたい十四歳）[38]に達すると、彼女はフォルトゥナ・ウィルギナリス、もしくはウィルゴと呼ばれる、若い娘の守護神の形をとる女神フォルトゥナの庇護下に入ったであろう。ペルペトゥアは、少女期に着ていたトガをこの女神に捧げ、この奉納の儀式が終わった後、立派な貴婦人が着るドレスであるストラを身にまとったに違いない[39]（［図1・1］参照）。

ペルペトゥアが結婚すると、彼女の信仰の対象はウィルゴから、プラエネステのフォルトゥナ・プリミゲニアに移った。この形での女神フォルトゥナは、母親と出産の守り神であった。ペルペトゥアが健康な男の子を産んだとき、彼女の家族は間違いなくこの女神の恵みと考えたであろう。

ローマ人女性の生涯と結びついた宗教的儀式に関する以上の概要は、宗教的経験のもうひとつの重要な側面、すなわち、精神的もしくは感情的な要素を省いたものである。もし、これらの祭儀が社会的地位を補強するだけのものだったなら、参加者にあれほど満足を与えることはなかっただろうし、人気を集めることもなかっただろう。ローマ人は儀式を行なうことで、神的なものと接触し、神秘的に繋がっていると感じていた。神々や女神たちが実際に信者たちに耳を傾けていることを証明する何らかの宗教的な印がなければならなかった。ローマ人たちはこの証明を夢や前兆の中に見出し、その解釈に多大な時間を費やした。女性が行なう祭儀（とくに「良き母」の祭儀）は、預言や恍惚体験と結びついていた[40]。儀式の際、女性の誰かが、恍惚状態の自分に女神が乗り移ったと感じるようなことがあれば、その儀式は大きな成功と見なされた。

もちろん、ペルペトゥアは母親と同じ道を歩むことはなかったし、さまざまな形を取るフォルトゥナ女神の祭壇の前でローマの女性たちが辿った階梯を進むこともなかった。ある時点で彼女はキリスト教を知り、別の道を選ぶ。私たちは次の章でこの道を辿ることにしよう。とはいえ、人が新しい考え方（それが、宗教であるにせよ哲学であるにせよ）を信奉し始めるとき、白紙の状態から始めるわけではない。人は、その存在を意識しなくなるほどに自分の一部分となっている古い考えを常に抱えており、これはペルペトゥアにも当てはまる。彼女は若いローマ貴婦人であり、彼女の家族と繋がっており、彼女が住んでいる空間を神々にとって神聖なものであると見なす儀式的な世界観に縛られていた。さらに彼女は、人間が時にこれらの神格と接触できると考えていた。これらの神々は、人と神の間《はざま》に橋を架けるべく特別に選ばれた人々に、夢、予兆、預言的な叡智を送った。彼女が勇敢に闘技場の中へと進んでゆくことを可能にした新たな理解を創造してゆく間も、ペルペトゥアは、伝統的なローマ人の生活の根底にあった、このような理解をもち続けていたのである。

すべての伝統的なローマの家族同様、ウィビウス家の信念の核は、家、家庭生活、家族とともにあった。これらの考え方は共和政下の初期集落時代に形成され、保守的なローマ人によって注意深く守られてきた。しかし、ペルペトゥアが生まれる前の二世紀の間に、これらの考え方だけでは、ローマの状況を説明することはできなくなっていた。念入りに空間と関係づけられていたローマは、単に、ローマ市の七つの丘の空間だけを占めるものではなくなっていた。ローマは、他の神々や女神たちによって守られていた他の土地を征服していった。神聖なものに対するローマ人の理解は、もっと広い空間を含まなければならなくなり、その広大な空間には皇帝という、神に近い存在が君臨していた。

帝国と皇帝

二世紀になるまでには、人が「ローマ」と言うときには、ローマ市だけではなく、ずっと広い領域を覆う帝国をも指すことが多くなっていた。その頃までには、ローマは地中海地域の全域を支配するようになっており、伝統社会がローマ市周囲の空間の神々と女神たちをなだめるために発展させてきた儀式だけでは、もはや十分ではなくなっていた。例えば、ポエニ戦争中の前二〇二年に下《くだ》ったある神託は、「大いなる母」キュベレ神がローマ人に勝利をもたらすと約束した。そのためには、キュベレ女神に勝利を祈願するだけでは十分ではなく、女神（大きな黒い隕石という形を取っていた）をローマに連れてきて、市内に安置しなければならなかった。[41] 市内に安置された女神は、その空間を守り、ローマを守護する多くの神々の列に加わることができた。同じ年、スキピオはハンニバルを破り、神託は正しかったことが証明された。この措置は有効であるように見えたけれど、ローマの支配領域を守るすべての神々をローマ市に運んでくるのは事実上不可能だった。

帝国内の多くの都市が有する空間は、それぞれ違った神格によって守護されていたが、帝国は、それら個々の空間を超越することができる神（もしくは神々）を必要としていた。アウグストゥスの時代以降、その神は皇帝であった。前九年頃、属州アシアにあるギリシア都市連合が行なった決議は、アウグストゥスと彼に続く皇帝たちの多くに捧げられた崇敬を表現している。「私たちの生に神聖な秩序を与えた神のご深慮は……アウグストゥスを生み出し、人類に対する善行の徳で彼を満たすことで、私たちと私たちに続く者たちに、戦争を終わらせて平和を樹立する救世主を与えて祝福し、私たちの生活に最も完璧な善を成して下さいました[42]」。アウグストゥスを救世主と讃える最も有名な賞讃は、ウェルギリウスの『アエネーイス』の中で、アエネアスが、ローマのものとなる栄光のことを伝えられる場面の中に現れる。「力強い天蓋の下に現れるであろうカエサルと、ユールスの家系のあらゆる者たちがここにいる。この男、この男こそが、その出現の約束を汝が幾度も耳にした者、アウグストゥス・カエサルだ。神とされた者〈＝ユリウス・カエサル〉の子にして、ラティウムに黄金時代を再来させるであろう者なのだ[43]」。

ウェルギリウスの韻文は、政治的に触発された単なる誇張に過ぎないと思われるかもしれない。しかし、人々が実際、皇帝は、彼らに直接恵みを与えることのできる一種の神格であると考えていたことを示す証拠が存在する。人々が皇帝に直接、恩恵を要請する請願状がたくさん現存しているが、これらの請願状で、人々は、「神なるあなた様」、「皇帝たちの中で最も偉大で最も神聖であるあなた様」に呼びかけているのである。[44] 碑文や文学は、人々が、自分たちは社会に安全と繁栄をもたらす皇帝に依存していると、どれほど広く信じていたかを示してくれる。

社会の繁栄は皇帝の安寧にかかっていたため、公的な宗教が皇帝への祈りに重点を置くのはもっともなことだった。[45] この姿勢は、家門の維持と安全を一家の長《パテル・ファミリアス》に頼る姿勢とそれほど違わない。[46] 皇帝は、帝国という拡大家族の長だったからである。家族の中でのアウグストゥス崇拝が公の祭儀となり、先祖崇拝が帝国の新たな状況に適応させられたのだ。

アウグストゥスは、帝国の大神祇官であるポンティフェクス・マクシムスの地位に就くことで、帝国の宗教生活を取り仕切る責任を引き受けた。これにより、共和政時代のローマにはなかったやり方で、宗教的権力と政治的権力がうまく結びついた。[47] この結びつきは、やがて発展してゆく皇帝の神格化――最初は死後の、やがては生前からの神格化――の理論を確立させた。

私たちと古代人を最も深く隔てる宗教感覚の一つは、生きた人間を「神として崇拝する」という概念である。古代の人々は、皇帝が神でないことを知っていたと説明するポール・ヴェーヌのおかげで、この古代的な感覚は私たちにも近づきやすいものとなった（もし皇帝が実際神であったなら、人はわざわざ皇帝を神であると宣言したりはしなかっただろう）。皇帝の神格化とは、「『神々への栄誉に等しいもの』を皇帝に与えること……すなわち、神々に対する敬意の目に見える表現である供犠や祭壇を与える」ことを決定することであった。都市が生きている皇帝を神格化したとき、都市は、「宣誓の決まり文句がうたっているように、皇帝が神的な性質を持っていることを認めた」のである。[48] つまり、人々が皇帝を崇めたのは、皇帝たちが、その職務の故、先祖の「守護霊《ゲニウス》」が家を安泰に守るのと同様に、国家を安全に守ることができるような「守護霊《ゲニウス》」を持っていると考えた（もしくは、そう期待していた）からなのである。

　帝国の平和と繁栄は、帝国領内のすべての人が求め、祈ることのできる対象だった。皇帝の安寧のために犠牲を捧げることで、人々は一つの希望を共有し、団結した。[49] この希望は、気に入りの都市や地域だけを守護する個別的で地域的な神々によって守られている、あまたの空間を超越するものだった。二世紀、何人かの初期キリスト教徒に死刑を宣告した（ペルペトゥアの裁判よりも前のことである）北アフリカの総督《プロコンスル》は、こう述べている。「私たちもまた敬虔な民であり、私たちの宗教は単純なものである。すなわち、私たちは、主である皇帝のゲニウスにかけて誓い、皇帝の健康のために祈りを捧げる。まさしくお前たちもそうしなければならないように」[50]。皇帝崇拝をこれほど簡明に説明する言葉はないだろう。その本質だけを言うならば、皇帝崇拝とは、人々が皇帝の安寧のために祈り、犠牲を捧げて、そのご利益《りやく》として安寧を享受することであった。このようなやり方で、ローマ人は、帝国の新たな変化した状況に適応しながら、彼らが伝統的に執着する多くのものを存続させることができたのだった。

　帝国をまとめる原理としての皇帝崇拝の重要性は、属州において最も際立っていたかもしれない。それは属州が、それぞれの空間を守る地域的な神々の求心的な力に特に影響を受けやすかったからである。例えば、北アフリカでは、「皇帝の健康のために」地域的な神々に捧げられた奉献文が多く見つかっている。[51] こうした私的な祈りに加え、カルタゴには、皇帝崇拝を司る公的な祭司や、アウグストゥス、ウェスパシアヌス、ティトゥス、ネルウァ、アントニヌス・ピウス、そして後にはセプティミウス・セウェルスといった、神格化された個別の皇帝のための神官がいた。さらには、こうした神官たちは年間を通じて多くの儀式的な行事を司った。神格化された皇帝たちの誕生日は無期限に暦の中に残り、皇帝が生きている間には、その他の種類の祝い事が催された。こうした儀式の中には、見世物の開催だけではなく、動物を犠牲に捧げたり、より慎ましくワインや香を捧げたりする行為が含まれていた。三世紀の半ばまでには、死去した歴代皇帝や他の皇族のために年に約二〇回もの供犠が行なわれるようになっていた。[52] こうした祭典の規模の大きさのゆえに、ローマ帝国における皇帝崇拝の存在感は大きく、祭儀行為が繁栄をもたらすという考えに馴染んでいたローマ人にとって、こうした供犠は宗教暦の重要な部分をなしていた。このような儀式がいかに重要だったかを認識することは、それに参加することを拒んだキリスト教徒がどれほど人々を怒らせたかを理解するのに役立つだろう。

ペルペトゥアが生まれる三五年ほど前である一四六年、アフリカ出身の最初の皇帝となるルキウス・セプティミウス・セウェルス[53]がレプティス・マグナで生まれた。レプティス・マグナは、北アフリカのトリポリタニア地方の都市で、カルタゴ南東の地中海岸に位置する。属州に生活する、特権を持った多くのローマ市民権保持者（ウィビウス家の人々もそうだったのだが）同様、彼は良い教育を受けたが、属州出身であるという事実をかき消すことはできなかった。例えば、彼はラテン語教育を受けていたにもかかわらず、北アフリカ訛りを拭い去ることができなかった。セプティミウスが皇帝になった後、レプティスからローマに彼を訪ねて来た姉（もしくは妹）がラテン語をほとんど話せなかったため、彼は面目を失った。[54] 彼がローマ出身の女性ではなく属州出身の女性と結婚したのは、自身が属州出身だったためかもしれない。

属州出身の多くの若者同様に、セプティミウスは学業を継続するため、そして、ローマ貴族層の若者に期待されていたように公職に就くため、一六四年にローマ市にやって来た。彼のキャリアは、ローマ市に在住し、必要な人物に引き合わせてくれる富裕な親戚に助けられたに違いない。マルクス・アウレリウス帝の治下、セプティミウスはイタリア、スペイン、ガリア、シリアで奉職し、それに従って徐々に位階を上げていった。セプティミウスが帝位を獲得するチャンスは、マルクス・アウレリウス帝の死後に起きた皇帝位の不安定化とともにやって来た。マルクスの息子コンモドゥスは、ストア派哲学者だった父親とはかなり異なった人物で、一九二年に殺害された。次に皇帝となったペルティナクスも、翌年には殺害されてしまった。セプティミウスは、自分が率いていた軍隊から皇帝として歓呼され、ローマ市にいた皇帝ユリアヌスを簒奪者であると宣言して、ローマに軍を進めた。ペルティナクス殺害後の不安定な時期、親衛隊は、最高の賜金額を提示したユリアヌスに帝位を与えていたため、セプティミウスは、そのようにいい加減なやり方でなされた行為を無効と宣言することができたのである。一九七年までには、セプティミウスはライバルたちに勝利してローマ市に凱旋し、二一一年に死去するまで続く治世を開始した。

セプティミウスは皇帝になっても、権力を獲得できたのは、軍隊が彼に対して抱いていた愛情のおかげであるということを決して忘れなかった。彼は最後に至るまで軍人皇帝であり続け、ローマで宮廷人に囲まれているよりも、戦地で自分の軍隊に囲まれている方を好んだ。伝記作家の一人は、彼の軍人的な性格を、こう伝えている。

彼の衣服はまったく飾りけのないものだった。実際、トゥニカにすらもほとんど紫色は使われておらず、肩には毛羽立ったマントを羽織っていた。彼の食事は非常に質素だった。故郷の豆が好物で、時にワインを飲むことを好んだが、肉なしですますこともしばしばだった。外見は大柄で、ハンサムだった。長い顎ひげを生やしており、髪は灰色で巻毛、人の敬意を呼び起こすような容貌をしていた。[55]

セプティミウスはその治世のほとんどを東方での戦役に費やし、最後にはブリタニアで戦った。しかし、セプティミウスのような軍人皇帝でも、家庭をなおざりにするわけにはいかなかった。ローマ人だった彼は、ペルペトゥアの父親同様、家に深く配慮した。セプティミウスは皇帝であっただけではなく、彼の家長《パテル・ファミリアス》であり、それは帝国の運営に劣らず難しい仕事だった。

セプティミウスの父親は、彼がまだ二十五歳だったときに死去した。その時、彼はアフリカに帰っていろいろな物事を整理し、新たなパテル・ファミリアスとしての地位を継承しなければならなかった。その三年後、彼は北アフリカの女性マルキアと結婚した。彼女についてはほとんど何も知られていない。彼はマルキアとの間に二人の娘をもうけたが、約十年後に彼女は死去した。セプティミウスはやもめでいるつもりはなく、この時には既に帝位に野心を持っていたようである。彼は、帝位にふさわしい後妻を迎えることを望んだ。セプティミウスが理想の女性を見つけたのは、故郷の北アフリカでも、ローマ市でもなかった。次の妻は東方から迎えることになる。[56]

一八〇年頃、セプティミウスは軍を率いてシリアにいた。シリアに滞在する間、彼は、北アフリカでも崇拝されていた神、バールの神殿を訪れた。その際、彼は神官ユリウス・バッシアヌスと知り合う。ローマ市民権保持者であったバッシアヌスは、よい人脈を持っており、迷信深いアフリカ出身者であるセプティミウスには、神的なものとも良好な関係を持っていると見えたに違いない。[57] ユリウスの若い方の娘で、まだ独身だったユリア・ドムナはとても縁起のいい星の下に生まれていた。ホロスコープ（星占い）

によれば彼女は王の妻となるはずだった。[58] 先妻を失って、後添いを探していたセプティミウスは、一八七年、この美しいシリア女性に求婚した。ユリア・ドムナとセプティミウスはおそらく一八七年の夏に結婚した。彼女のホロスコープに対するセプティミウスの態度は典型的なローマ人のものだった。つまり、吉兆によって、原因と結果は逆転されうるというものである。ホロスコープは必ずしも、彼が帝位に就くことを予言するものではなかったが、彼の出世を引き起こすものではあり得た。セプティミウスは明らかに、吉兆をできるだけ有利に使おうとしていたのである。

次の年、ユリアは男の子を産んだ。[59] この子はまずバッシアヌス、次にはアントニヌスと名づけられたが、歴史は、彼が好んだフードつきの外套に由来するあだ名、カラカラの名で記憶することになる。[60] その翌年、二人目の息子ゲタが生まれ、これで皇帝一家が完成した。パテル・ファミリアスの役割として、セプティミウスには子供たちの面倒を見る義務があった。先妻との間の二人の娘には良い結婚をまとめた。息子たちには彼の跡を継ぐ準備をさせようとした。セプティミウスは、対立皇帝たちとの内戦を終結させ、帝位を確実にした一九七年には早くもカラカラを「皇太子《カエサル》」と呼ばれるようにし、その後も一貫して二人の息子が支配者となれるよう努力した。しかし、私たちが最終章で見るように、二人の少年が互いに対して抱いていた憎悪は、父が息子たちに抱いていたあらゆる希望を挫くことになる。

彼はパテル・ファミリアスであるだけではなく、皇帝でもあったので、他の父親以上に多くの儀式的な義務を負っていた。家庭内での儀式に加え、セプティミウスは公の安寧に配慮しなければならなかった。彼は帝国を一つにまとめる役割を持つ皇帝崇拝の焦点であるとともに、神的な存在として、神々の恩寵を帝国とその住民にもたらさねばならなかった。彼は、崇拝の対象であるとともに、崇拝の責任者でもあるという特異な立場にあった。これら関連しあった両方の活動において、私たちは彼の努力を辿ることができる。

セプティミウスの第一義的な責任は、神々の恩寵を帝国にもたらすことにあった。二世紀までには、ローマ市と属州の闘技場で見世物を主催することが皇帝の主要な儀式的役割の一つになっていた。セプティミウスは大金を費やしてこの義務を遂行した。古代の歴史家ヘロディアノスは、セプティミウスがローマ人民に与えた、神々に捧げるための豪奢な見世物を描写している。ヘロディアノスによれば、セプティミウスは「あらゆる種類の見世物を絶え間なく催し、世界のあらゆる所から集められた数百頭もの野生動物を殺害した……彼はまた、戦勝記念の競技も催し、そこに音楽の演奏者や模擬戦を行なう者たちをあらゆる所から集めてきた」。ヘロディアノスは続けて、皇帝が計画した多くの豪奢な、同時に行なわれた演劇公演のことも描写している。二〇二年に行なわれた大規模な競技の際には、伝令たちが、「これほどのものは今まで見たこともないし、再び見ることもないであろう」、だから競技を見に来るようにと、あらゆる場所から人を呼び集めた(61)。

二〇二年の競技祭に皇帝の家族がかかわったことは、皇帝の家族、供犠、そして帝国の繁栄が密接に関係していたことを示している。セプティミウス自身、「これの力で、あらゆる幸運がローマ人民に集まりますように」という祭文を唱えながら、九つの焼き菓子とその他の食べ物を神々に捧げた。息子ゲタが行なった供犠はさらに印象的なものだった。彼は父親が唱えたのと同じ祈りの言葉を唱えながら、妊娠した雌豚を丸焼きにして犠牲に捧げた。二人とも、「ラテン人たちが従順でありますように」という希求で祈りを締めくくった(62)。これらの供犠はローマ宗教の伝統的な機能を果たすものだった。すなわち、繁栄や平和（ここではラテン人の従順という形で表現されている）という直接的な見返りを期待して、神々に何かを捧げるというものである。

儀式的な行為は、信心深いローマ人にとって話の半分に過ぎなかった。残りの半分は、供犠の有効性の証明にあった。証明の一部は、皇帝と帝国の継続であった（政治的暗殺や内戦に満ちたローマの歴史を考えれば、これは小さな業績ではない）。神々が力を示していることの第二の証明は、前兆や夢の存在であった。カッシウス・ディオは、犠牲と前兆の関係を示す、（気味は悪いが）良い例を挙げている。彼は、セプティミウスの前任皇帝ユリアヌスが、「将来に起きる不幸を事前に知ることができれば、それを避けることができると信じ、魔術の儀式の一部として多くの少年たちを殺害した」と伝えている。[63] ユリアヌスは犠牲を捧げることで、彼に先見を与えてくれる予兆を呼び起こそうと試みたのだった。

セプティミウスの治世を記述した歴史家たちはしばしば、セプティミウスが神々と結びついていたことの事実上の証明として、夢や予兆を記述している。当然のことながら、予兆の大多数は、セプティミウスが皇帝となる資格を有していたことを示唆するものである。ユリアヌスの挿話で示唆されているメッセージは、彼の供犠に効果がなかったのは、神々が彼を支配者にするつもりがなかったからだというものである。彼は簒奪者に過ぎなかった。セプティミウスの場合、予兆は、彼が支配者となるのにふさわしいことを指し示していた。若き日のセプティミウスが不適当な服装で皇帝の宴会に姿を現したエピソードはその一例である。その時、彼は当時の皇帝のトガを貸与された。彼はこれを、自分が帝位に登ることを予言する印であると見た。[64] 予兆のほとんどがこの種のものであることは、驚くに値しない。なぜなら、セプティミウスの神格は、彼が帝位に就いているという事実に基づいており、したがって、その事実を神々が承認していると証明することは、皇帝崇拝を支える上で不可欠だったからである。

国家の福利のために儀式を行なうことに加え、セプティミウスはまた皇帝崇拝そのものの守護者でもあった。皇帝になった彼が最初に行なった行為の一つは、殺害された皇帝ペルティナクスを神格化するため、公の儀式を創設することであった。セプティミウスは、自分がペルティナクスの復讐を遂げたのだと主張していたのだ。彼は、死んだ皇帝の蠟人形を作らせ、それをフォロ・ロマーノに安置させた。盛大な儀式とともに、蠟人形は賞讃と追悼を受けた。その後、蠟人形は燃やされ、それと同時に鷲が放たれた。鷲が飛び立つさまは、ペルティナクスのアポテオシス、すなわち神格化を象徴するものだった[65]。ペルティナクスの神格化を視覚的に強調することで、その後継者を名乗っていたセプティミウスは自らを神性のオーラで取り巻いたのである。

セプティミウスは、エジプトの神セラピスと自らを関連づけることで、自分に対する皇帝崇拝をさらに強化した。皇帝たちが、特定の神と特別な関係にあることを主張して、自分が実際にはその神の化身であると示唆するのは珍しいことではなかった。すべての関連史料は、二〇一年エジプトを訪れたセプティミウスが、セラピス崇拝に大きな影響を受けたことを物語っている[66]。これ以降、セプティミウスは、セラピスのような髪とひげを生やした姿で描かれるようになる（[図1・2]のセプティミウスの肖像には、彼をセラピスと結びつける、二股に分かれた顎ひげと、額に下がる巻毛が見られる[67]）。セプティミウスが、故郷の町レプティスに自分のための大きなアーチを立てた際、彼はセラピスとして表現され、妻ユリア・ドムナはエジプトの女神イシスとして描かれた[68]。

セプティミウスが自分と関連づける神としてセラピスを選んだのは、きわめて道理にかなっており、ローマ人の心の中にあった、神と空間との密接な関連をまたも明らかにしている。第一に、彼はローマの皇帝であったけれども、自分の故郷アフリカの神と提携したという点においてである。しかし、皇帝崇拝は限定された空間を超越すべきものだったので、セラピスという選択はこの点でも的を射ていた。

セラピス神は伝統的なエジプトの神々の中には入っていない。重要だったのはセラピスではなく、女神イシスと彼女の兄弟で夫でもあるオシリスの夫婦であった。イシス崇拝が地中海全域に広まったのに対し、オシリスはナイル川と特に深く関連づけられた神だった。[69] ヘレニズム時代、エジプトの神々の多くがギリシアの神々と融合してゆくなか、オシリスはセラピスに姿を変えた。二世紀の初め、プルタルコスが説明しているように、「……セラピスは、オシリスと同一であると考えた方がよい。オシリスは、その本性を変化させたときに、セラピスの名を受け取った。それゆえセラピスは、あらゆる民の共通した神なのである」[70]。古い神オシリスはセラピスという新しい姿になって、ナイル川というこれまでの自分の空間を離れ、帝国の広い地域に治癒、救済、庇護をもたらした。それゆえセラピスは、皇帝崇拝で帝国を一つにまとめようとする北アフリカ出身の皇帝にとって、自らをその化身とするのにふさわしい神だったのである。

セプティミウスはもう一つ別の方法を使って皇帝崇拝を強化しようとしたようだが、これはペルペトゥアと彼女の家族の運命に最も大きな衝撃を与えることになる。彼は二〇二年、ユダヤ教とキリスト教への改宗を禁じる勅令を発布した。[71] 彼がなぜこの勅令を発布しようと決意したのか確実に知る方法は私たちにはない。もしかすると、セラピス／セプティミウス崇拝を奨励したいという欲望から、これに競合する宗教への改宗を妨害しようとしたのかもしれない。[72] 政治的な理由だった可能性もある。ユダヤ教徒とキリスト教徒は帝国東方で影響力を増してきており、東方から帰ってきたばかりのセプティミウスは、彼らの力を減少させようとしたのかもしれない。[73] この勅令の正確な誘因が何であったにせよ、そこからいくつかの結果が生じた。場所によっては、競争が減ったことで、皇帝崇拝がいくぶん強化されたらしく、キリスト教徒たちは信仰のために死を選んだ。四世紀の偉大な教会年代記作者エウセビオスは、セウェルス朝の迫

[図1·2]セプティミウス·セウェルス. チュニスのバルド博物館蔵. 写真はリン·サンチュア, 図はアリシア・ノーウィッキ.

害はアレクサンドリアを最も激しく襲い、そこで多くのキリスト教徒が死んだ（有名な教父オリゲネスの父親はその一人だった）と伝えている。[74] アレクサンドリアでの迫害が激しかったことは、セプティミウスがエジプトを訪れたばかりであったこと、そして、エジプトの神セラピスとの結びつきのゆえに、アレクサンドリアの異教徒たちの間で彼が強く支持されていたことを考えれば理解できる。迫害はエジプトに限定されたものではなく、その西、北アフリカにも広がった。カルタゴでは、キリスト教に改宗するための準備をしていたローマ人の小集団がこの勅令と直接衝突した。ペルペトゥアと彼女の同信者たちはこの勅令にそむき、皇帝の息子ゲタの安寧を祈願するための犠牲とされることになる。

神的なものに対する希求

私がここまでに概略を説明してきたローマ宗教のシステムは、人々の精神的な欲求を満たすはずであった。家庭生活と都市の空間は守護され、守護神たちは儀式によって宥《なだ》められた。政治的な存在としての帝国は、皇帝崇拝の名で配慮された。このシステムの唯一の問題は、機能しなかったことである。この時代の史料の中には、儀式や神々についての注意深い描写と並んで、ある種の不安感が育っていったことが見て取れる。この不安感は前一世紀末、ローマが伝統的な儀式によって注意深く仕切られていた空間を越えて帝国へと拡大したことで始まったように思われる。[75] それに続く時代について、歴史家たちは、この精神的な欲求をさまざまに記述している。例えばE・R・ドッズは、古典となったその著作において、二世紀と三世紀を「不安の時代」と呼んでいる。[76] セプティミウス・セウェルスの伝記を書いたある学者は、彼の治世を「道徳的、知的、そして精神的に重大な動揺の時代の幕開け」と見ている。[77] 精神的な動揺は、帝国内のさまざまな神に捧げられた数多くの碑文の中に明瞭に見て取れる。セプティミウスの治世からは、帝政期の他の時代よりもずっと多くの碑文が現存している。[78] 碑文が頻繁に作られたことは、精神的な希求と同様、時代の繁栄を証言しているとも解釈できるが、いずれにせよそれは、人々が神々とコミュニケーションを取ろうとしていたことを示している。他にもたくさんの例を挙げることができるが、ここでは、帝国の精神生活において何か重要なことが進行していたことを示唆すれば十分であろう。

ローマ帝国で多くの人が経験していたらしい問題は、空間的なものであった。つまり、神の世界が人間の世界からずっと遠ざかってしまったように感じられたことである。ドッズは当時の史料が「天界と地上界との相違」をより強調するようになっていたことを認めている。[79] この隔絶のため、神々に犠牲を捧げるといった伝統的な儀式の効果に疑問を持つ者が現れた。二世紀、サモサタのルキアノスは、神々が煙を食べ、祭壇に流された血を飲むために口を開ける様を想像して、供犠を辛らつに風刺している。[80] 彼の結論は、ローマ宗教の中心に位置していたこれらの神聖な儀式を退けるものだった。「愚者たちが神々に捧げる供犠や祭りや行列でするること、彼らが祈ったり誓ったりする内容、また、彼らが神々に対してもっている考えを思えば、彼らの行動のばかばかしさを見て笑わないでいられるほど陰気で苦悩に打ちひしがれた人間がいるなどとは私には思えない」[81]。

ルキアノスが表明しているほどの冷笑的な態度を取ったローマ人は稀である。ほとんどの人たちは、神々と人間をより近づけることで問題を解決しようとした。二世紀初め、プルタルコスはこの努力を簡潔に表現している。「『真実』に到達するための努力、特に神々についての真実に到達しようという努力は、神的なものへの希求なのだ」[82]。神的なものへの希求は、伝統的なローマ宗教の一部分として注意深く維持されていた儀式や信仰と同様に、ペルペトゥアの（そしてセプティミウスの）精神世界の一部を形成していた。最終的にペルペトゥアは、闘技場でキリスト教徒として殉教することで、神的なものと人的なものをつなぎ合わせたが、二世紀に神的なものを求めていた人々にとって、これが唯一の可能な方法というわけではなかった。

天を地上に少しでも近づける方法の一つは、占星術と魔術であった[83]。この二つは、天を解読することで宇宙の秘密を理解しようと試みるという点で関連していた。宇宙の秘密を理解した人は、先見を得て、未来を変えることができると考えられていた。魔術は、天の力を使って地上での出来事を操作しようという試みだった。両方とも、人間が神的なものにより近づきたいという希求を表現している。共和政初期の密に詰まった空間で発展した伝統的なローマ宗教には、魔術や占星術（やその実行）の余地がほとんどなかったが、紀元後一世紀か二世紀までには、魔術や占星術が急速に成長していった[84]。

セプティミウス自身、占星術にどれほど依存していたかはすでに見た。彼は未来を操作するため、この方法で二人目の妻を選んだが、これが唯一の例ではない。彼の伝記作家は、皇帝が頻繁にホロスコープに伺いを立てていたと伝えている。というのは、「多くのアフリカ人がそうであるように、彼はこの学問に非常に通じていたからである」[85]。この文章は、皇帝が占星術に親しんでいたことを示しているだけでなく、北アフリカでどれほど占星術が普及していたか、そして、ペルペトゥアと彼女の仲間たちがそれに接していたことを示している。

魔術もまた広く行なわれていた。当時の普通の人たちが、超自然の力を使って現実の出来事を支配しようと書き記して地中に埋めた呪文が多く残っており、私たちはそれを読むことができる。魔術を使って現実の出来事に影響を及ぼそうとした試みの一つは、ある戦車騎手が絶対に負けるようにと神霊に祈る、ローマのある碑文の中に見ることができるかもしれない。

彼が柵からうまく出発できませんように。競争で速く走れませんように。彼が誰も追い抜けませんように。彼がうまくカーブを曲がれませんように。彼がどの賞も獲得できませんように……彼が事故にあいますように。彼が金縛りにあいますように。彼が骨を折りますように。午前と午後のレースで、彼があなた様の力に引きずられますように。[86]

教育、文化レベルが高い人たちも魔術を使った。二世紀に生きた有名な北アフリカ人アプレイウスは、神的なものへの希求によって突き動かされ、魔術の研究を含むさまざまな方法でその探求を続けた人間のとてもよい例である。[87]彼はカルタゴの高名な市民で、カルタゴ市の主任祭司に任命されるという栄誉を受けたこともあった。[88]彼は活発に著述活動を行ない、カルタゴには彼の像も立っていたので、一世代後のペルペトゥアもこの著名人のことは知っていたに違いない。市内に像を立ててもらうというのは大きな名誉であり、アプレイウスは同郷市民にこれを感謝している。[89]アプレイウスは、学者、哲学者、そして神的な力のことに通じた人物として名誉を受けた。その二世紀後、偉大な北アフリカ人アウグスティヌスが、その著作『神の国』でアプレイウスの著述を数多く引用し、彼の哲学を論じたことで、彼はさらなる名誉を獲得した。[90]アプレイウスは、さまざまな道から神的なものに近づこうとした二世紀のローマ人の素晴らしいケース・スタディーとなるので、ここでは、彼の精神的な探求を追いながら、ローマ人の精神的希求のさまざまな掛け口を見てゆくことにしよう。

アプレイウスはもちろん魔術に関心を持っていた。彼の『変身物語（通称「黄金のロバ」）』は、当時広く存在した、魔術に対する好奇心を前提にした作品である。彼は魔術を行なったという嫌疑で裁判にかけられており、この主題とそれに関連した問題について直接の知識を持っていた。彼のもう一つの著作、

『弁明《アポロギア》』の中で、私たちは彼の反論を聞くことができるが、この教養に満ちた明晰な論考は私たちにとって、碑文やテクストの中に残る呪文のレベルを超えて、古代人の魔術に対する理解を観察するための良質なレンズの役割を果たしてくれる。

アプレイウスは告発に対し無罪を主張したが、魔術の存在や効果を否定はしなかったし、また、自分が魔術に関する知識を持っていることを隠しもしなかった。アプレイウスに対してなされた告発は複数あったが、それは、(一)魔術に使う目的で魚を買った、(二)鏡を使った、(三)自分の家の祭壇に麻布に包まれた「秘密のもの」を置いていた、(四)魔術を目的として鳥を焼いた、(五)珍しい木で作られた像を持っていた、(六)富裕な妻と結婚する際、恋の魔術を使った、というものだった。これらの告発の多くが、一般に受け入れられていた伝統的な宗教と、禁じられていた魔術の違いは紙一重であったことを示している。結局のところ、ローマ宗教は神々の像を崇めることを認めており、実際、アプレイウスは「珍しい木」でできた像を提出し、それがメルクリウス神の像であることを示して、合法的な崇拝対象だと主張した[91]。また、祭壇で犠牲として動物を焼くことは、伝統的なローマ宗教において中心的な儀式であった。アプレイウスに対する告発は、なんらかの新たな儀式に関することよりも、人々が超自然的なものに対して持っていた不安感について(そして、アプレイウスの敵について)、多くのことを語っている。

これらの嫌疑を否定しながら、アプレイウスは、魔術について多くの知識を明らかにした。例えば、魚に関する疑いを退ける際に、魔術使いたちは魚以外のものを探し求めると言っている。それは、柔らかな花輪、豊かな香草、「雄の香」、「干からびた月桂樹」、「固める前の粘土」、「火の中で溶かすための蠟」といったものである[92]。

アプレイウスが「弁明」の本質として明らかにしたのは、確かに彼は神的なものを求めて、深奥な知識をたくさん学んだけれども、それは合法的な探求であったということである。彼は自分の立場を擁護するため、哲学者や医師の著作を引用しているが[93]、これは魔術と知識の探求の境目がどんなに微妙なものだったかを示している。彼は哲学者を「あらゆる神の高位神官[94]」と呼んだが、自分もその一人と考えていたことは間違いない。

アプレイウスが正しく述べているように、古代人にとって、哲学の探求は神的なものに近づく道の一つであった。カッシウス・ディオはセプティミウスの妻ユリア・ドムナが哲学を学び、ソフィストたちを周囲においていたと述べている。ディオは、彼女がこのようなことをしたのは、セプティミウスの相談役の一人が、彼女が政治にかかわるのを妨げたからだと推測している[95]。しかし、セプティミウスとその妻の歴史には、あらゆる手段を使った神的な真理の探求という一貫したパターンが見えており、ユリア・ドムナが哲学を学んだことは、この探求と完全に合致していた。

最も人気があったヘレニズム期の哲学である、エピクロス派、ストア派、プラトン主義はすべて何らかの形で、理性と理性主義を通じ人間をもう少し神に近づけようと試みた。エピクロス派は人々に、神々のような「平穏なる至福」の生活をおくるようにと促した[96]。神に近づく努力をすることで、天と地は結びつけられた。哲学者たちは、人生をどのように生きるべきかといった大きな問題に英知を授けるだけではなかった。彼らはもっと些細なことにも知恵を提供しており、それはしばしば、魔術に惹かれる者たちが関心を持つような事柄だった。例えばアプレイウスは魔術を目的とした鏡の使用について考察する中で、エピクロスを引用して、「像は、私たちの肉体から絶え間なく流れ出る一種の外皮のように、私たちから発している」というのは本当なのかという疑問を発している[97]。哲学は、自然界の出来事に説明を提供することで、超自然界に光を投げかけた。しかしながら、実践されるべきものとしての哲学は一般に魔術を、神を知ることに繋がる理性的思考にはふさわしくないものだとして蔑んだ。例えば、二世紀の異教徒哲学者ケルソスは、キリスト教徒をひきつけた魔術／奇跡を否定して、こう言っている。「哲学と何らかのかかわりを持つ者は……そのようなペテンには引っかからない[98]」。

ストア派は、運命に支配された世界の中で人間としての威厳を保つことを強調する明瞭な倫理システムを提供した[99]。しかしそれはまた、超自然界を人間界と接触させる方法をも提供した。なぜなら、人間の行動に焦点を当てることで、神を人間の内に位置づけたからである。偉大なストア哲学者セネカはこう書いている。「神はあなたの近くにおり、あなたとともにあり、あなたの内にある。……聖なる霊は私たちの中に住まっており、私たちが行なう良い行為と悪い行為を判断し、私たちの守護者でもある[100]」。

天と地をつなぐシステムを確立した最も重要な哲学運動はプラトン主義だった。アプレイウスはプラトンとプラトンの「輝かしい作品、『ティマイオス』」を誇らしげに引用し、プラトンがいかに「宇宙全体の構造」を説明しているかを示した[101]。アプレイウスの作品は、プラトン主義の影響を強く受けていたため、アウグスティヌスはアプレイウスをプラトン主義者と見なした[102]。ケルソスもまた、精神的な選択として、キリスト教ではなく、異教哲学を探求した人物の好例である。『真正な教え』の中で、彼はキリスト教を嘲笑し、プラトン主義的な理解で裏打ちされた伝統的なローマの儀式に従うことを擁護している。彼はプラトンの教えとキリストの教えを対照させて、前者に軍配を上げ[103]、すべての精神的探求者に、「導き手としての理性に従う」ことを促している[104]。

彼ら（そして他にも彼らに類する）二世紀のプラトン主義者たちは、三世紀の偉大な新プラトン主義的統合に道を開いた。その時には、プロティノスや弟子ポルフュリオスらの哲学者たちが、神的なものと人的なものは、生きている間も死後も、いかに関連しているのかを説明する複雑なシステムを作り出すことになる。プロティノスは、人間の中に魂が存在することは、神的なものがそこにあることの印であり、この存在が人間と神々との間を埋めるのだと説いた。「『魂』がこれほど高貴で、これほど神的なものであることを一度《ひとたび》理解するならば、あなたは魂を持っているということによって、すでに神に近づいているのだと信じることができるだろう。この力の強さによって、神の方へと登ってゆけるし、大きな距離を進まないうちに到達できるに違いない。それほど大きな距離はないのだから」[105]。プロティノスはその死の直前、「私の中にある神的なものを、宇宙にある神的なものへと上昇させる」ことを今、試みることができると言って、魂とその創造者が再び合一することは可能だという深い確信を表明したと伝えられている[106]。新プラトン主義のシステムにおいては、人間を神と隔てる距離は小さなものとなった。

三世紀にプロティノスと彼の継承者たちはプラトン主義をキリスト教思想家たちが容易に吸収できるような形に変化させた。四世紀までには、アウグスティヌスのようなキリスト教徒も、新プラトン主義とキリスト教の英知の間に何らの不整合も見出さないほどになる。しかし、二世紀にはまだそのような発展は起きていなかった。ケルソスらの著作において、プラトン主義は神的なものを希求する人々が選ぶことのできた、たくさんの選択肢の一つであった。そして、キリスト教はそれとは別の選択肢だった。

哲学の魅力はある程度限られたものだった。哲学を実践するためには時間と教養、そしてその二つの前提となる収入も必要だった。このため、多くの人たちは、二世紀にとても人気のあった密儀宗教の一つ、もしくは一つ以上を信奉して、精神的な欲求を満足させようとした。アプレイウスもまた、その折衷主義的な探求の一環として、密儀宗教に入信した。魔術を使ったという嫌疑で裁判にかけられていたとき、彼は麻布に包まれた「秘密の」ものを持っていることを認めたが、彼はこれもやはり合法的な宗教に関係したものだと主張し、自分は数多くの密儀宗教に入信したと述べた。「私は……宗教的な熱意と、真実を知りたいという欲望に動かされ、さまざまな種類の密儀や多くの儀式、いろいろな祭儀を学んだ」。このため、彼は、「これらの祭儀に関連したいくつかの信仰対象」を家に置いていた[107]。アプレイウスは、神に関する特別な知識を得ようと密儀宗教に向かった多くの人々の一人であり、こうした宗教は、二世紀の思考を形作る重要な要素をなしていた。

セプティミウス・セウェルスは、聖なる密儀に対する関心を彼の臣民たちと共有していた。彼がエジプトに旅したときのことを伝記作家の一人はこう伝えている。「彼は、注意深く隠されたものを含む、あらゆるものについて質問した。というのも、彼は人に関することも、神に関することも、何事も調査せずにはおかないような種類の人だったからである」[108]。セプティミウスが自らをセラピスと同一視したのも、神聖で深奥な密儀によって、自分と神を結び合わせる方法の一つだった。さらに、ヘロディアノスは、セプティミウスは密儀にずっと関心をもち続けていたこと、また、密儀宗教を公的な皇帝崇拝に取り込もうと望んでいたことを記している。セプティミウスは頻繁に「密儀を模倣して、夜を徹した宗教祭儀」を行なった[109]。神的なものに対する個人の希求を皇帝崇拝の中に取り込もうとする、こうした試みは成功しなかった。密儀宗教が内包する個人主義と、公的な皇帝崇拝の間には深刻な対立があり、この問題は一世紀以上を経て、皇帝がキリスト教に改宗するまで解決することはなかった。二世紀には、人々は宗教的な希求を満足させるため、さまざまな密儀宗教に直接引き寄せられたのであって、皇帝を通して密儀宗教に接しようとは思わなかったのである。

二世紀には多くの密儀宗教があった。エレウシスの密儀、ディオニュソス、ミトラス、イシスなどの祭儀がそれである。これらすべての密儀宗教が共通して持っていたいくつかの特質は、プルタルコスが言うところの神的な真実を求める人々にとって大きな魅力だった。あらゆる人に門戸を開いていた公的な崇拝とは異なり、密儀宗教には特別に選ばれた人だけが知ることのできる神秘があり、最終的な入信の秘儀は信者と神を結ぶものとなった[110]。この神秘的な合一は、二世紀の宗教的ジレンマの核心にあった、自然と超自然の間の距離を消滅させた。さらに、神秘的な合一はたいてい、入信者に、死後の生への希望を提供していた。アプレイウスは、イシスが彼に話しかけて、「私には、運命によって定められた限界を超えてお前の生を延長する力がある」と言ったと記録している[111]。この救済は、入信の秘儀を受ける人すべてに約束されていた。皇帝がアポテオシス（神格化）という形で経験したように、一般の人々はそのような入信の秘儀を経て神的なものに与れると期待したのかもしれない。

密儀宗教が共有していたこのような一般的要素は、神聖なものに対して人々が持つ意識を作り上げる一つの宗教経験を形成した。秘密にされていたのは最終的な入信の密儀だけだったので、それはなおさらだった。密儀宗教の祭礼のその他の要素は公開されている非常に目立つものだったので、それを見る者に、特別な人たちは天と地の間の裂け目に橋を架けることができたのだという希望をかき立てるような証拠を提供した。密儀宗教のこうした要素は、神聖なるものに到達する過程についてペルペトゥアが持っていた理解に影響を与え、実際それを規定することになったので、もう少し詳しく見てみる価値がある。後で見るように、彼女の殉教には、聖なる密儀を授かる入信儀式の要素が多く含まれている。

密儀の伝授を希望する者は、まず清めの儀式を受けた。これはさまざまな形で行なわれうるものであり、入信者を次の段階、すなわち行列に参加するにふさわしい状態にするものだった。行列は密儀宗教の公開された一段階であり、それに参加する者は不浄な状態から神聖な状態へと移行した。行列は音楽と踊りを伴って、公の場から、崇拝対象である神の聖域内へと移動した。踊り、そして音楽は一般に、個人が法悦体験を求め、またその体験を祝福するための方法であり、密儀宗教の特徴の一つだった。最後に、入信の秘儀を許された者たちだけが、最も聖なる空間へと進み、秘儀の間に顕現する神体と出会うことができたのだった[112]。

二世紀に最も人気のあった密儀宗教の一つはイシス崇拝だった。これは、皇帝セプティミウスと皇后ユリア・ドムナを引きつけた密儀宗教である。また、北アフリカで目立って栄えた密儀宗教であり、女性に強く訴えかけるものでもあった。もしペルペトゥアがキリスト教に向かわなかったなら、彼女の精神的希求はこのイシス崇拝に捌け口を求めたかもしれない。ペルペトゥアの同郷人で、私たちがその精神的探求を追っているアプレイウスは、イシス崇拝に入信し、その神官となった。ペルペトゥアという殉教者とセプティミウスという皇帝を形成した精神的な環境は、北アフリカのイシス崇拝から強い影響を受けていたのである。

ヘレニズム世界の他の地域にイシス崇拝が広まる以前から、イシスは二千年以上にもわたって古代エジプトの女神であった。この女神にまつわる神話によれば、イシスは多くの普通の女たちが一生の間に直面するような経験を味わっていた。イシスは自分の兄弟であり夫でもあるオシリス（後に、より普遍的なセラピスに形を変える）を愛していた。オシリスは、彼を妬んだ兄弟セトによって殺害され、イシスは愛する者を失った深い悲しみを味わった。彼女はオシリスを探し求め、その試練の間、一時は売春婦として過ごした。ついに彼女は夫のばらばらにされた死体を拾い集め、夫が蘇る前に、彼の子供を産んだ。彼女はしばしば、幼児ホルスを抱く良き母として描かれている。この短い要約からわかるように、イシスは女性、母親、息子、恋人たち、そして、難局によって、伝統的なローマ宗教では蔑まれるような境遇に陥った者たちに同情し、理解を示した。イシスは、保守的で平穏な家庭を注意深く守るウニウィラのような存在ではなかったのである[113]。

イシス女神は女性の経験と深く結びついていたけれど、その力は女性の領域だけに止まらなかった。イシスは創造の女神だった。彼女は天と地を分け、それぞれの民に言語を割り当て、アルファベットと占星術を発明した。稲光、雷鳴、そして風を支配した[114]。全能であるとともに慈しみ深く、局地的な神々とは対照的な普遍性を主張する女神であった。女神は自分の偏在性をアプレイウスにこう表現している。「単一の神格がさまざまな形を取って、地上のあらゆる場所で崇められている私[115]……」。イシスは広い層の人に魅力を持っており、神官団や信者には男性も女性もいた。

前述のように、神的な真実の貪欲な探求者であり、イシスの密儀に入信したアプレイウスは、イシス崇拝を最もよく伝える記述の一つを残している。彼の機知に富んだ著作『黄金のロバ』の主人公、好奇心の強い若者ルキウスは、魔術に手を出して、間違ってロバに変身してしまう。この小説は、彼が人間の姿を取り戻すための方法を探す冒険を綴ったものである。最後にルキウスは幻視の中で、イシスが自分の前に姿を現すのを見る。彼は入信を勧められ、人間の姿を取り戻す。しかし、新たなルキウスは以前の彼とは別人だった。彼は、世界を理解し操るための方法としての魔術にはもう魅かれなくなっていた。その代わり、彼は全知の女神イシスの神官となり、真の知、すなわち精神の神秘性に関する知を授かる。愉快ではあるけれど痛烈でもあるこの物語の中には、一世紀のローマ帝国における個々人が、人生の目的、ヴィジョン、そして個人的な救済を希求していたことが見て取れる。イシス信者の多くは、アプレイウスほど明瞭に語ることはないけれど、伝統的なローマ宗教が彼らの精神的な希求に十分に応えていなかったことを無言のうちに物語っている。

ペルペトゥアも、誰にでも見える形で行なわれた公開の祭礼を通じて、イシス崇拝にしばしば接したに違いない。イシス崇拝は数多くの公的な祭儀を含んでいた。あまたあるイシス神殿で一日の始めと午後に捧げられる祈りは、この女神のために毎日行なわれた儀式の一つだった。これらの神殿は日中の間、祈りを捧げたり、瞑想したりする個人のために開かれていた[116]。

イシス崇拝は、こうした日常的に行なわれる礼拝の他に、年に二回行なわれる大きな祭りを含んでいた。一つは、イシスが夫を探したことを想起して、秋に行なわれる「捜索と発見の祭り」である[117]。二つ目は、春に行なわれ、女神と海の結びつきを明らかにし、それを祝うものだった。この祭りは、イシスが、ナイル川の水の中でオシリスのばらばらになった遺体を探したことを想起するもので、春になって海の荒れが静まる時点を示すものでもあった[118]。この水との関連を考えれば、イシスが航海と通商の守護女神であったのも不思議ではない。このため、港町は特にすすんでイシス崇拝を受け入れた。毎年三月五日には、航海シーズンの始まりを祝うため、海に向けて盛大な行列が催された[119]。アプレイウスはこのような行列を描写して、楽士、男女の神官、そして信者たちが女神を迎えるため、喜び勇んで行進してゆく様を記述している[120]。

ペルペトゥアは、イシス女神の公的な祭礼を目にし、また、季節の変わり目を告げる毎年の行列を見ながら育ったはずである。奇妙なことであるが、カルタゴにおけるイシス崇拝の存在は、間もなく起きるこの若い貴婦人の殉教に関係しているかもしれない。キリスト教の発展を分析した秀逸な著書の中で、ロドニー・スタークは、「イシス崇拝の伝播とキリスト教の伝播」には非常に重要な相関関係があることを示している。「イシスが行く場所には、キリスト教もその跡を追った」のである[121]。神的なものへの希求は、ある者たちをこのエジプトの女神へと引きつけ、ある者たちをキリストへと引きつけた。そして聖なる行列に関するペルペトゥアの記憶が、自らの殉教への道のりを述べる彼女の描写を形作ったように見えるのである。

魔術から哲学、密儀宗教に至る、神的なものとの精神的な結びつきを求めるこれらすべての探求は、それらが補完していた伝統的なローマ宗教とある重要な特質を共有していた。こうしたさまざまな道を模索していた人々は、それらに効果があるのかどうかを知りたがった。伝統的なローマの祭儀において、人々は自分たちが供えた犠牲が受け入れられたかどうかを知るため、神から何らかの回答があることを期待した。回答は前兆や夢の形を取ることもあった。これまで見てきた他の形の宗教を実践した人々も、伝統的な宗教を実践していた人と同じように、自分たちが行なっている儀式に効果があるという証拠を強く求めた。神がそこにいることの証明には、神がそこにいることの視覚的な印が必要だった。

神の存在を示す最良の印と考えられたのは、未来を教えてくれる預言だった。アプレイウスは「魔法の呪文の成果」は、「予見と預言」であると言っているが、[122]彼が言いたかったのは、預言を得ることを目的として魔術が行なわれたということである。預言的な言葉は、普通、恍惚状態にあるときに発せられた。プラトン主義の影響を強く受けていたアプレイウスは、人間の魂は一種のトランス状態に入らされることがあり、その際には肉体の意識が消滅して、魂はその神的な起源を思い出すことができると説明している。[123]プロティノスは、その生涯の中で何度か、法悦的なトランス状態の中で神との合一を達成したと言われており、[124]純粋な哲学さえもときには、預言というローマの精神的な通貨でその有効性を証明したことが窺える。

密儀宗教においても、恍惚状態と預言には中心的な地位が与えられていた。リウィウスは、バッカス信徒の儀式を描写して、「人々は、まるで狂ったかのように熱狂的に体を動かして、預言を発するのが常であった」と言っている。[125]セネカは、キュベレ女神崇拝で見られた、法悦的な情熱に駆られた男たちが自らを去勢する様を、おぞましげに描写している。[126]イシス神官たちは、預言に特に優れていると信じられており[127]、セラピス崇拝においては、夢のお告げが中心的な地位を占めていた[128]。アプレイウスは、自分がイシス崇拝に入信したときのことを記述しながら、夢を通じてイシス崇拝に導かれたことを思い出している[129]。

夢もまた預言的なものでありえたので、恍惚状態で発せられた預言と区別されていなかった。恍惚状態にあるときには、魂が神と交信していると考えられたのと同様、夢を見ているときには、魂が自由に神と接触できると信じられていた。したがって、夢のお告げは、神の介在を示す証拠の一部であるとみなされた。セラピスの化身を自負したセプティミウス・セウェルスは、夢に大きな信頼を置いており、また、ある年代記作家が伝えるところによれば、その妻も「夢の術に長けていた[130]」。

神的なものを経験したいと希求する世界において、あらゆる種類の預言的発言には、非常に大きな重みが与えられた。もちろん、預言者の探求は誤解につながり、まったくのペテン師をも生み出した。アプレイウスは自分の裁判で、仲間たちの中にいた一人の少年は、法悦的なトランス状態にあったのではなく、癲癇の発作に襲われていただけだと説明した。癲癇は健康上の問題であって、宗教的な発現ではなかった[131]。二世紀の人で、宗教に対して懐疑的だったルキアノスは、人々が神的なものの存在を熱望していたことにつけこんだ偽預言者のことを、詳細にわたり軽妙に記述した著作を残した。

彼は、あるきわめて見栄えのよい若い男が、預言を求める人々の欲求をいかに利用しようとしたのかを語っている。アレクサンドロスという名のこの若い男は、金儲けをするために、預言を授ける神殿を創立することにする。彼の目論見は予想を超えた成功を収め、ルキアノスは、アレクサンドロスが大きな蛇を体に巻きつけ、頭の上に偽の蛇の頭をつけていたことを詳しく説明する。蛇の頭がしゃべって、預言を発しているように見せかけていたのだ[132]。この崇拝は、密儀宗教として組織されており、あらゆるそれらしい儀式を伴っていた。そしてまた、競合する他の精神的運動に取って代わることを意識して創立されたものであった。ルキアノスは、アレクサンドロスが「キリスト教徒を追放せよ!」、「エピクロス派を追放せよ!」と叫びながら、いかに群衆を統率したかを記述している。[133] この崇拝が非常に大きな人気を博したのは、二世紀の人々の間に広がっていた宗教的な希望に訴えたからであった。

二世紀末にローマの娘として育ったペルペトゥアは、私がここで概略を示したすべての思想に接していたはずである。彼女は、家族と家庭という、しっかりと守られた空間の中で育った。そこでは、家庭の神々に犠牲が捧げられ、父親が家族の運命を注意深く見守っていた。さらに、ペルペトゥアは、皇帝と彼の家族の繁栄を通じて、ローマの安泰が保障されているということを知って育った。ペルペトゥアは、伝統に則り、皇帝一家の安寧のため祭壇に捧げられた供犠を目にし、参加もしただろう。そして、ペルペトゥアは、彼女の時代を席捲していた精神的な希求を目にしないではいられなかった。魔術師や占星術師は至る所におり、密儀宗教の行列は劇的に挙行され、アプレイウスのような哲学者たちが広場で演説して、その知的な探求の故に多大な名声を博していたのである。

ペルペトゥアもまた、この精神的な希求を共有した。そうでなければ、父親が彼女も従うものと期待していた、より伝統的なローマ人の生き方から外れることもなかったであろう。彼女が神の存在を示す預言的な夢と幻視を探し求めたことを私たちは知っている。そうでなければ、彼女が夢をあれほど注意深く記録することもなかっただろう。そのような精神的希求に動かされた他のローマの娘たちは、イシス崇拝に従った。ペルペトゥアは、甦ったイエスの神秘を求めたのである。

ペルペトゥアは純粋にローマの娘であるというわけではなかった。彼女の経験や、経験から導きだされるものは、北アフリカの属州首都であるカルタゴ（［図2・1］を見よ）で彼女がおくった人生によって形成されていた。ローマ帝国の中で、カルタゴはローマ市に次いで、最も豊かで、最もコスモポリタンな都市だった。そこでは、帝国のあらゆる場所からやって来た人や物を見ることができた。商人たちは、今日とほぼ同様、ごったがえす市場の露店で商品を売り、街はさまざまな言語の話し声で活気に満ちていた。ペルペトゥアは、皇帝セプティミウス・セウェルス同様、ポエニ語を話すことができた。この言語は、カルタゴを創設したフェニキア人によって北アフリカに持ち込まれたセム系の言語である。彼女がこの古い言語を話したということは、彼女の殉教を理解しようとする際、ローマの伝統だけではなく、カルタゴの伝統にも目を向けねばならないことを示唆している。

都市

伝説によれば（特に疑うべき理由のない伝説である）、カルタゴは前八〇〇年頃、フェニキア人の王女エリッサによって創設された。彼女は、女王ディドーの名でより広く知られている。ディドーは兄弟と対立してテュロスを去り、新たな定住の地を求めて地中海を西へと航行した。ディドーと彼女の船の乗組員たちは、未知の海域を航行していたわけではなかった。フェニキアの船は、交易の対象となる資源（特に金属）を求め、何世紀にもわたって地中海を西へと航行し、イベリア半島にまで到達していた。古代の船がすべてそうしていたように、フェニキアの船も、日中は海岸の近くを進み、毎晩停泊した。ディドーが航海した頃までには、北アフリカの海岸沿い約五〇キロメートルおきにフェニキア人の小さな集落ができていたはずである。(1)

そしてディドーは、将来性のありそうな港に停泊した。その地に住む部族民は、一行が定住することに反対したが、伝説によれば、部族民たちは彼女に対し、一頭の雄牛の皮で覆えるだけの土地ならば与えてもよいと承諾した。ディドーは、雄牛の皮をとても細く切り伸ばし始めたため、部族民たちは、彼女の技術をもってすれば、北アフリカ全域を獲得する権利を主張するのではないかと恐ろしくなって、彼女らが定住することを認めたのだという。カルタゴの最も大きな特徴は、古代においても現代においても、港を見下ろすビュルサの丘であるが、このビュルサという言葉は、都市創建伝説にまつわる「雄牛の皮」に由来しているらしい。

女王ディドーは、この地の部族長と結婚するのをよしとせず、死を選んだと伝えられている。ウェルギリウスはこの話を少し改変して、彼女の恋人であったアエネアスがローマ創建のために旅立った際に自殺したことにしている。彼女がどのような死に方をしたにせよ、ディドーが創建した都市は成長し、繁栄した。カルタゴは交易の中心地として最適な場所に位置していた。カルタゴ人たちは港を改良して、防衛に適した軍港を内側に、そして、カルタゴに大きな富を約束する、大型商船が停泊することのできる商用港を外側に整備した。町は約一一キロにわたって広がり、三方を海で守られていた［図2・2］。海に面していない部分は、胸壁と塔を備えた約三四キロにもわたる壁で囲まれていた。(2) 広場《フォルム》を中心として格子状に街

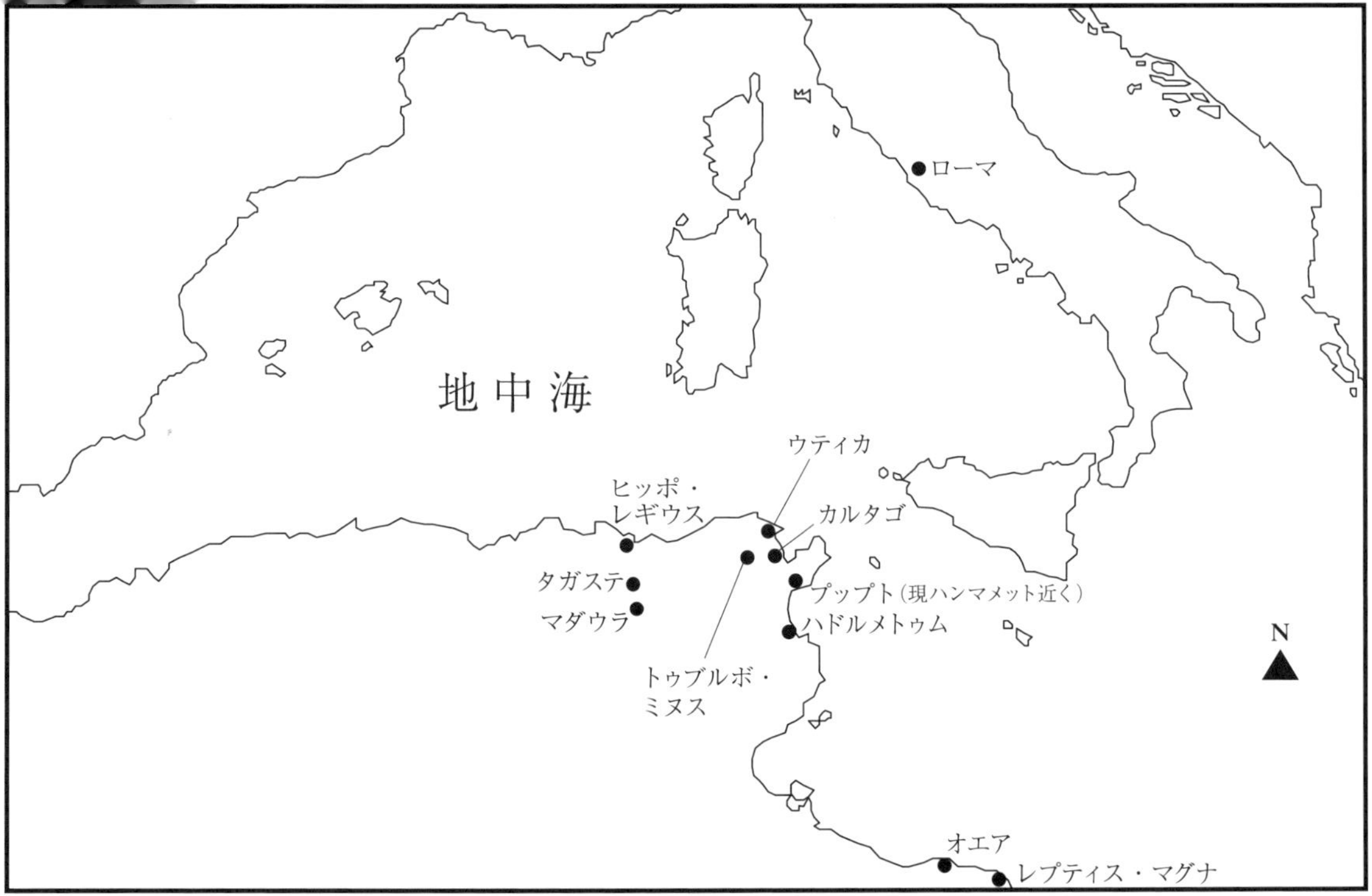

[図2・1] 地中海. リサ・クアム作図.

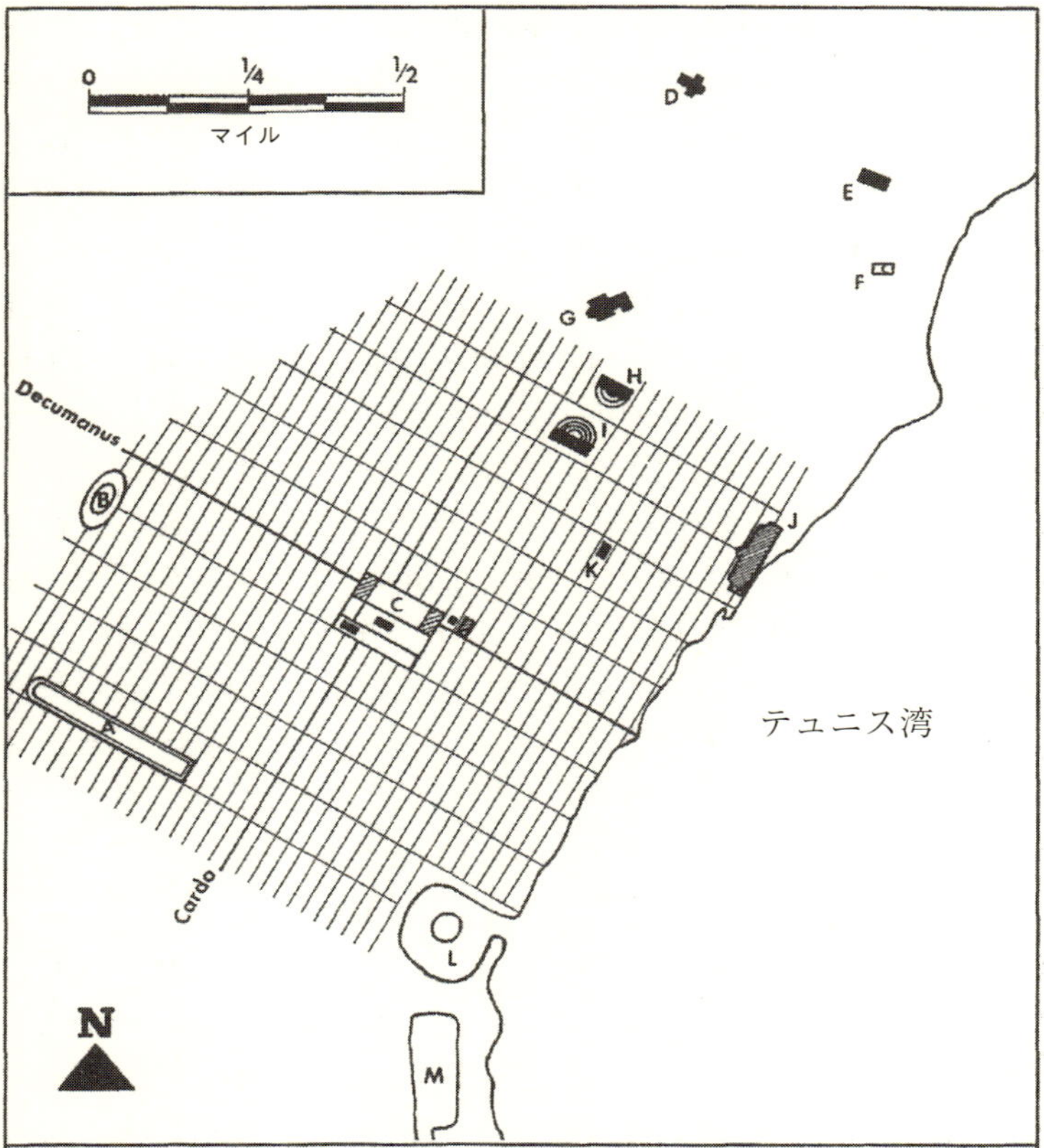

A 戦車競技場
B 円形闘技場
C ビュルサの丘
D バシリカ・マイオルム
E 聖キュプリアヌス教会
F 聖モニカ女子修道院
G ダムス・エル・カリタ教会
H オデイオン
I 劇場
J アントニヌス浴場
K セラピス神殿
L フェニキア都市時代からの港
M 「トフェト」

［図 2・2］ カルタゴ，リサ・クアム作図．

路が交差する市の中心部は港の近く、ビュルサの丘のふもとに位置していた。ビュルサの丘の頂上にも、都市を守るための強固な要塞があった。

コスモポリタンな古代カルタゴの住民たちは、流し台やバスタブすら備えた、中庭のある、複数階建ての魅力的な石造住宅に住んでいた。こうした家屋の発掘では、地中海世界における、本当の意味でのモザイク技術の最古の例が見つかっている。(3) 後に、ギリシア人やローマ人によって目を見張る芸術の域にまで高められ、ペルペトゥアが暮らした家や、訪問した家々の床を華やかに飾ることとなったモザイク技術は、もともとカルタゴ人が発展させ、輸出したものだったのかもしれない。

フェニキア都市カルタゴの人口は、その全盛期、おそらく四〇万近くに達したが、かなり純粋にフェニキア人の子孫と呼べるのは、そのうち一〇万人にも満たなかったのではないかと見られる。(4) フェニキア人植民者やその子孫たちは少数派であったが故になおさら、古い習慣に固執したように見える。変化を受け入れるのに消極的であることにかけては、彼らは本国のフェニキア人以上であった。彼らは故郷の言語を使い続け、それは都市部でも農村部でも定着した。また彼らは、故郷のカナーン人が崇拝する神や女神を崇拝し続けた。格の劣る他の神々もいたが、彼らの崇拝の中心は、なんといってもバアル・ハモンとその妻であるタニトだった。バアルとタニトは要求の多い神々で、犠牲を捧げて宥《なだ》める必要があった。犠牲を捧げることは、ローマ人やその他の地中海の民も行なっていたことである。しかし、フェニキア人は（これは周辺住民を大いに恐れさせたのだが）、東方の彼らの故郷でその習慣が途絶えた後でさえ、人間を犠牲に捧げることを止めなかった。この文化的な頑固さは彼らの強みの一つであったが、それはまた、地中海域の隣人たちから疎外されるという結果にもつながった。(5)

古代カルタゴ人に関する最も古い記述の一つは、彼らに対してかなり好意的である。前五世紀後半に活躍したギリシア人歴史家ヘロドトスは、カルタゴ商人たちの実直さを示すエピソードを紹介して、カルタゴ人が商取引において誠実であることを賞讃している。カルタゴ人たちは地中海の外へ出て、アフリカ沿岸でも通商活動を行なった。彼らは自分たちの船から商品を降ろすと船に戻り、狼煙《のろし》を上げて、地域の部族民たちに交易を呼びかけた。集まってきた地元民たちは商品に見合うと考える量の金《きん》をそこに置き、商品は取らずに立ち去る。ヘロドトスはこうした取引を賞讃して、こう書いている。「彼らは、そうすれば両者ともに損失を被ることがないという。なぜならカルタゴ人は商品に見合うまでの量に達するまで金は取らず、地元民たちもカルタゴ人が金を取るまでは商品に手をつけないからである(6)」。

カルタゴ商人の実直さを伝えるような記述は、ヘロドトスの約二〇〇年後、ローマとカルタゴが対立するようになってからのローマの記録の中には見られない。ローマの史料は特に客観的でも、好意的でもない。しかし私たちは少なくともその中に、隣人であるローマ人が、繁栄するカルタゴ人のことをどう見ていたのかを感じ取ることができる。カルタゴとローマが戦ったポエニ戦争の時期、前二〇〇年頃に生まれた、ポリュビオスは、カルタゴ人があまりに物質的であると非難している。

カルタゴでは、利得につながることならばどのようなことでも不名誉とは見なされない。それに対しローマでは、賄賂を受け取ったり、不正な方法で利益を得ようとしたりすること以上に恥ずべきことはない。その証拠に、カルタゴでは、公職に立候補した者がおおっぴらに贈り物をするのに対し、ローマでそのようなことをすれば死刑になる(7)。

リウィウスもまた、ローマ人が戦争中に被った被害について記述する中で、カルタゴ人の倫理観について皮肉を言っている。カルタゴの将軍ハンニバルはローマ人に、降伏するならば、逃がしてやると約束した。「ハンニバルはこの誓いを、真のポエニ人的な敬虔さで守り、すべての者を鎖に繋いだ」[8]。

その四〇〇年後、プルタルコスはカルタゴ人の性格にもっと厳しい評価を下している。「彼らの性格は冷たく、気難しく、自分たちの高官に対しては媚びへつらい、従属民に対しては無情、怯えているときにはきわめて卑屈、怒ったときにはきわめて残酷、決断を守ることにかけては頑固、陽気さや都会風の洗練には不愉快で冷たい態度を取る」[9]。

カルタゴで発掘された美しい宝石、香水用小瓶、快適な家屋は、カルタゴ人が「陽気さや都会風の洗練」を軽視していたというプルタルコスの証言が誤っていることを示しているけれども、保守的に（頑固に、といった方がよいだろうか）伝統にしがみついたり、変化を恐れたりする態度は、間違いなく、生き方に対する彼らのアプローチを特徴づけていた。こうした性格はペルペトゥアの時代まで生き続け、カルタゴ人の世界観を形作っていた。

ディドーの入植者たちの子孫を最もよく特徴づけるのは、おそらく、その成功であろう。カルタゴ市は繁栄し、地中海で台頭してきたもう一つの勢力、ローマと対立するようになった。前二六四年と前一四六年の間に、ローマとカルタゴは「ポエニ戦争」（「ポエニ」というのは、初期のカルタゴ入植者の故郷であるフェニキアに由来する）の名で知られる三度の激烈な戦争を戦った。これらの長い戦いは、海上、イベリア半島、シチリア、イタリア、そして北アフリカで繰り広げられ、その中には、ハンニバルによる有名なイタリア侵略も含まれている。彼は象を率い、アルプスを越えてイタリアに侵入し、ローマ市に包囲戦を仕掛けることに成功した。二つの偉大な都市国家は疲弊しきるまで戦ったため、条約を結んで一時的に休戦することもあった。しかし、最後となった第三次ポエニ戦争はカルタゴの破壊で幕を閉じた。

プルタルコスは、ローマの政治家カトーが、第二次ポエニ戦争の後である前一五〇年、同国人にカルタゴとの戦いを再開するよう説得を試みた際の演説を記録しているが、カトーはその中で、カルタゴから「ローマまで海路で三日しかかからない」[10]ことを元老院に想起させている。カトーは西地中海に二つの大海運国が存在する余地はないという事実を主張し、すべての演説を「カルタゴは滅ぼされねばならない」という言葉で締めくくった[11]。彼の扇動的な言葉は功を奏し、第三次ポエニ戦争が始まった。その際には、対立を解決するための条約を結ぶことは想定されていなかった。ローマはカルタゴ市が海岸線から約一六キロ退くことを主張した。その歴史と勢力が海と密接に関わっていたカルタゴ人は、これに同意するわけにはいかなかった。

前一四九年、スキピオ・アエミリアヌス率いるローマ軍がカルタゴ市を封鎖し、商用港の前にある幅九〇メートルほどの砂州から接近した（[図2・2] 参照）。この地点では市を守る壁が一重にしかなっておらず、スキピオは砂州を利用して障壁を突破することができた[12]。港近くに位置していた中央広場《フォルム》を容易に占拠した後、スキピオはビュルサの丘にある要塞に対処しなければならなかった。五万人以上の人が要塞の中に避難していたほか[13]、さらに数千人が丘の中腹にある自分たちの家を守ろうとしていた。これらの出来事を目撃していたローマ史家ポリュビオスは、部隊がビュルサの丘で六日六夜の間、いかにして街路でも、また時には六階もあった建物の屋根の上でも戦ったかを生き生きと描写している。スキピオは自分の部隊に命じて、この古い都市の豊かな郊外住宅地を成していた丘の周辺部に火を放たせた。そして、ついに要塞は持ちこたえられなくなった。カルタゴの将軍ハスドルバルは降伏し、ポエニ戦争はやっと終結した[14]。ローマは、議論の余地なく、地中海の覇者となったのである。

勝利を挙げた将軍スキピオは、偉大な文明が失われたことを認識していた。

スキピオは、創建から七〇〇年の間繁栄を続け、多くの土地、島、海を支配し、最も強力な帝国が持つような軍隊、艦隊、象、富を持ち、大胆さと意気の高さでは他の国を優越していたこの都市が……いまや完全に破壊されるのを目の前にして……涙を流し、敵の運命を公然と嘆いたのだった。[15]

かくも長い戦いの勝者が変化を遂げないわけはなかった。ローマは戦争の間にもすでに、いつもの習慣から離れている。それは特に、ハンニバルがローマ市を脅かした絶望的な時期に当てはまる。この時、ローマ人は四人の外国人を生きたまま家畜市場《フォルム・ボアリウム》に葬るという人身供犠を挙行した。ローマの歴史家リウィウスでさえ、この供犠が「ローマの精神とはまったく相容れないもの」であったことを認めている。[16] ローマの変化は戦争の終結とともに終わったわけではなかった。ローマの宗教は、帝国システムには容易に適応するものではなかったが、ポエニ戦争の後、ローマは地中海世界のほとんどを包括する帝国を支配するようになっていた。ローマ人の中には、カルタゴを破壊した代償の大きさを嘆く者もいた。その中の一人は、ライバルを打ち負かしたことで、ローマ市の「徳から悪徳への移行は、段階的な移行ではなく大急ぎの突進になった」と述べている。[17] シリウス・イタリクスはローマ的価値観の変化をさらに痛烈に嘆いている。「もし、カルタゴが陥落したとき、ローマの性格が変わることが運命づけられていたのだとすれば、カルタゴがまだ存続していてくれればよかったのだが」。[18] カルタゴを存続させるわけにはいかなかった。スキピオはカルタゴ市を完全に破壊し、誰一人として残すなという命令を受けていたからである。[19] 彼は命令に従い、この高名だった都市は一世紀の間放置された。しかし、土地を不毛にするため、カルタゴ周辺に塩が撒かれたというのは、現代に作られた伝説である。[20]

新たにローマの支配域となった属州アフリカは、第三次ポエニ戦争でローマを支持したウティカ――カルタゴのすぐ北にある古い都市――を拠点とする属州総督《プロコンスル》によって統治された。総督になるためには、ローマの貴族の家門に属し、ローマ元老院のメンバーでなければならなかった。現地の共同体に自治を任せて、伝統的な形態を残し、伝統的な神々を崇拝させるというのが常にローマのやり方であったが、これはアフリカにも当てはまった。このため、「スフェテス」と呼ばれる代表によるカルタゴの統治システムは継続し[21]、バアル・ハモン神、タニト神も以前どおり崇拝された。

ディドーによって創建された港湾都市は、非常に有利な場所にあったため、ローマ人が無視し続けることはできなかった。アッピアノスによれば、紀元前四〇年頃、カエサル〈後のアウグストゥス〉は、ローマから三〇〇〇人の入植者を送り、他の者たちにもそこに土地を提供して、カルタゴを植民市化した[22]。アウグストゥスはまた、アフリカの諸属州をアフリカ・プロコンスラリスとして知られる一つの属州に再編成し、首都をカルタゴに置いた[23]。

ローマ人がカルタゴを再建した際、二つの価値ある港はそのままにし、海岸沿いでは、フェニキア都市時代のカルタゴがもっていた格子状の街路を維持した。しかし、町の中心はビュルサの丘の頂上に移した。このエリアは大きな中央広場《フォルム》を建造できるほど広くなかったので、フェニキア都市時代の家屋の瓦礫の上に大きな円柱を何本も立てて、新たなフォルムの用地を整え、面積を拡大した[24]。新たなフォルムは広大で、約三万三〇〇〇平方メートルもあり、神殿や列柱廊に囲まれていた[25]。次にローマ人は、フォルムを中心とした新たな都市の街路を敷いた。

属州都市を建造する際、ローマ人は、軍隊が夜を越すため陣営を設営するのに使ったのと同じ格子状のシステムを採用した。湾を下辺として左右に伸びる大通りはカルド・マクシムス、上から下に伸びるのはデクマヌス・マクシムスと呼ばれた。左右に走るすべての道路はカルドCardo、上下に走るものはデクマヌスDecumanusと呼ばれた。デクマヌス・マクシムスの右側と左側を走るデクマヌスを区別するため、測量技師たちは、「左《シニストラ》」、「右《デクストラ》」という言葉を使った。同様に、カルド・マクシムスの上と下を走るカルドを区別するのには、「向こう側《ウルトラ》」と「手前《キトラ》」という言葉を使った。例えば、デクマヌス・マクシムスの右側を走る二本目の道路と、カルド・マクシムスより一本上の道路の交差点は、DD2UC1（Dextra Decumanus 2, Ultra Cardo 1）と表記された[26]（［図2・2］参照）。

格子状の道路網は、都市の成長を構成する秩序を与えた。二世紀までに、カルタゴは征服以前の繁栄を取り戻し、それを上回るほどの繁栄すら達成していた。皇帝ハドリアヌスとアントニヌス・ピウスの治下では、さらなる建築事業が行なわれ、カルタゴは続く二世紀の間、西地中海世界の知的な中心地となった。ペルペトゥアの若い時の経験は、このような都市で形成されたのである。

［図2・2］にあるカルタゴの図面は、アントニヌス・ピウス帝の建築事業後のものである。ビュルサの丘のフォルムは都市活動の中心であり続けた。人々はここを歩き、祈りを捧げ、言葉を交わした。二世紀、アプレイウスがカルタゴ人を前に行なった演説の中で賞讃されている図書館は、四世紀に若いアウグスティヌスを引きつけた本屋や学校同様、ここに立っていたのだろう[27]。フォルムはまた、好奇心旺盛な群集を偉大な弁論家の演説と同じくらい引きつけた、キリスト教徒の裁判が行なわれた場所でもあった。

ビュルサは都市生活の中心であり続けたが、都市の区画の中には他にも、ローマ都市の目印となるような大きな建造物があった。市北西の隅にある巨大な円形闘技場は、ローマの闘技場に次ぐ大きさであった。街区の西の端にあった、戦車競争のための競技場もまた帝国屈指の規模を誇った[28]。町の反対側の端には二つの劇場があった。一つは二世紀の半ばにハドリアヌス帝によって建造されたものである。この劇場は、フォルムの群集と同じくらい、若いアウグスティヌスを魅了した。ハドリアヌスの劇場は最近になって修復され、そのすばらしい音響を生かして、毎年行なわれる音楽フェスティバルの会場となっている。第二の劇場は屋根付きのオデイオンで、これも二世紀に建造された。カルタゴには、他のローマ都市同様、多くの浴場もあった。海際に立つ、五賢帝時代の巨大な浴場はすばらしい眺望を誇っていた（[図2・2] 参照）。敷地の広さはほぼ一万八〇〇〇平方メートルに及び、ネロがローマに建造した浴場を除けば、帝国最大だった。[29]

二世紀のカルタゴは巨大都市だった。それはローマ都市として創建され、拡大し、その公共建造物の大きさと市民の富に関しては、ローマ市自体を除けば、帝国一であった。とはいえ、地図や建造物は誤解を生む可能性もある。カルタゴは、単なるローマ市の模倣ではなかった。というのも、カルタゴとその住民は独自の伝統を維持していたからである。北アフリカ人は、皇帝セプティミウス・セウェルスの家族にいたるまでポエニ語を話し続けた。そして、北アフリカ人のアイデンティティーを示すのは言語だけではなかった。

植民市化に伴う文化的アイデンティティーの変化のリズムは予想に難くないものである。最初、新しい入植者たちは意識的に自分たちが持ち込んできた文化を守ろうとする。植民市化初期にカルタゴにやって来たローマ人たちは、ローマをモデルにして都市を再建し、生活を組み立てた。しかし、時間が経つにつれ、入植者たちは自分たちが持ち込んだものを失わないことに自信を持つようになり、より容易に現地の習慣を受け入れるようになる。[30] 紀元二世紀の間に、上流のカルタゴ人の間で、たとえ純粋にローマ的な背景をもつ人であっても、先祖にアフリカ的な要素があると主張するのが流行となった。[31] それは、ポエニ語の存続だけではなく、バアル・ハモンとタニト神のローマ版であると見られていたサトゥルヌスとカエレスティス神崇拝にも見ることができる。北アフリカのローマ人はまた、子供たちに、ダトゥス、フォルトゥナトゥス、サトゥルニヌスといった、アフリカに典型的な名前を与えるようになった。[32] 二世紀末にテルトゥリアヌスは、カルタゴ人の伝統的な装束を描写しながら、それはアスクレピオス神の神官が着る儀式用の装束だと主張している。[33]

ペルペトゥアの夢の中には、サトゥルヌス神の神官とカルタゴの空間が現れる。多くのローマ属州民と同じく彼女もまた、ローマの産物であるだけではなく、彼女の人生の背景を形作った属州の産物でもあった。その背景の中には、カルタゴの空間や歴史だけではなく、北アフリカ独特の日常生活や、何世紀にもわたってカルタゴの名を知らしめた、その知的生活も含まれていた。

生活と文化

フェニキア時代のカルタゴの繁栄はなにより貿易に依拠し、オリーブオイルとワイン生産がそれを補っていたが、ローマ人の下で北アフリカの土地の可能性はより十分に発揮させられた。アウグストゥスが植民市カルタゴを創建したとき、ローマは首都の住民のための穀物を必要としていたため、新植民市の土地は穀物生産に向けられた。一世紀の半ば、北アフリカ、特にカルタゴ周辺はローマの穀倉地帯となった。アフリカの小麦はその高い品質で特に賞讃され、また、大プリニウスは一五〇対一という驚くべき生産性を伝えている。[34] 古代世界では、四・五対一という低い生産性が普通だったことを考えれば、プリニウスの数字は誇張されたものである可能性が高いが、[35] 北アフリカの土地の生産性が驚きの目で見られていたことは間違いないだろう。この数字はまた、食糧需要が常に大きかった帝国で、農業が生み出すことのできた富の大きさを示している。

一世紀の終盤までには、ローマ市への穀物供給は安泰であると見られるようになり、アフリカの農業は穀物以外の分野に向かうことを許された。穀物畑周辺の丘には多数のオリーブが植林され、ブドウ畑も再び北アフリカで見られるようになった[36]。オリーブの木は朝露を効果的に吸収することで、きわめて少ない水分で生育できるため、北アフリカの気候に特に適合していた（これは、現在にも当てはまる）。植林した後、実をつけるまでにはほぼ十年かかるが、育てるための労力は少なく、その後は数十年も実をつけ続ける。貴重なオリーブオイルを取り出すための大きな圧搾機が田園地帯の各地に設置され、北アフリカの乾いた空気は熟れたオリーブの芳香を含んでいた（これは今も変わらない）。

大プリニウスは『博物誌』の中で、地中海地域の生活に欠くことのできないこの油に讃辞を述べている。「オリーブオイルには身体を暖め、寒さを防ぐ効能があり、また、温めたオリーブオイルには頭を冷やす効能がある[37]」。オリーブオイルはまた、現代の考古学者たちが何百という単位で発掘する、小さなオイルランプの燃料としても使われた。こうしたランプには、灯心をオイルに沈めるための小さな開口部があったが、ねずみが油を飲んでしまうのを防ぐため、それ以外の部分は覆われていた。家に光を与え、身体に暖かさを与えたこの液体はまた、財布に富をもたらした。オリーブオイルは輸送が簡単で、大きな需要があったからである。

この豊かな農業資源を活用するため、北アフリカの土地は大きな農園に整備され、生産したものからほんの少しの恩恵しか受けることのできない奴隷や小作農が耕作した。アフリカに住むローマ人土地所有者たちの暮らし向きはよかった。彼らの一部は所領内の邸宅で生活したが、より多くの者たちは都市にある邸宅で暮らし、ローマ文化をよく特徴づけるものである都市生活に参加した。ローマ市の富裕な人々が定期的に田舎の所有地で過ごしたように、北アフリカのエリートたちも時には所有する農園で過ごした。ただ、二世紀から三世紀初めにかけて、良い暮らしといえばそれは都市生活のことだった。

三世紀初頭までには、カルタゴ周辺の農業地帯に約二〇〇もの都市が点在するようになっており、その間の距離は一〇ないし一三キロメートル程度しかないこともあった[38]。都市にある住宅の規模は小さかったが快適だった。ほとんどが、中庭を部屋が取り巻くようなスタイルで建てられており、考古学者たちによる発掘は、富裕な人々が美に取り囲まれていたことを明らかにしている。中庭には、噴水や花壇のために水が引かれていた。多くの家屋の床は美しいモザイクで飾られていたが、それは私たちに、家の所有者の美的感覚を示すだけではなく、彼らの日常生活を伝える貴重な史料ともなっている。

モザイクで床を装飾する技術を発達させたのはフェニキア時代のカルタゴ人だったかもしれないが、それを芸術の域にまで高めたのはローマ時代のカルタゴ人だった。カルタゴには、遅くとも二世紀までには、人気のモザイク工房が一つ存在していた。その当時、モザイクを注文するのはほとんどが、自分の家の床を装飾しようとする個人であった。公共の場所でのモザイク（特に公共浴場のもの）が普通になるのは、もっと後のことである。北アフリカの職人がデザインした図像は、地中海周辺の他の地域にも影響を与えた[39]。

モザイクの中には、庭園や神話のエピソードを描いたものもあるが、北アフリカの住民はより具体的な図像、すなわち日常生活での出来事の描写を好んだようである。セプティミウス・セウェルス帝の時代に最も好まれたのは狩のシーンであった[40]。［図２・３］はその一例である。馬に乗った男が猟犬とともに狩をしている様子だが、そこには犬の名前、エデラトゥスとムステイアも記されている。人気のあったもう一つの種類の図像は、現代人の趣味では狩猟の場面より理解しにくい。それは、富裕者たちが町の闘技場で提供した見世物を描写したものである。［図２・４］は、二人のボクサーを描いているが、負けた男の頭から血が噴き出す様がリアルに描写されている。公の場で流される血に美と名誉を見出すのはローマ世界全土で見られた特徴であるが、北アフリカではこれが顕著だった。ペルペトゥアの家族を含む、北アフリカの裕福な家々の床を飾ったモザイクは、彼らの世界観を反映しているとともに、それを形作ってもいたのである。

ローマ人が北アフリカに都市生活の様式を持ち込み、大農園で輸出用の穀物を生産するようになると、北アフリカにおける生活の根本的な現実、すなわち水の不足に直面することになった。ローマの農耕方法は大量の水を必要としたため、ローマの技術者たちはダム、貯水場、巨大な貯水池を建設した。[41] しかし、都市の「乾き」はとても癒すことのできないほどのものだった。個人の邸宅の噴水、公共トイレ、そして何よりも、巨大な公衆浴場に水を供給するには、山の湧き水を都市まで引いてくる必要があった。

カルタゴの大水道建築は二世紀前半、ハドリアヌス帝〈在位一一七―一三八年〉の治下で行なわれた。旱魃が起きた際、皇帝は、ローマ世界で最も長いものの一つに数えられる水道を建設させることで、カルタゴ市民を救おうとしたのである。この水道は、カルタゴの約五六キロメートル南から水を運んでくるもので、湾曲しながら約一二〇キロも伸び、一秒間に約三〇〇リットルという驚くべき量の水を都市に供給した。[42] 水の供給を補足するため、カルタゴ市の外れ、円形闘技場近くに巨大な貯水池も造成された。

他の属州都市もまた水道や貯水池を造り、井戸を掘って、ローマ時代の北アフリカの文明を特徴づける快適な生活を維持しようとした。二世紀の終わり、これらの努力は実を結んだ。属州は、巨大都市カルタゴを中心に、多くの都市と繁栄で知られるようになっていた。

ペルペトゥアはこの属州で優雅に暮らす富裕な社会階層の生まれであるが、彼女がどこで生活していたのか正確にはわかっていない。ラテン語で書かれた、彼女の殉教を伝える最初の記述は、彼女の家族の家

［図 2·3］狩の状景（モザイク画）．チュニスのバルド博物館蔵．写真はボブ·バルスリー．

［図 2·4］拳闘士像（モザイク画）．チュニスのバルド博物館蔵．写真はボブ·バルスリー．

がどこにあったのかについては何の情報も与えてくれない。この記述は、書かれてすぐ後にギリシア語に翻訳されたが、そこには原典にはない情報が付け加えられている。ギリシア語版は、ペルペトゥアを含むキリスト教徒の一団が逮捕されたのは、カルタゴから西に約五三キロメートル離れた、バグラダ川沿いのトゥブルボ・ミヌス（現在のテブルバ）であったと伝えている[43]（［図2・1］を参照）。ギリシア語版は原典ではないので、この情報は慎重に扱わなければならない。翻訳者自身がこの出来事を知っていて、正確な情報を付け加えた可能性もあるが、私たちにはわからない理由から、不正確な情報を挿入した可能性もあるからである[44]。

もしペルペトゥアの家族が本当にトゥブルボ・ミヌスで生活していたか、そこに土地を所有していたならば、先に記述したような、田舎の富裕な大土地所有者の生活を送っていたことになる。トゥブルボはローマの穀倉地帯であった肥沃な農耕地域に位置していた。町自体は、ローマ軍の退役兵のための初期植民都市として創建され[45]、地方都市に暮らすエリートが快適に過ごすための施設はすべて整っていた。ペルペトゥアの家族がトゥブルボ・ミヌス出身であったにせよ、カルタゴで暮らしていたにせよ（これは、ラテン語版の殉教伝から研究者がした推測である）、属州首都はこの家族の生活に重要な位置を占めていたに違いない。裁判と処刑が行なわれたのはカルタゴである可能性がきわめて高い。そのずっと前にも、ペルペトゥアの家族は、カルタゴの文化的生活を享受するため、ここまで旅したことがあっただろうし、また、ペルペトゥアの兄弟は、学業を成就するためここに送られてきた可能性も高い。カルタゴは、その歴史を通じて、トゥブルボ・ミヌスよりもっと遠くの町からも、富裕な人々や前途ある若者を引きつけ続けたのである。

そうした前途ある若者の一人が、前章に登場した有名な哲学者アプレイウスであった。ペルペトゥア同様、アプレイウスは地方都市――彼の場合はマダウラ――の出身であったが、学業を成就するためカルタゴにやって来た。[46]その二世紀後、地方都市の若者がもう一人、属州の知的中心地であるカルタゴで学業をおさめた。キリスト教の聖人アウグスティヌスである。アウグスティヌスは故郷の町タガステで勉強を始め、ついで文学と弁論術を学ぶためマダウラに移り、最後にはカルタゴで研鑽を積んだ。[47]これら二人の偉大な人物がそれぞれカルタゴで勉学に励んだ時期の間《はざま》に、ペルペトゥアと彼女の家族もまたこの町に引きつけられて来たことだろう。そこでの知的生活は、アプレイウスやアウグスティヌスのような男たちの知的成長を形作ったのと同様、ペルペトゥアの経験をも形成したのであった。

カルタゴの公的生活は、その知的な活発さで知られていた。[48]アプレイウスがカルタゴのコスモポリタンな聴衆に演説をした際、彼はこの都市が、「市民の中に学究の友をかくもたくさん抱えている」ことで知られていると賞讃している。[49]また別の機会には、もっと大仰にカルタゴを讃えて、「カルタゴは我らの属州の尊敬すべき教育者であり、アフリカの天なるミューズである。カルタゴは、全ローマ世界が霊感《インスピレーション》を汲み出す泉である」と言っている。[50]アプレイウスの言葉に修辞的な誇張が含まれているにせよ、カルタゴを文化的中心地の一つと見る見解は多くの人が共有していた。

カルタゴの知的生活の中には、ごった返すフォルムでの私的な会話も、アプレイウスのような人物がフォルムや劇場で行なった公的な演説も含まれていた。また、ハドリアヌスが建築させた劇場でのさまざまな見世物もその一部であった。そのような見世物の一つが、テレンティウスやプラウトゥスといったローマの劇作家による喜劇だった。こうした喜劇は、たいてい恋人同士の逢引を含む、喜劇的なシチュエーションを扱ったもので、どちらかというと軽薄な筋の中で、人間のあらゆる感情の綾を見せていた。身振り狂言やどたばたをともなう無言喜劇も上演され、見世物は喜劇、悲劇から、綱渡り、手品や踊りにいたるまで多岐にわたった[51]。アウグスティヌスは劇場に魅了されたが、それは、他の観客たちとともに普通経験しないような、人間のあらゆる種類の感情に出会うことができるからだと言っている[52]。二世紀カルタゴの知的・文化的生活は、今日の文化的中心地でもそうであるように、劇場や芸術に参加することによってより豊かなものになっていた。

ペルペトゥアと彼女の家族もまたこうした見世物を見たであろうし、また、町を歩きながら、公的な演説からも、私的な会話からもさまざまなことを学んだであろう。そしてまた、立てられてから五〇年も経っていないアプレイウスの像などに象徴される学究への賞讃をも目にしただろう。こうした一般的なことを言うのは容易だが、具体的に、どのような知的影響が殉教へと進むペルペトゥアの選択に関係していたかを指摘するのは難しい。しかし、この若きローマの貴婦人に直接的な変化をもたらしたと思われる、カルタゴにおける文化生活のいくつかの側面を辿ることは可能である。それは、北アフリカの言語、文学、そして彼女を、キリスト教共同体のものを含む多くの新しい考え方に触れさせた、この場所の多様性である。

二世紀と三世紀の間、カルタゴの知的生活はラテン語とギリシア語の両方で表現されていた（アウグスティヌスの時代までには、ギリシア語は使われなくなる）。アプレイウスは、コスモポリタンなカルタゴの聴衆を満足させるため、ギリシア語とラテン語の両方で演説したと主張している[53]。ペルペトゥアの家族は少なくとも三言語、すなわちラテン語、ギリシア語、ポエニ語を話していた。ペルペトゥアの夭折した弟が、ディノクラテスというギリシア語の名前だったことは、ギリシア語が彼女の家族の経験に重要な役割を果たしていたことを強く示唆している。北アフリカでギリシア語が普及していたことは、ギリシア文学が読まれ、それがカルタゴの知的遺産の、したがってペルペトゥアの経験の一部をなしていたことを意味する。

ペルペトゥアの世界観に影響を及ぼした可能性の高い文学の一つは、ヘレニズム小説である。ユリア・ドムナ（セプティミウス・セウェルス帝の妻）の文学サークルにはおそらく、ヘレニズム小説家が少なくとも一人は含まれていた。[54]それは、セプティミウスの治世（そしてペルペトゥアが生きた時代）までに、ヘレニズム小説がどれほど人気を獲得していたかを示している。最近では、ヘレニズム世界の考え方を示すものであるとして、こうした小説の研究がますます進んでいる。[55]

ヘレニズム小説のほとんどはギリシア語で書かれたが、アプレイウスがラテン語で書いた『黄金のロバ』は、このジャンルで影響力ある作品となった。アプレイウスの作品は、以前の時代に書かれたギリシア語の小説から影響を受けており、それらが北アフリカでも読まれていたことを示唆している。ペルペトゥアは確実に『黄金のロバ』を読んでおり、[56]他の小説も読んだだか、少なくとも話には聞いていただろう。こうした小説の一つ『メティオコスとパルテノペ』は定期的に劇場にかけられており、[57]カルタゴの有名な劇場で、人気のあるこの劇が演じられなかったとは考えにくい。これらの文学が重要なのは、ヘレニズム小説に現れるいくつかの特徴が、ある意味、ペルペトゥアの行動にも見られるからである。

これらの小説のほとんどが、（たいていは一目惚れで）恋に落ちる二人の（とても）若い男女を主役にしている。そして、二人は引き離され、それぞれ冒険と試練を乗り越えた後、再会して一生幸せに暮らすというのが基本的な筋である。このかいつまんだ一般的な筋書きの範囲内でも、ペルペトゥアがヘレニズム小説からどのような教訓を得ることができたかを考察してみる価値はあるだろう。

第一に、若さの賞讃がある。断片で残っている小説『ニノス』の中で、一人の青年は、少女にとって十四歳という年齢は、結婚し、子供を産むのに十分であり、また、将来は常に不確実なものなのだから、二人は機を逃さず欲望を遂げるべきだと論じている。[58] ローマ社会は若い年齢での結婚を奨励していたが、それはパテル・ファミリアスの承認の下で行なわれるものであり、若い恋人が決めてよいものではなかった。こうした小説は、若者（十代の若者）が、望むものを勝ち取るため立ち上がることを賞讃している。これはローマ的ではないが、若いペルペトゥアが家族に背いてキリストに従った行為は、まさにそれである。

ヘレニズム小説の第二の特徴は、強く、自立した女性の登場人物の存在である。これは、伝統的なローマ社会で女性にふさわしいものとされていた控えめな役割と強い対照をなしている。パルテノペ、アンテイア、シノニスといった女性主人公たちは才知に富んでいて、思ったことを遠慮なく口にする。[59]『エティオピカ』のカリクレアのように、盗賊にさらわれたり、他の危険に直面しても、勇敢さと機知をもって行動する女たちもいる。[60]『ニノス』の注目すべき女主人公は、性別が曖昧な服を着、アッシリア人の一団を率いて城塞都市の奪取に向かう。彼女は傷を負うが、象が彼女の指揮下の男たちを蹴散らす間に、勇敢に脱出を遂げる。[61]

男女の主人公は、冒険の間に直面するあらゆる種類の試練や困難を乗り越え、再会する。これらの試練はしばしば、ローマ権力の中心である円形闘技場で起きる。ある若者は、自分の価値を示すため、闘技場での試練を受ける。[62] 別の若者は、最後の試練として、闘技でエチオピア人の大男と戦わねばならなくなる。この二つの例が示すように、彼らの経験する多くの私的な苦闘はしばしば、公の場での試練で最高潮に達し、そこで彼らは勇気を示すことになる。この展開は、最初は良心の中での探求に始まり、公の場でローマ権力と衝突することに終わるキリスト教殉教者の経験と重なり合う。

最後に、これらの小説では、報われるべき者（もちろん、邪悪な世間が与えるあらゆる試練に耐え抜いた男女の主人公はこの中に入る）にハッピーエンドが待っている。このハッピーエンドはある程度、私たちが今日の恋愛小説に期待するような結末、すなわち、恋人が再び結ばれて末永く幸せに暮らすというものである。しかし、ヘレニズム小説はしばしばこのハッピーエンドに精神的な深みを与えている。エチオピア人との戦いの後、この物語の主人公は預言の能力を獲得したと主張する(63)。古代世界において、預言は敬神の指標と考えられていた。そして、この物語は、恋人二人が結婚するだけではなく、神官になることで終わっている(64)。

これらの物語の教訓は、若く勇敢で粘り強ければ、俗世での望みはかなえられるというものである。さらには、神々から精神的な恩恵も与えられる。『黄金のロバ』でアプレイウスはこのような、冒険物語と精神的な結末の組み合わせの完璧な一例を作り出した。この小説の中心部分で、アプレイウスはクピドとプシュケの魅惑的な物語を語っている。若く美しい娘プシュケは愛の神クピドの心を射止める。二人は美しい秘密の宮殿で、愛し合って幸せに暮らす。しかし、嫉妬したプシュケの姉たちと彼女自身の悲劇的な好奇心のせいで、二人の恋人は分かたれてしまう。プシュケは愛の神を失ったように見える。しかし、彼女は彼を探し出そうと決意して、探索の間に遭遇する数多くの困難——女神ウェヌスの怒り、達成不可能に見える務めを果たす試練、地界に赴いての死との対面——を乗り越える。努力する様を見た神々は彼女の価値を認め、ユピテルはプシュケを天界へと連れてくる。彼女はアンブロシアを飲んで不死になり、クピドと天界での結婚式を挙げて「喜び」という名の子供をもうける(65)。

この物語は、一方で、引き離された恋人が試練と困難を乗り越えて最後に再び結ばれるというお決まりの筋に正確に沿っている。しかし他方では、愛の神を恋人と位置づけることで、魂《プシュケ》が神を希求するという、寓意的な色調を帯びている。この寓意的な意味合いのため、この物語は、精神的なものを希求する異教徒の間で、そして後には、神を求めるキリスト教徒の間で人気を博した[66]。精神的な探求とロマンチックなヘレニズム小説に深い関係があったことは、『黄金のロバ』の結末からも確認できる。アプレイウスは、ギリシアの恋愛小説の型を踏襲するこの小説を、恋人同士の幸せな結婚で締めくくるのではなく、自伝的なイシス神崇拝の宗教的経験、彼自身の魂が神的なものを求めた経験の頂点で締めくくっている。

アプレイウスがいかに恋愛小説から精神的な探求の物語に導かれたのかは、小説の中で彼自身がこの移行を描写する中に見て取ることができる。他方、ペルペトゥアにこのような影響があったかどうかを確実に知ることはできない。彼女がアプレイウスを読んだことはわかっており、他の恋愛小説を読んだか、演劇化されたものを見たかした可能性は高い。確実に証明することはできないけれど、私は、こうした小説が彼女に、誇り高く殉教へと進むことを容易にした、ある特別な役割モデルを提供するという形で影響を与えた可能性を示唆したい。私たちが、自分がそのようなことをすると想像もしたことがない行動を実際に取ることは、不可能ではないにせよ難しいだろうと私は思う。これは、例えば、サイエンス・フィクションの影響に関する現代の議論と同じである。つまり、フィクションの中で、ある技術的前進がなされると想像したとき、私たちは実際それを発明する方向へと進むことができる。同じように、架空の冒険物語は、ペルペトゥアが自分自身を、幸福かつ精神的な結末を期待して試練に耐える、活力のある若い女主人公であると想像するのを助けたかもしれない。この若く聡明な女性がヘレニズム小説から受けた影響の本質を正確に知ることはできないけれど、それが、カルタゴで彼女の世界を形成した文化的遺産の一部を形成していたと言うことはできるだろう。

『ペルペトゥアの殉教』の語り手が、ペルペトゥアが良い教育を受けていたと簡潔に書いたとき、この言葉は彼女がカルタゴの豊かな文化生活に完全に関わっていたことを示唆していた。ペルペトゥアは成長の過程で、彼女の家族が強く擁護するローマ的な価値観によってだけではなく、カルタゴが体現していた多様性によっても形成された。この中には、さまざまな言語や文学が含まれ、また、ローマ的、ギリシア的、アフリカ的、そしてもちろんキリスト教という、さまざまな種類の考え方が含まれていた。二世紀のカルタゴは、繁栄と活発な知的生活だけではなく、その多様性をも特徴としていた。これらのすべてがペルペトゥアの経験を形作り、このような環境は、生への肯定的な見方へと繋がったと思われるかもしれない。しかし、実際にはそうではなかった。

文学史料はカルタゴのダイナミックな都市生活を賞讃しているが、現代の見地から言えば、古代都市は非常に混雑し不潔であり、犯罪と病気のせいで危険な場所であったことを忘れてはならない(67)。生きることは刺激に満ちていたが、また、儚くもあった。カルタゴ住民は、他の多くの場所の住民たちより、この事実に直面する機会が多かったようである。ペルペトゥアは、カルタゴ住民を常に特徴づけていた深刻な不安感にさらされて成長した。そしてカルタゴ住民はこの不安感のため、繁栄を維持する方法として、個人的犠牲の重要性を強調するようになったのである。

供犠と自殺

古代世界を通じ、神々に犠牲を捧げることは神格崇拝の核心をなしていた。ローマ人は動物、菓子、ワインを、公的なものと私的なものを問わず、多くの祭壇に捧げた。彼らは、神々がこれに好意的に応えて恩恵を与えてくれるか、少なくとも、破壊的な行為をしないでいてくれることを期待した。このような世界観を持つ人々が、最大の恩恵をもたらすのは最大の犠牲であり、最大の犠牲は人間の血であると考えるにいたるのに大きな飛躍は必要なかった。アリーン・ルセールは、そうした犠牲が人々に対して持っていた力をうまく捕らえている。「矛盾しているようであるが、血を流すことは……すべての人が生に対して抱いていた敬意を象徴していた。あらゆる人が血を流すことの必要性を主張していたが、それは流血が共同体の存続や個々人の救済のために支払わねばならない対価だったからだ[68]」。

これほど古い時代に関して正確な情報を得るのは容易ではないが、ディドーと彼女の乗組員たちの故郷である前九世紀のセム語世界では、人間を犠牲に捧げる習慣があったようである。聖書には、イスラエルとの戦いで敗れそうになったモアブ人の王に関する記載がある。この王は、自分の長男を連れて城壁の上にのぼり、息子を焼いて犠牲に捧げた。この犠牲は功を奏し、イスラエル軍は退却した[69]。聖書はより一般的な言い方でも、「息子や娘たちを火で燃やして神々に捧げる」人々のことを記述している[70]。イスラエル自体にも、この究極の犠牲を行なう可能性は、少なくともあった。「出エジプト記」は、「あなたたちは息子たちのうち、最初に生まれた者を私に捧げねばならない[71]」という神の命令を伝えており、聖書はまた、アブラハムがこの命令に従って、愛する息子イサクを犠牲に捧げようとしたと語っている。イサクは犠牲になる間際に、天使によって救われるが、だからといって、ヘブライ人〈古代イスラエル人〉の神は自らの民に人身供犠を求めることがありうると考えられていたという事実が変わるものではない[72]。

ディドーの祖先である古代フェニキア人と、人身供犠を求める神の命令を記録するヘブライ人の間には多くの関連がある。フェニキアの都市テュロスの王の娘イゼベルは、イスラエル王と結婚し、イスラエルにフェニキアの偶像崇拝を持ち込んだ[73]。テュロス王ヒラムはソロモン神殿の建築に材木と労働者を提供している。さらに、フェニキア語とヘブライ語はともにセム語であり、多くの共通点がある[74]。

前七世紀、イスラエル人の預言者たちは長男を犠牲に捧げることに反対し始める[75]。エレミヤが人身供犠の習慣に反対する声を挙げたとき、彼は懸命に、イスラエルの民を隣人であるフェニキア人から区別しようとしている。「彼らはこの地を罪の無い人々の血で満たし、バアル神のための高台を築いて、自分たちの息子をバアルへの犠牲として火で焼いた。……この場所はトフェトとかヒノムの息子の谷という名ではなく、殺戮の谷と呼ばれるべきだ」[76]。

前七世紀以降には、ヘブライ人や東地中海のフェニキア人が人間を犠牲に捧げていたというはっきりとした証拠はない[77]。しかし、女王ディドーと彼女の乗組員が東地中海を後にしたのはそれよりずっと以前のことである。カルタゴに定住したディドー一行は、人間の血を渇望する古い神々をいっしょに持ち込んだ。彼らは、新入植者の熱意で古い習慣を維持しようと努めたため、故郷でその習慣が消滅した後でも、それを継続させていったのである。

考古学者たちはカルタゴで、古代では市のはずれにあたる、港の近くで墓地を発掘した（[図2・2]参照）。この墓地では、バアル・ハモンとタニト神に捧げられた人間の子供の骨壺や墓石、動物だけが見つかった。考古学者たちはこの場所を、聖書の「エレミヤ書」に出てくる子供が犠牲に捧げられた場所にちなんで「トフェト」と呼んだ。ほとんどすべての墓石が、供犠は、神への誓いを守るためか、神が与えてくれた恩恵への返礼として行なわれたことを物語っている[78]。瓦礫に埋もれた、今も寂しいこの場所からは、息子を犠牲に捧げることで未来への深い不安に対処しようとした古代の親たちの恐れがひしひしと伝わってくる。この場所について、おそらく最も驚くべきことは、埋められた骨壺の数の多さであろう。カルタゴの力が頂点に達した前四〇〇年から前二〇〇年までの間に、二万もの骨壺がここに埋められた可能性がある。これは、平均で年一〇〇個、三日で一個弱の割合である[79]。これらの数字は、子供を犠牲に捧げることがカルタゴ人にとって日常であったことを示しているのかもしれないし、それよりむしろ、危機が近づいた際、数多くの子供が一度に犠牲に捧げられたからなのかもしれない。誓願を成就するため親が犠牲に捧げた子供と、公的な必要から一度に犠牲にされた多数の子供の合計が、これほどの数に達したと考えるのが最も確実であろう。今までに得られている考古学的なデータは、供犠は多くの場合、一度に一つから三つの埋葬を伴うものだったことを示している[80]。

トフェトから見つかる遺骨には、子供のものも動物のものも含まれているが、墓地が使われていた期間を通じ、両方ともに犠牲に捧げられ続けており、人間の犠牲が動物の犠牲へと移行したというわけではない[81]。むしろ、アブラハムが愛する息子イサクの代わりに雄羊を犠牲に捧げたように、ときには、子供の代わりに動物が犠牲に供されることがあったようである。北アフリカの農村地帯で見つかったある碑文がこの習慣を伝えている。この家族は、娘の病気が治ったことを感謝するためサトゥルヌス（バアル・ハモン神のローマ名）に羊を犠牲に捧げた。聖書のアブラハム同様、両親は「幻視と誓い」の形で犠牲の代替の許しを得たと主張し、かくて「息の代わりに息を、生の代わりに生を[82]」として羊が捧げられ、子供の命は容赦された。人間の犠牲の場に動物の骨があることは、フェニキアの神々が、ときには人間との厳しい契約を停止する優しさを見せたことを示しているに過ぎない。カルタゴの繁栄は、驚くほど多くの子供たちの命と引き換えに与えられたものだったのである。

トフェトでの発掘は、カルタゴ人の幼児供犠の習慣を伝える文学史料を無言のうちに裏づけている。四世紀になってもまだ、キリスト教徒著述家たちは幼児供犠の習慣を、恐怖感をもって思い出している。カエサレアのエウセビオスは、「大きな危機や危険」のとき、指導者たちは自分らの子供のうちで最も愛している者を犠牲にしなければならなかったと書いている[83]。アウグスティヌスは、カルタゴ人が自分たちの子供を犠牲に捧げたのは、人間が最も貴重な犠牲だったからだと書いている。もちろん、アウグスティヌスは、キリスト教の神のもっと穏健な習慣との対比でこの情報を持ち出しているのだが、人身御供の記憶

は強烈なものであったことがわかる。(84)

カルタゴ人の供犠の最も詳細な記述は、ポエニ戦争を記録した歴史家、シケリアのディオドロスのものである。ディオドロスは、第一次ポエニ戦争で難局に直面したカルタゴ人が、なぜ神々の恩寵を失ったのかを理解しようとしたことを記している。彼らは伝統的な儀式に目を向け、なおざりにされているものがないかを調べた。ディオドロスによれば、彼らは貴族の息子二〇〇人を選び、自発的に提供されたほかの一〇〇人の子供とともに犠牲に捧げた。ディオドロスはさらに、子供たちがどのように焼かれたのかを叙述している。「彼らの都市にはクロノス（バアル・ハモン神は、サトゥルヌスもしくはクロノスとして知られていた）の銅像が一体あった。この像は手の平を上にして両手を広げ、腕は地面に向かって下がっていた。このため、一人ずつこの上に乗せられた子供たちは、火が燃え盛る立坑のような所に転がり落ちていった(85)」。ディオドロスはこの後どうなったか説明していないが、考古学史料から、燃やされた子供たちの骨は集められ、骨壺に入れられて、記念石碑の下に葬られたことがわかっている。

クロノス像の腕に乗せられる前に、子供たちはすでに殺されていたようである。プルタルコスはこの供犠をこう描写している。「彼らは自発的に自分の子供を差し出し、子供のいない者は、貧しい人から子供を買って〈提供し〉、まるで子羊か小鳥であるかのように、たくさんの子供たちの喉を切り裂いた(86)」。この供犠は、子供も親も自発的に行なうことが求められた。テルトゥリアヌスは、子供たちが協力したのは、その幼さが一因であると説明している。テルトゥリアヌスは『護教論』の中で、サトゥルヌス崇拝を記述しつつ、この犠牲には、幼すぎて死を理解することができず、ナイフを見ても笑うような子供が選ばれなければならなかったと述べている。また、協力的な親は、子供が死の瞬間にも笑っていられるよう、優しく撫でていたとも記している。(87) ミヌキウス・フェリックスもまた、この供犠には親の関与が重要だったと述べている。「幼児は親によって彼〈サトゥルヌス〉に捧げられる。親たちは、涙を流す子供を犠牲にするのを避けるため、愛撫や接吻でわが子が泣き叫ばないようにする」[88]。

プルタルコスの記述からは、親にとって協力するのは容易ではなかったことがわかる。彼は、もし母親が涙を「一滴でも」流したら、供犠の効果は打ち消され、しかも子供はいずれにせよ犠牲に供されたと書いている。さらに、「嘆き悲しむ親たちの泣き叫ぶ声が人々の耳に届かないよう、銅像の前の空間全体が笛と太鼓の大きな音で満たされた」[89]。これは確かに道理にかなっている。供犠が効果を持つためには、それが困難なものである必要があった。ナイフと炎のもとへ子供の手を楽しそうに引いてゆくことは、親にとって最も困難な犠牲であろう。

カルタゴ人の人身供犠の伝統をより影響力のあるものにしていたのは、それが、バアル・ハモン神の炎に子供を捧げる親の自発性だけに限られていたわけではないという事実である。もしそうだったなら、この習慣を捨てるようにと促すローマの影響下で人身供犠は消滅したかもしれない。しかし、カルタゴ人は自己犠牲をも重く見ており、これは、最も貴重な贈り物、すなわち自分自身を神々に捧げる供犠自殺という形で現れた。

自殺というのは、私たちにとっても、またそれについて思考をめぐらせた古代人にとっても、特に問題の多い概念である。プラトンやアリストテレスを含む一部の哲学者は自殺に否定的であった。しかし、キュニコス派や一部のストア派は、不名誉な世界における名誉ある選択肢として肯定的に捉えた[90]。多くの場合、自殺が受け入れられるものであるのは、その人が無力な場合である。私たちは、力や影響力によって社会に劇的なインパクトを与える英雄について読むことに慣れてしまっている。しかし、だからといって、体力や権力のある者だけが、自分たちの力の及ばない物事について深く心を痛めるわけではない。では、提供できるものがほとんどない個人が彼または彼女の共同体に貢献するにはどうすればよいであろう。どうすれば、力ない人々がその限界を越えて、政治的、さらには精神的な変化さえももたらすことができるだろうか。女性はしばしば自分を取り巻く環境を変える力のない位置に置かれていたため、古代の史料では、時に女性が、自らの死がインパクトを与えることを期待して、自身を犠牲に捧げている。こうした犠牲は文化的記憶の一部、衆人の認める貢献となり、変化をもたらす力がないと感じている他の人たちに規範を与えた。

犠牲的自殺の概念は、古代世界に限られるものでも、北アフリカに限られるものでもない。しかし、それはカルタゴで――フェニキア時代のカルタゴにおいても、ローマ時代のカルタゴにおいても――特に魅力を発揮した。人身供犠の記憶を保持していた社会において、自己犠牲は人々の想像力をしっかりと捕えた。カルタゴの歴史で決定的な転換点を際立たせているのは、犠牲的自殺、それもたいていは女性の自殺であった。

北アフリカの人々は、特に詩人ウェルギリウスの物語のおかげで、女王ディドーの自殺のことを忘れなかった。彼は女王がどうやって自分自身の火葬のための薪を積み上げ、その上に登り、自らの刀で命を絶ったのかを叙述している。ディドーの妹が血まみれの遺体を抱きかかえ、カルタゴ全体が女王の死を嘆くとともに、また賞讃した。[91] この物語は、カルタゴの歴史の基点を成していた。そしてこれは、やがてフェニキア都市カルタゴの破壊へとつながる、カルタゴ（ディドーによって体現される）とローマ（彼女の恋人アエネアスによって体現される）の敵対関係を説明するのに使われた。だがそれだけではなく、この物語は個人が成しうる至高の犠牲の規範ともなった。

四世紀になっても、キリスト教徒アウグスティヌスは、自殺を否定する文章を書きながら、[92] 若かった頃はこの物語に強く惹かれたことを思い起こしている。彼は、「アエネアスへの愛のために死」に、「自らの命を刀に委ねた」ディドーのために涙を流したのだった。[93] ディドーの後にも、多くのカルタゴ人が自らを犠牲にしたことが記録されている。

前四八五年、カルタゴの将軍ハミルカル・バルカはシチリアでギリシア人と戦っていた。戦いは彼にとって不利に展開し、歴史家ヘロドトスはカルタゴ側の伝承を以下のように伝えている。「ハミルカルは自分の陣に留まり、犠牲を捧げ、吉兆を願って、大きく積み上げた火葬用の薪の上に犠牲獣の全死体を置いた。しかし、犠牲に神酒をかけていたとき、彼の軍が壊走するのを目の当たりにして、自分自身が炎の中に身を投げた」。ヘロドトスは、カルタゴ人がハミルカルの犠牲を立派なものと見なし、「カルタゴ人が植民したすべての都市に彼の記念碑を立て、カルタゴには中でも最も大きなものを立てた」[94] と伝えている。ハミルカルは、戦争で挙げた勝利よりも、この犠牲的な自殺によって記憶に残った。

カルタゴの歴史が続く限り、自殺の伝統も続いていった。第三次ポエニ戦争の終結で起きたフェニキア都市カルタゴの破壊の瞬間は、ある女性の死によって彩られ、ともに人々に思い出されることになった。カルタゴの将軍ハスドルバルが降伏した後、妻はその卑怯さを非難した。最後に彼女は夫を呪ってこう言った。「祖国を、神殿を、私を、自分の子供たちを裏切ったこのハスドルバルに、カルタゴの神々が復讐してくださいますように」。この言葉を最後に、彼女は子供たちを殺し、街を燃やしていた火の中にその遺体を投げ込み、自分自身もそこに身を投げた。これを伝えるアッピアノスは、自分自身の言葉でもハスドルバルを非難しながら、物語をこう締めくくっている。「これらの言葉を残して……ハスドルバルの妻は死んだ。ハスドルバル自身が死ぬべきだったのに」[95]。

ローマの支配下でカルタゴが再建されたとき、古い神々に対する崇拝の本質は変化した。バアル・ハモン神はサトゥルヌスとなり、タニトはカエレスティスとなり、これらの神々に対する犠牲の性質も変化した。ローマでは、前九七年すでに人身供犠が禁じられたが、この禁止が完全な効果を持つまでにはもっと時間がかかった。紀元後二世紀中葉、ハドリアヌス帝はこの禁止令を帝国全土に広げたが、ローマ世界で人身供犠が実際に消滅したのは、紀元後三世紀のことである。[96] ミヌキウス・フェリックスのようなキリスト教擁護者たちは、ローマの精神的堕落の証拠として、ローマ世界で行なわれる人身供犠の継続を繰り返し引き合いに出している。[97]

北アフリカに特定して幼児供犠の習慣の歴史を辿ることは、史料があいまいなため、そして、この習慣が根強いものであったため、必ずしも容易ではない。二世紀の末、テルトゥリアヌスは、「ティベリウスが総督《プロコンスル》であったとき」幼児を公的な犠牲として捧げることが禁止されたと言っている。この禁令の証として、彼は、そのような供犠を行なった神官たちを殺害した軍人の証言を引いている。[98] テルトゥリアヌスの言っているのが、後一世紀の皇帝ティベリウスのことなのか、後二世紀後半に北アフリカにいたプロコンスルのことなのかがわからないため、この一節は多くの議論を巻き起こした。[99] しかし、テルトゥリアヌスが同時代人の証言を引いていることから見て、後者が正しいのであろう。

キリスト教徒著述家たちは、公的な人身供犠が禁止された後でも、幼児供犠は個人的に続けられていたと主張している。このことは、普通の墓地（ローマ時代には使用されなくなったトフェトではない）の発掘から裏づけられるかもしれない。これらの墓地からは、平均を上回る割合で幼児の墓が見つかっており、一部の専門家は、誓願の成就の返礼に幼児を犠牲に捧げることが、ときにあったせいだろうと考えている。[100]

私的なレベルで何が行なわれていたにせよ、ローマ人は、神々の祭壇で公的に人身供犠を行なうことを強く禁止した。しかし、ローマ人は別の形の人身供犠を続けていた。それは、人身供犠の習慣に起源を持つとテルトゥリアヌスが述べている、剣闘士競技である。剣闘士の闘いは、「死者の魂は人間の血によって宥《なだ》められるという信仰」に起源があり、このため、葬儀の際には、捕虜や奴隷が犠牲に捧げられた[101]。後の時代の剣闘士たちは、闘技場で戦いながら死ぬための訓練を受けた死刑囚であった。彼らは「焼印を押され、鎖につながれ、鉄の武器によって殺される[102]」、つまり最後には決然として刃の下に首を差し出すという、恐ろしい誓いを固く立てなければならなかった。人身供犠を禁止する一方、ローマ人は、別の形でそれを維持し続けたのである。人間や動物が儀式的な形で殺害される闘技場での戦いは、北アフリカですぐに人気を博した。それは、カルタゴ人の意識の中に深く根を下ろしていた供犠と犠牲的自殺に対する感性に、完全に一致するものだったのである。

北アフリカの家を飾っていた、［図2・4］のボクサーのような、闘技場での場面を描くモザイクは、カルタゴ人が血を流す犠牲に執着していたことを視覚的に示している。第五章の図には、闘技場の場面を描いたもっとショッキングなモザイクを見ることができる。北アフリカの富裕層は、供犠を讃えるモザイクに囲まれていたのである。

ローマは、人身供犠の表現の場を、バアル・ハモン神の腕から闘技場へと移したが、供犠や犠牲的自殺の理想を変えることはなかった。そしてまた、その歴史の重要な転換点を供犠の神話で飾るというカルタゴの伝統を変えることもなかった。例えば、カルタゴにとって大変重要であった水道橋建築を説明するため、このような伝説が生まれた。あるローマの兵士がカルタゴの王女に恋をした。彼女は兵士の関心をばかにして、結婚を承諾するのに、無理と思われる条件をつけた。すなわち、ザグーアンの水がカルタゴに流れ込むまでは、この兵士とは結婚しないというものである。果敢なローマ兵士は巨大な水道橋を建築し、結婚を迫った。しかし、ディドーや将軍ハスドルバルの妻同様、王女は兵士に身を任せるより死を選び、建築されたばかりの水道橋の上から身を投げた[103]。水道橋建築にこの伝説を付け加えることで、心配性のカルタゴ人たちは、犠牲の血が流されたのだから、カルタゴへの水の供給は止むことがないと信じることができたのである。

このような物語は、アラブ人に征服されるまでカルタゴの歴史を彩り続ける。アラブ人による征服という時代の転換点では、敗北したキリスト教徒将軍の娘が、捕虜になるよりはと、駱駝の上から身を投げて自殺した[104]（駱駝から落ちたくらいでは死なないだろうというのは確かだが、ここで注目すべきなのは、およそありえないような設定――駱駝が崖の縁を歩いていたとでも想像しない限りは――が使われたにせよ、自殺が重要だったということである）。

この時代の人々に読まれていた小説にさえも、自分の信念を曲げるよりは死を選ぶことへの賞讃が含まれている。小説『バビロニアカ』で、女主人公は、自分の意に沿わない結婚をするぐらいなら死を選ぼうとしている[105]。『黄金のロバ』の中でアプレイウスは、夫を殺害した者たちに復讐を遂げた後、夫の墓で自殺した未亡人の物語を語っている[106]。

ペルペトゥアは、こうした供犠や犠牲的自殺の物語を聞いて育った。カルタゴ人にとって、大義のために死ぬことには深く根づいた価値があった。ペルペトゥアが投獄されていたとき、彼女の同郷人であるテルトゥリアヌスは牢獄の中のキリスト教徒たちに、喜んで死んでいった人々の長い伝統を思い出させている。彼は獄中の同信者に宛てた手紙の中で、火山や火葬の薪の中に身を投げた異教徒を列挙した。そして、この自殺の年代記を綴る中で、「女性でさえも炎を恐れなかった」と書いている。挙がっている中には、カルタゴの神話の一部である、ディドーとハスドルバル将軍の妻もいた。彼は勇敢に死んでいったその他の男女について書き連ねた後、これらの例はペルペトゥアと彼女の仲間たちが闘技場で死と向き合うことを容易にするだろうと締めくくっている。

したがって、人が、肉体と魂の強さに対して地上で得られる栄光に高い価値をおくがゆえに、人々の賞讃という褒賞を求めて、剣、炎、身体を突き刺す釘、野獣、拷問を恐れないのであれば、あなた方が耐えている苦しみは、天上で得られる栄光と神からの褒賞に比較すれば、些細なものだと言ってもよいでしょう(107)。

テルトゥリアヌスが、キリスト教徒の決意を固めるため異教徒の例を引いていることは、記憶がどのように利用されるかを研究するとき私たちが直面する皮肉の一つである。いくつかの著作では、テルトゥリアヌスは、異教の儀式、特に血を伴う供犠の儀式を強く非難している。『見世物について』の中で、彼はキリスト教徒の立場を簡潔に述べている。「あなたは血を渇望するのか……？　あなたにはキリストの血があるだろう(108)」。つまり、キリストの血は、他のすべての代わりとなるのに十分な犠牲であった。しかし、テルトゥリアヌスは、供犠や犠牲的自殺が評価された時代と場所に生き、思考していた。彼はこの伝統を使って、人々の行動をキリスト教的な目的へと導こうとしたのである。

同時代人であるテルトゥリアヌス同様、ペルペトゥアは、彼女の教育と経験――彼女の記憶のすべて――の総決算として、信仰のために死ぬことを選んだ。これらの経験の中には、彼女が家族や義務からの圧力に抗うことをあれほど困難にした、ローマの強力な伝統が含まれていた。しかし、彼女の考え方はまた、北アフリカでの経験によって形成されたものでもあった。カルタゴ人である彼女には、自らを犠牲にする用意ができていた。彼女はまた、コスモポリタンなこの地域で広まっていた多くの思想に身をさらしていた。これらの思想の中には、伝統的なローマ人としての教育が許す以上のイニシアティブを女性が発揮することを擁護する文学も含まれていた。

二世紀のローマと北アフリカの両方から彼女が引き継いでいた知的な遺産の中には、精神的な希求が含まれていた。この希求に突き動かされて、アプレイウス、テルトゥリアヌスを含む教養ある北アフリカ人の多くが新たな真実を探求しようとした。ペルペトゥアもこの一団の中にいたに違いない。彼女の著作と夢は、精神的な探求の中で、彼女が自分の豊かなバックグラウンドから多くを得ていたことを示している。しかし、彼女が遂げた知的な進歩に最も重要な影響をもたらしたものを私たちはまだ論じていない。彼女がこのコスモポリタンな地域で耳にした多様な思想の中に、蘇ったキリストについての伝承があった。カルタゴのキリスト教共同体の中で彼女が学んだ思想が、殉教者ペルペトゥアの短い生涯を織り成した重要な知的要素の第三のものである。

第三章　キリスト教共同体

起源

ペルペトゥアと彼女の家族はカルタゴでさまざまな思想に出会った中で、彼女がキリスト教共同体の信仰に引きつけられたのはなぜだろう。ペルペトゥア個人について、この問いに答えるのに十分な情報はないが、一般論として、なぜローマ人がキリスト教に改宗していったのかを見ることは可能である。答えは、ペルペトゥアがどうやってキリスト教の考え方に接することになったのかから始めねばならない。つまり、キリスト教がどのようにカルタゴに到来したのかである。しかし、残念なことに、この問題に関しても史料は概して多くを語ってくれない。

テルトゥリアヌス（ペルペトゥアとは同時代人）はカルタゴ教会の起源について何も書いていないので、それは彼自身の記憶よりも以前に遡ると見ていいだろう。(1) 北アフリカにおける初期教会の組織的な面や、その慣行のいくつかから見て、ここで教会を創設したのはローマ市から来た人々ではなく、東地中海地方からやって来た人々であると見られる。(2)

北アフリカ教会創始の説明として最も可能性の高そうなのは（確実ではないのだが）次のようなものである。一世紀から二世紀にかけて、ユダヤで何度か戦争が起きたとき、多くのユダヤ人がカルタゴに移住してきた。例えば、カルタゴに近いジェルバ島にあるシナゴーグは、紀元七〇年、エルサレム神殿が破壊されたときに、パレスティナから逃げてきたユダヤ人によって創設されたという伝承がある。ローマの史料は、ティトゥス帝がユダヤで勝利を挙げた後、何千人ものユダヤ人奴隷や移住者をカルタゴに連れてきたと伝えている。[3]これらのことから見て、一世紀から二世紀の初めにかけて、自分の意思であるにせよ、奴隷としてであるにせよ、多くのユダヤ人がこの豊かな港町にやって来たと考えてもよかろう。これらのユダヤ人の中に、イエスの教えに従う者がいたというのは大いにありそうなことである。

二世紀、三世紀までには、カルタゴにかなり大きなユダヤ人共同体ができていたことがわかっている。カルタゴの中心から五キロほど離れた海岸沿いで、ユダヤ人の広大な墓地が見つかり、部分的に発掘調査されている。[4]その大きさから見て、二世紀のユダヤ人共同体は少なくとも三〇〇人から五〇〇人程度の規模であり、これはカルタゴに複数のシナゴーグがあったことを示唆している。[5]カルタゴにおけるキリスト教伝道の起源は、そのユダヤ人共同体にあったのではないだろうか。[6]

キリスト教の歴史を研究する際、多くの研究者は、キリスト教伝道活動において一世紀のユダヤ人が果たした役割を過小評価してきた。パウロ以降の著述家たちは、イエスの教えに従う者に対してユダヤ教徒が示した敵意を強調した。パウロが「異邦人たちの使徒」として知られるのは、まさに、彼が『旧約聖書』的な潔癖さや律法的な要求の基準を引き下げて、「異邦人（非ユダヤ教徒）」が改宗するのを容易にしたためである。このため一部の研究者は、二世紀後半、キリスト教会はユダヤ教的起源から根本的に離脱したという仮説を説いている。[7]たしかに三世紀の殉教者伝では、ユダヤ教徒はキリスト教徒を最も声高に批判する敵の一翼として言及されている。[8]しかし、二つのグループの間にあったとされる極端な敵愾心は、もともと近い存在だった両者をはっきりと分ける必要から誇張された可能性がある。実際、「ユダヤ教とキリスト教の間の論争は、最初、内輪もめのようなものだった[9]」のである。

最近の研究は、キリスト教成立後の最初の数世代の間、改宗者のほとんどを生んだ場として、ユダヤ人共同体の重要性を強調している。[10] 実際、キリスト教伝播の成功には、離散《ディアスポラ》のユダヤ教徒をうまく利用したことが一役買っている。[11] この知見を北アフリカに当てはめると、カルタゴの北郊に住んでいたイエスの信者たちが信仰を徐々に広めていったのではないかと推察することができる。ロドニー・スタークは「改宗の核心には、帰属感がある」ので、改宗は社会的ネットワークを伝わって広まっていったとする、説得力のある説明をしている。[12] 信者は友人や家族に話をし、そして、これらの人々が都会的で教養があり、また宗教的にいくらか不満を持っていた場合に改宗が起きた。[13]

　帝国中に存在していた、ギリシア語を話すユダヤ人の共同体は、キリストのメッセージを非ユダヤ人に広めるメカニズムをも提供した。多くの都市に、ディアスポラのシナゴーグを支持する非ユダヤ教徒が存在した。こうした人々は特に組織を作っていたわけではないようだが、信仰心を持ち、「神を畏れる人々」と呼ばれ、祭礼に参加し、シナゴーグに金銭的な貢献をした。中にはユダヤ教に改宗した者もいたが、単にユダヤ教徒共同体の中に入って支援しているだけという者もいた。[14] ユダヤ教徒は（キリスト教徒と違って）、救済されるのはユダヤ教徒だけだとは主張していなかった。彼らは、正しい行ないをする者は、非ユダヤ教徒であっても神の恵みに与れると信じていた。[15] これらの「神を畏れる人々」は、ユダヤ教徒共同体の中に神の恵みがあると信じ、それに与ろうとしていたに違いない。同時に彼らは、多神教徒である自分の家族や友人に対する忠誠心や関係を維持した。

　使徒たちがキリストの復活を伝えるためシナゴーグからシナゴーグへと旅していたとき、彼らの言葉を最も容易に受け入れたのは、ユダヤ人共同体とギリシア人共同体の両方につながりを持っていた、この「神を畏れる人々」であった。[16] 使徒パウロから書簡を受け取った人物テモテは、ユダヤ的なバックグラウンドとギリシア的バックグラウンドの両方を持っており、『旧約聖書』に関する教育を受けていたが、割礼は受けていなかった。[17]聖書の中に現れるテモテやその他の「神を畏れる」男女のような人々が、コスモポリタンな都市カルタゴでも典型的なキリスト教改宗者であったかもしれない。

ペルペトゥアが生きた三世紀の初めまでに、帝国におけるキリスト教徒人口はまだ少ないとはいえ、目に付く程度の規模にはなっていた。スタークは当時のキリスト教徒人口は二一万七〇〇〇人程度、すなわち帝国の全人口の〇・五パーセント弱だったのではないかと見積もっている。[18]割合としては少ないが、キリスト教徒の大部分が大都市に集中していたであろうことを考えれば、決して無視できる数ではなかった。カルタゴの状況も、帝国全体の状況に類似したものだったろう。

二一二年、テルトゥリアヌスは属州総督に宛てた手紙で、キリスト教徒の迫害を止めるよう促している。彼が主張したことの一つは、もしカルタゴで激しい迫害を行なえば、人口のかなりの部分が失われてしまうだろうというものだった。[19]もちろんテルトゥリアヌスは、深刻な迫害が起きた場合に影響を受ける人々の割合を誇張しているのだろうけれど、キリスト教徒人口がある程度の大きさになっていたのは間違いない。帝国全体におけるキリスト教徒の割合をおおまかに見積もったスタークの数字をカルタゴに当てはめると、人口約五〇万の都市には約二〇〇〇〇人のキリスト教徒がいたということになる。[20]実際のキリスト教徒の数はこれより少し多かったかもしれない。というのは、一六五年、疫病が帝国を襲った際、仲間うちの病人を篤く介護するキリスト教徒は、非キリスト教徒よりも多く生き残ったであろうからである。[21]テルトゥリアヌスは総督に対し、「数千人もの人間を、あなたはどうしようというのか？」と皮肉な問いを発しているが、彼は比較的正確なことを言っていたのかもしれない。そして、テルトゥリアヌスが、カルタゴ社会にキリスト教がどれほど浸透しているかを描写した言葉は、間違いなく的を射ていた。「誰もが、(逮捕者の)中に親戚や友人を認めるでしょう……あなたと同じ地位の人を、貴族女性を、そしてカルタゴの秀でた人物すべてを、さらにはあなたの友人の親戚や友人をです[22]」。

改宗のネットワークは広範にわたっていたため、キリスト教徒が富裕な信徒の家を教会にして集まると、そこにはすべての社会階層から、そして多くの家族からの参加者がいた。三世紀の初めまでには、新たな共同体が形成されていた。そしてこの共同体は、その母胎であった、ギリシア語を話すユダヤ人の共同体と、次第にそれを包含しつつあったコスモポリタンな多神教徒共同体の、どちらの枠組みをも超越したアイデンティティーを獲得していた。テルトゥリアヌスが、キリスト教徒は、ユダヤ人、ギリシア人(多神教徒のこと)に次いで、「第三の種族」と呼ばれていると説明するのは、彼が新たなアイデンティティーの出現を認識していたからだ[23]。カルタゴや他の場所の多くの家族同様、ペルペトゥアの家族も、忠誠心と宗教的信念に引き裂かれていた。ペルペトゥアの父親は伝統的なローマのパテル・ファミリアスだった。しかし、彼の家族の中で、娘、息子の一人、そして奴隷の一部が洗礼志願者(洗礼を受けるための教育を受けている人々)になっていた。

カルタゴにおけるキリスト教の起源についての以上の概観は、この動きがどのように始まり、どう広がっていったのかについてある程度の情報を提供してくれる。私たちは、集会を持ち、言葉を交わす改宗者たちのネットワークを想像することができる。しかし、この動きがどのように広まったのかが理解できかけたとしても、なぜそれが広まったのかという、より難しい問題は解決できない。宗教的な不満が高まり、神的なものへの希求のため、家族が分裂したことを認めるとしても、なぜ人々は特にキリストに従うことを選んだのかという疑問が残る。ローマ帝国では、充実感を約束し、キリスト教よりも多くの支持者を集めていた宗教や哲学がたくさん競合していた。ペルペトゥアと彼女の友人たち、そして他の多くの人々は、より困難な道を選んだ。彼らの選択を理解するためには、家の教会〈教会として使われていた家〉の内部、神は自分たちの間にいるのだと確信していたキリスト教徒の小集団に目を向けなければならない。

神的なものの存在

改宗は、キリスト教徒が集まる礼拝の間に起きた可能性が高い。「神を畏れる人々」がシナゴーグでユダヤ教の礼拝に出席したように、友人からキリスト教共同体について聞き知った人々が礼拝に参加したかもしれない。歴史家たちは改宗を説明する仮説をいくつも提示してきた。一部の歴史家は、人々が改宗したのは、その中で人々が互いをいたわり合う、キリスト教の強固な共同体の故だったと示唆している。[24]また、キリスト教が説く来世に魅かれてキリストに従ったのだという説もあれば、[25]地獄に落ちるという永遠の断罪の脅しに怯えたからだという説もある。[26]四世紀の終わり、北アフリカの司教アウグスティヌスは、一部の人々は恐怖心から、一部の人々は高い地位にある人に気に入られようとして改宗すると主張している。[27]

以上の答えはどれも完全に説得力のあるものではない。最初の仮説は、改宗者たちがすでに別の強固な共同体に属していなかったことを前提としているが、これはペルペトゥアを含む多くのケースに当てはまらない。ペルペトゥアはキリストに従うために、家族と共同体から離れなければならなかったのだから。キリスト教の強固な共同体は、宗教を維持し、改宗者を支える上で重要であるが、共同体精神だけで改宗を促すことはできない。有力者を喜ばせるために改宗する人がいたというアウグスティヌスの主張は、より豊かな四世紀末の教会には当てはまるかもしれないが、迫害を受けていた二世紀末のキリスト教徒の集団には当てはまらない。よりよい来世を期待するか、死後の罰を恐れて宗教を換える人もいるかもしれないが、そのためには、まずそのような来世を信じる必要があるだろう。ここに、二世紀に神的なものを求めた人々の関心の核心があった。すなわち、キリスト教徒の集団の中に神が存在するのかということである。

神がそこにいるかどうかを知るにはどうすればよいのだろうか。ローマ帝国では、宗教が本物であることを示す証拠として、奇跡的な治癒、魔術、そしておそらく最も重要なものとして預言があったことはすでに見たとおりである。キリスト教徒が、キリスト教の教えが真実であることを異教徒に納得させようとする際には、聞き手に説得力のある方法で自分たちが神的なものを所有していると見せる必要があった。そして実際、キリスト教徒たちは、キリスト教成立後数十年の時代から紀元二世紀のカルタゴに至るまで、神の存在を心ゆくまで繰り返し証明したのである。

四世紀の教会史家エウセビオスは、初期のキリスト教共同体に現れた奇跡的な能力を記述している。「ある者らには未来の予知、幻視、預言的な発言の力があった。他の者は、病人に手を置くことで病を治し、健康を回復させた。また、今より以前には……死んだ人が実際よみがえり、何年もの間私たちの間に留まった」[28]。これらの能力のうち、最初の三つには共通項が多い。実際、預言と予知と幻視を区別するのは困難だった。例えば幻視は、それを経験した人にとっては強力かもしれないが、その内容が共同体に伝えられる際には預言の一形態となった。

預言はキリスト教徒の専売特許ではなかった。多神教徒の間でも、それは常に神性の重要な印だった[29]。古代世界では時に、神が直接、媒介者の口を通じて話したり、預言者を通じて個別の質問に答えたりすることもあった[30]。ユダヤ教にもまた、カリスマ的な預言の伝統があった[31]。キリスト教共同体に関し、エウセビオスは、預言者とは「人間が秘密にしている考え」を暴き、「神の神秘を解き明かす」者だとしている。[32] こうした目的を持つ預言は、イエスの運動において中心的なものだっただけでなく、ヘレニズム世界に浸透していたさまざまな宗教にとっても重要だった。

預言的発言は、宗教的信念のあらゆる要素同様、不信にさらされることもあった。懐疑心の強い人は、預言者が本当に霊に導かれていることの証明を要求した。観察者の立場から見て、神的なものが姿を現す最も劇的な形態は、信者がトランス状態に入ったり、時には神に憑依されたりしたように見える恍惚体験だった。例えば使徒ペテロは、幻視を得た際にトランス状態に入ったが、[33] トランス状態という目に見える印によって、幻視の信憑性が高まったようだ。恍惚体験、トランス、そして預言の性質に関しては多くのことが書かれてきたが、ここで私はこの三つの経験を特徴づけるものとして、他者が見て認識することのできる、意識状態の変化であるという一般的な定義を採用する。[34] より詳細に研究するためには、変化した意識状態のさまざまな種類を区別する必要があるだろうが、ここでの目的のためには、変化した状態を他者が見て認識できるという点をおさえるだけで十分である。

キリスト教徒は異教徒同様トランスを経験し、変化した意識状態で預言を発することがあったが、キリスト教徒はその初期の段階から、非常に視覚的で人に強い印象を与える新しい形の恍惚的預言を行なうようになっていた。それは、複数の言語で話す「異言」というものだ。エウセビオスはこう伝えている。「私たちは、預言の才能を持ち、聖霊によってあらゆる種類の言語を話す教会成員がたくさんいると聞き知っている」[35]。異言は初期キリスト教共同体の重要な特徴で、ペルペトゥアの時代にもその重要さを維持し続けた。それは、キリスト教共同体において最も頻繁に起きる神的存在出現の一形態であり、[36] おそらく改宗の重要な要因でもあっただろう。

キリスト教布教の始まりは、五旬祭《ペンテコステ》〈ユダヤ教で過越祭の五〇日後に祝われる祭〉に起きた出来事にまで遡るかもしれない。〈イエスの死後〉イエスに従う一二〇人が集まったとき、彼らは集団幻視を体験した。全員が強い風の音を聞き、炎の舌が「一人一人の上にとどまった」のを見た。「すると、一同は聖霊に満たされ、〝霊〟が語らせるままに、ほかの国々の言葉で話しだした」(『聖書 新共同訳』より)。〈物音で集まって来た〉人々の一部はこれらの言葉の中に自分の生まれ故郷の言葉を聞いたが、他の者たちは彼らを「あざけ」って、「あの人たちは新しいぶどう酒に」満たされたのだと言って、彼らが酔って、意味のわからないことをしゃべっているのだとほのめかした。[37]

彼らが外国の言葉で話していたにせよ、異言で話していたにせよ、キリスト教の初期から、恍惚状態での発言は聖霊の存在の証拠であり、「使徒言行録」に伝えられるキリスト教伝播の時期を通じて中心的な位置を占め続けた。例えばペテロが異邦人に説教していた際、異邦人らの上に「聖霊の賜物が注がれた」。割礼を受けている信者は「異邦人が異言を話し、また神を賞讃しているのを聞いたから」大いに驚いた。ペテロは、彼らが「わたしたちと同様に聖霊を受けた」のだから、この人たちは洗礼を受ける価値があることが証明されたと言った。[38] パウロがコリントのキリスト教徒に説教をしていたとき、彼らに手を置いたところ、彼らもまた多くの言語で話し始めた。[39] これらの例で、使徒たちは異言を五旬祭における彼ら自身の経験と結びつけており、異言をキリスト教徒になる上で重要な要素の一つとした。[40]

教会が拡張する間も聖霊は預言、とりわけ異言という形を取って目に見える存在であり続けた。パウロはコリントの信徒に宛てた書簡で、共同体内における異言の存在を受け入れている。実際、彼は他の誰よりも多くの異言を語れると主張している。[41] 誰かが複数の言葉で話すとき、その人は神に向かって語っているのだとパウロは説明した。誰も彼を理解できないが、「彼は霊によって神秘を語っている」のだから、と。[42]

異言は、個人や共同体の中に神的なものが存在することの、きわめて視覚的な表れだった。しかし、これが唯一の表現だったわけではない。異言は、幻視や預言から複数の言語で話すことにわたるさまざまな恍惚体験の一つであった。使徒パウロは、それまではっきり区別のなかった、預言と異言を分けたようである。[43] 対立し合うコリントの信徒たちに宛てた書簡の中で彼は、異言から預言、異言を解釈することまで、さまざまな能力を区別している。彼は、将来のキリスト教徒集団が自分たちの預言者が異言を話した場合でもそうでない場合でも、そこに神的な存在を確信することができるよう、霊的な賜物が取りうる範囲の規範《パラダイム》を確立したのだった。

恍惚状態での表現や、特に異言に関する現代の社会学研究は、初期のキリスト教集団で人々が何を経験していたのかについてある程度の洞察を許してくれる。判明したことの一つは、異言は時間がたつにつれて、姿を消してゆくということである。初期に起きた爆発的な増加の後は発生回数が減り、強烈さも薄まる。[44] パウロは異言を、五旬祭に信者たちが体験したような決定的なものではなく、恍惚的表現の一つの形態に過ぎないとすることで、初期の熱狂的な異言が姿を消した後でも、神的なものの存在を試す方法を提供した。パウロの死に続く二世紀間、さまざまな形の恍惚的な表現はキリスト教共同体の特徴であり続けた。

キリスト教文献は、キリストに続く数世紀を通じて、恍惚状態での預言が現れ続けたことを伝えている。こうした文献のほとんどは、パウロのように霊的な能力を注意深く区別してはいないため、預言者たちが異言で話したのか、他の種類の幻視を表現していたのかはわからない。しかし、この点に関してテクストが曖昧であること自体、これらすべての形態の恍惚的預言が存在し続けたことを証言している。重要だったのは、信徒たちが、聖霊は彼らの間にはっきりと目に見える形で存在していると信じたということである。

二世紀半ば、殉教者ユスティノスは、彼の時代に到るまで、預言の賜物はキリスト教会の顕著な特徴であると書いている。[45] 二世紀後半、エイレナイオスはグノーシス派の恍惚状態での預言例を批判している。マルコスは異端者マルコスがいかにして、ある富裕な女性から預言を引き出したのかを記述している。マルコスがこの女性を「興奮させる」と、彼女は「たまたま思いついた無意味なことを、恥ずかしげもなくしゃべった」。[46] 彼はこのような批判をしているが、恍惚状態での預言は異端者に限られたことではなかった。テルトゥリアヌスは、預言や、恍惚状態に入る能力を賞讃している。[47] テルトゥリアヌスの同時代人である一人の多神教徒は、同時代のキリスト教徒が重視する預言を辛らつに批判しているが、彼はそうした預言について「直接の知識」を持っていると主張する。彼は、「『霊感を受けた』ふりをして預言を発する」者を多く見たと言うのだ。[48] その五〇年後、司教キュプリアヌスは恍惚状態を、キリスト教徒に特徴的な状態であると記述している。[49] 彼は、恍惚状態で幻視を見た子供たちのことを書いており、また別の書簡では、恍惚状態にあるように見えたのだが実際には偽預言者であった女に惑わされた人々のことを記述している。[50] 以上の、そしてその他の似たような証言が、ペルペトゥアの改宗前後の数世紀にわたって続いている。これら多くの文献は、キリスト教徒の経験において、預言がどれほど中心的な位置を占めていたのかを示している。

霊的賜物《カリスマ》を与える聖霊の存在が強調されたことは、礼拝の構造や、キリスト教徒共同体内におけるリーダーシップに、多くの影響を与えた。共同体の礼拝はおそらく熱狂と歓喜にあふれ、突発的に歌いだす者や預言を発する者がいたであろう。歌や預言の中には異言もあったに違いない。[51] こうした初期のカリスマ的共同体においては、最も聖霊に満ちていると見なされた者が指導者となった。原始教会における権威は何よりカリスマ的なものだったのである。[52] パウロは、原始教会が持っていた小さなヒエラルキーの中で預言者を、管理する者よりも上に置いている。[53] そして、預言という賜物が地位の基準であったときには、女性にも共同体指導者への道が開かれていた。

初期キリスト教共同体における女性の指導者としての役割については多くの論争が繰り広げられてきた。[54] ここでは、このやっかいな問題を解決することはあきらめて、いくつかの一般的な知見だけを述べておきたい。初期共同体において、女性は間違いなくある種の指導者の役割を果たしており、その中には、預言の能力の故に権威をもった女性もいた。例えば、コリントで、パウロの共同体の女性たちは公の場で祈り、預言を発しており、こうした活動をすることを認められていた。[55] また、金持ちで、信徒たちが集まる家を持っていたために指導力を発揮した女性もいた。さらには、執事というもっと公式な役割を得て共同体に奉仕した女性たちもいた。[56]

共同体指導者としての女性たち一般に関してこれ以上のことを言うのは難しいが、ペルペトゥアが彼女の属する共同体の中で何らかの指導力を発揮していたことは断言できる。[57] 彼女は牢獄でも闘技場でも指導的な役割を果たした。彼女が指導力を持てたのは明らかに、預言的なものだと信じられていた夢や幻視のおかげだった。パウロが預言者を長老や執事の上に置いたように、ペルペトゥアも、彼女とともに殉教したサトゥルスも、預言者的な殉教者を聖職者よりも上に置いている。カルタゴにおけるペルペトゥアのキリスト教共同体では預言の力が活きていた。メアリー・アン・ロッシが巧みに要約しているように、ペルペトゥアの、「神的な存在との個人的接触はカリスマ的な力を生み出し、それはグループ全体に広まっていた」。[58] 共同体でのペルペトゥアの役割は、初期教会では典型的な指導者としてのものであり、霊的な賜物と共同体の間の密接な関係を示している。

また、現代の社会学的研究は、共同体と恍惚的表現の関係に光を投げかけてくれる。[59] 例えば異言は、共同体という環境の中で最も容易に発生する。誰かが複数の言葉で語りだすと、それが他の人にも伝染するらしい。これは、信者であるかどうかにかかわらず、またそのような経験を求めているかどうかにかかわらず当てはまるようだ。このことは、恍惚的表現の他の視覚的形態にも当てはまる。したがって、聖霊が存在するためには共同体自体が不可欠であり、個人個人は神的な存在が近くにいる証明を探し求めていたので、彼らは預言と恍惚状態は共同体に結びついていることを知るようになったのだった。[60]

恍惚的表現は複雑な形で共同体に関連しているが、そこには構造的な矛盾がある。個人の聖霊体験は、この体験を促進するものである共同体そのものの内部分裂に繋がることもある。パウロの書簡からは、最初の改宗者たちの間にもこの問題が起きたことが見て取れる。「コリントの信徒への手紙一」の中でパウロは、異言とその他の形の恍惚的表現を区別しながら、異言は聖霊の現れであるけれども、預言のように共同体を高めることはないと記している。異言は、それを解釈する能力のある人がいた場合にのみ共同体の役に立ちえた。「異言を解釈する者がいない限り、教会を造り上げるためには、預言する者の方が異言を語る者よりもまさっている」[61]。

このように上下関係をつけることで、パウロは霊的な賜物を共同体の特長として保ち、その存続を促した。[62] しかし彼は、そうした賜物を試す方法とコントロールする手段を定めている。すなわち、それが共同体の利益になり、団結を増すのであれば本物であり、そうでないなら偽物だということである。パウロはすべてのメンバーが、それぞれ異なった形、異なった度合いで、聖霊の賜物に与るような共同体を理想にしていた。預言をする者、異言を話す者、それを解釈する者、教える者、病を癒す者、奇跡を行なう者がいるといったようにである。こうした賜物の結合が、一個の共同体を構成するべきであった。[63]

パウロが理想とした、霊的な賜物の結合による共同体は、シナゴーグに由来する、より型にはまった組織と共存していたようである。後者のような共同体は、霊的賜物よりは、その役職の故に教会の指導者の役割を果たす、長老や執事への服従によって分断から守られていた。[64]（誤ってパウロの作とされている）「テモテへの手紙」が書かれた頃には、指導力は既に、聖霊の目に見える降臨によるものというよりは、叙階によって個人が授かる役職の力によるものとなっていた。[65]ペルペトゥアの時代までには、テルトゥリアヌスが、彼女の属していた共同体は、高い徳を持つ長老たちによって指導され、[66]助祭、司祭、司教のヒエラルキーによって統括されていたと描写するまでになっていた。[67]しかし同時にテルトゥリアヌスは、この共同体の預言的性格を維持することにも熱心だった。キリスト教会組織の興隆は、テルトゥリアヌスの著述に見て取れる二つの衝動間の緊張によって特徴づけられていた。[68]

役職による権威と霊的賜物《カリスマ》による権威の間の緊張を超えて、カリスマ的な共同体では二つの大きな問題が生じてきた。一つは、本物の預言者と偽預言者をどうやって見分けるかというものである。第二は、パウロが、聖霊の賜物と共存する場合があることを最初に見抜いた、分裂をもたらす個人主義である。カリスマ的能力を持つ人々に特権的な地位を与える共同体では、本物の預言と偽物の預言を見分けることがきわめて重要だった。この問題を論じている最も興味深い初期キリスト教文書の一つが、おそらく一世紀の半ばに遡ると考えられる、キリスト教徒のための教本『ディダケー（十二使徒の教訓）』である。[69]このテクストが描写する、複数の預言者が定期的にやって来ては去って行くような共同体では、信者たちは、預言者が共同体を分裂させたり欺いたりしないよう注意しなければならなかった。『ディダケー』における預言の扱い方はすばらしく率直で、実際的である。一方では、預言の能力を持った人に敬意を払うべきであることを主張する。霊的賜物を授った人は「高位司祭」と呼ばれ、彼らがトランス状態で話す言葉を疑うことがないよう促している。しかし他方では、預言者が本物であるかを試す実際的な方法も提供している。それは、預言者の行ないが教えに一致していなければならないということ、そして、金銭を得ていないこと、また、到着から三日以内に立ち去るということであった(70)。『新約聖書』の中の「ペトロの手紙二」は、おそらく『ディダケー』よりも後、二世紀の初め頃に書かれたもので、やはり偽預言者の問題を扱っている。これもまた、『ディダケー』の懸念を共有し、自分の才能から利益を得ようとしていたらしい偽預言者の強欲に警鐘を鳴らしている。また、偽預言者は権威を軽視していると非難することで、最終的には預言を管理下に入れる方向を指し示している(71)。

二世紀の半ばに書かれた幻視的な正典外文書『ヘルマスの牧者』もまた、偽預言者の問題に触れており、ペルペトゥアの時代にまでこの問題が続いていたことを示している。『ヘルマスの牧者』はまず、真の預言者は金銭を受け取らないという前提を示す。さらに、共同体は預言者の生活態度と教えを吟味して、それが共同体の信仰と一致しているかを見極めることを勧める(72)。こうした審査を通過すれば、信者は預言を本物として受け入れることができた。

共同体による審査は、ポルノの判定に「共同体の基準」を適用しようとする現代の裁判官が繰り返し直面しているように、困難な問題を抱えていた。教会は預言者の信憑性を確定するため、最終的には別の権威すなわち、共同体ではなく、叙階された教会指導者に頼ることになる。権威への服従はやがて、教会内のカリスマ的指導者をコントロールする方法となるが、このプロセスが完了したのはペルペトゥアの死からずっと後のことである。彼女の共同体では、預言と既成秩序との緊張がまだ存在しており、預言は、共同体全体が吟味することで試された。預言を信者の判断に委ねる際、カルタゴの信徒たちは、『聖書』の中に見出される勧めに従った。パウロは、コリントの信徒に対し、預言者の言葉を吟味して、その真偽を見極めるように勧めている。[73] テサロニケの信徒に宛てた書簡の中では、共同体に預言を尊重するよう求めているが、「すべてを吟味して、良いものを大事にしなさい。あらゆる悪いものから遠ざかりなさい」とも言っている。[74] ペルペトゥアが同信者のために書き留めた幻視、預言は、共同体に持ち込まれ、審査された。この公的な側面がなければ、ペルペトゥアの手記が保存されることもなかったかもしれない。共同体は明らかにこれを審査し、真正と判断したのである。

カリスマ的能力を重んじる共同体にとって二つ目の大きな問題は、不和であった。分裂の傾向は最も古い時代のキリスト教共同体にも見られ、パウロがコリントの信徒に長い書簡を二通も書いたのも、共同体内の分裂が原因だった。彼はこう書いている。「あなたがたの間に争いがあると……知らされました」。[75] パウロはコリントの共同体に、愛をもって団結し、意見の相違は退けるように勧めている。彼は、預言が廃れ、異言が止めば、共同体の中に残るのは信者を結びつける愛だけだときわめて正しく認識している。[76] しかし、愛は分裂を乗り越えるというパウロの期待はおそらく楽観的に過ぎた。彼に続く思想家たちは、別の解決策を提示している。

一世紀末から二世紀初頭のキリスト教徒著述家たちは、信者の間での対立を解決する方法として聖職者のリーダーシップを強く擁護している。ローマのクレメンス（九六年頃）は、コリントの信徒（パウロの時代に対立していたこの共同体は再び混乱していたようだ）への書簡の中で、意見の相違は忘れ、聖職者とともに友愛をもって生活することを勧めている。[77] その十年ほど後にアンティオキアのイグナティオスがコリントの信徒に宛てた書簡は、彼らに監督の権威の下で一つにまとまるよう、さらに強く勧めている。[78]

制度的な支配を受け入れ、カリスマ的な指導者の権威を退けることで、共同体は意見の一致という確実性、ひいては共同体の存続を手にした。イグナティオスはこの種の、「心は……一致し、愛情は……調和する」理想的共同体を賞讃した。彼はすべての人が「心に不和を抱くことなく、まるで一人の人間のように」集会に集まって来るような、一致団結した共同体を思い描いた[79]。そのような共同体は、統一された集合体としてともに救済を得ることができるに違いなかった[80]。

ペルペトゥアはパウロの書簡や、おそらくは使徒教父の著作の一部も読んでいた。彼女は、カルタゴのキリスト教共同体に入信したとき、神がこの共同体の中に臨在すると信じていたに違いない。彼女はさらに、神の存在は預言を通じて、また異言という形ですら顕現し、これらのことは、共同体の団結に関係していると信じていた。最後に、彼女は、共同体が信仰の維持のために不可欠であるにもかかわらず、脆弱なものだということも知っていた。彼女の夢と日記はこれらの信念を反映しており、個人のカリスマと集団の利益の間でバランスを取っていた、このようなキリスト教共同体というコンテクストの中ではじめて理解できる。

私たちはここまで、ペルペトゥアの生涯を形作った精神的な力の研究を進めてきたが、ここで彼女の殉教を伝える記述について紹介しておこう。ペルペトゥアのテクストには、彼女の経験を綴った自伝的な日記が含まれており、ある編者がそれに枠組みを与えた。この、名前が知られていない編者兼語り手はおそらく男性で、殉教を目撃し、ペルペトゥアとサトゥルスの手記を受け取り（サトゥルスは、ペルペトゥアとともに投獄されていた信者の一人）、この時の出来事を書き記す中に、二人の手記を組み込んだ[81]。この語り手がテルトゥリアヌスその人であると考えた人もいるが、これはなさそうである。しかし、テルトゥリアヌスが属していたカルタゴのキリスト教共同体の一員だったことは間違いない。

この語り手兼編者はこの殉教伝を、個人の預言能力と共同体の要求とが交差する、まさにその点に置き、ペルペトゥアの預言的幻視を、これまで私たちが検証してきた、他の初期キリスト教文書に現れる預言者たちという背景の中に位置づけている。彼はさらに著作を共同体に提供し、そうすることですべての人が殉教の経験に参加し、殉教者とともに救済に与かれるようにした。

古い時代の信仰について語られてきた事跡録は、神の恩寵の証であり、人の精神を強くするのにも役立った。また、それらが書き残されたのは、まさしく、神を讃えるためであり、そして、書かれた言葉を通じ、過去を思い起こすことで人が慰められるようにするためであった。ならば、もっと最近の例も書き残され、同じようにこの二つの目的に寄与すべきではないだろうか。実際、最近の例は、私たちの時代でこそ、古い時代のものよりも重要視されないだろうが、将来には古いものとなり、来るべき時代のために必要となるであろうから。

したがって、聖霊の力を古い時代だけに制限しようとする者は以下のことを考えるべきだろう。より最近の出来事は、より意義深いものと考えられるべきである。なぜなら、それは古い時代のものより後に起きたことだからであり、時の最終段階のために約束されている、並外れた恩寵の結果だからである。というのも、神がお告げになっているように、最後の日々に、『私はすべての人間の上に私の霊を降り注ぎ、彼らの息子たち、娘たちは預言を発するであろう。そして、私の下僕、私の卑女たちの上にも私の霊を降り注ぎ、若い者たちは幻視を見、老いた者たちは夢を見るであろう』。したがって、私たちは、この約束に従い、新しい預言だけではなく、新しい幻視にもまた敬意を払い、認めるのである。そして私たちは、聖霊のその他の働きをもすべて、教会の善のためであると考える。というのも、その聖霊は、主が賜物をあらゆる人に割り当てたのに従い、そのすべてをすべての人に配分すべく遣わされたからである。ゆえに私たちはそれらの賜物を書き留め、言葉を通じて人々に知らしめて、神を讃えることが義務であると考える。そうすれば、信仰が弱い者や信仰に絶望した者たちが、殉教という形にせよ幻視という形にせよ、超自然の恩寵は古い時代の人々の間だけに存在したのだなどと考えることはないであろう。なぜなら神は、不信者への証として、また、信者への祝福として、約束なさることを常に成し遂げられるのだから。

だから、わが兄弟たちと幼い子供たちよ、私たちが聞き、私たちが自分の手で触れたものをあなた方にも伝える。あなたたちの中でこれを目撃した者は、主の栄光を思い出せるように。そして、人から聞いて知った者たちは、聖なる殉教者との、また、殉教者たちを通じて主なるイエス・キリストとの交流を享受できるように。あらゆる時代を通じて、イエスに栄光と名誉がありますように。アーメン[82]。

この語り手兼編者は、共同体にとって歴史的記憶が重要であることをはっきりと認識している。彼はまた、聖霊の存在が単に歴史的な記憶なのではなく、現在も進行している恩恵であると信じている。彼はペルペトゥアの記録を保存することで、共同体が、典礼や教育の中でそれを共有できるようにした。記録はやがて共同体の記憶となったに違いない。

キリスト教的生活

ペルペトゥアが、そして彼女の他にも多くの人がキリスト教に改宗することを決意したのは、聖霊が目に見える形で存在するというのが主な理由だったのかもしれない。しかし、改宗するということは、新たな共同体に加わることを意味した。ウェイン・ミークスが示したように、哲学への改心は社会から身を引くことを意味したが、キリスト教への改宗は「新たな共同体の中に組み入れられる」ことを意味した[83]。キリスト教共同体と異教徒のそれとの最も大きな違いの一つは、キリスト教が特定の場所に縛られないということだった。アウグスティヌスはローマ宗教がいかに場所に縛られており、キリスト教がそうでないかを記している[84]。第二神殿破壊後のユダヤ教共同体同様、キリスト教は特定の崇拝場所に縛られてはいなかった。宗教的な空間は内的なものであり、何よりも来世に存在するものと見られていた。

テルトゥリアヌスは、著作『護教論』においてキリスト教の受容を擁護する中で、キリスト教徒がカルタゴの生活の一部であることを強調した。「私たちはまさにあなた方とともに正しく生きている人間ではないのか。同じ生活の仕方をし、同じ装いをし、同じものを食べ、同じ生活必需品を使っている人間ではないのか[85]」。彼は続けて、キリスト教徒はあらゆる分野で働き、あらゆる地域に住んでいることを強調している。二世紀に書かれた一通の書簡で、あるキリスト教徒は、キリスト教共同体は、その成員たちの生活の場である、より大きな共同体と分離しているのではなく、同じ空間に共存していると書きながらも、キリスト教徒の家は天国にあるので、彼らは異邦人であると言っている[86]。殉教者ユスティノスはローマ人に以下のような説明を試みている。「私たちが王国を待ち望んでいると聞くと、あなた方は性急に、私たちが人間の王国のことを言っていると思い込むが、私たちが言っているのは神とともにある王国のことなのだ[87]」。この、やや回りくどい説明は、キリスト教徒が主張していた、空間との新たな関係を表現している。キリスト教徒は現世に属しながら、属していなかった。場所に縛られたローマ人にとって、この立場は曖昧に見え、当局との対立を引き起こす問題の一つとなった。

キリスト教徒はまた、伝統的な家族の絆から自らを解き放たねばならなかった。テルトゥリアヌスは、異教徒と結婚している女性たちが直面する困難について書いている。「最後に、復活祭の典礼の際、女性が一晩中家を留守にすることを誰が平気で我慢できるだろうか。……女性が牢獄に忍び込んで殉教者をつなぐ鎖に口づけすることを誰が許せるだろうか。いや、それどころか、同信者の誰かと口づけを交わすことすら、誰が許せるだろうか」[88]。家族の成員が個別に改宗した場合には、家族の紐帯に必ず亀裂が走ったようだ。しかし、キリスト教共同体は血縁と同じくらい強い、仮想家族の絆を提供した。

パウロは、新たに作り出される絆を家族愛として表現した。かつて他人であった人々は、キリスト教共同体の「兄弟姉妹」となった[89]。指導者たちは「父親たち」となり、信者たちは「子供たち」となった。テルトゥリアヌスは、すべてのキリスト教徒が、父である神の子であり、「彼らが共有する無知という子宮から」生まれるので、みな兄弟であるという新たな家系図を作り出した[90]。こうした平等主義的な「家族」の中には、本来の家族を捨てなければならなかった改宗者のための、うちとけた安らぎの場所があった。ペルペトゥアの叙述は、新たに彼女の家族となった共同体への家族的な愛着に満ちている[91]。

キリスト教徒たちは、この新たな家族の成員は、生活のすべての面を変えなければならないと宣言した[92]。その中には、彼らが新たな倫理と呼んだ、どのような振る舞いが適切かを理解する新しい方法が含まれていた[93]。この倫理のほとんどが、哲学の研究から厳格な倫理を学んでいた保守的なローマ人にとって馴染みのあるものに見えただろう。テルトゥリアヌスはキリスト教徒と徳の高い異教徒が共有する性格を列挙している。「哲学者たちは……同じ徳を教えている。そして彼らもまた、倫理、正義、忍耐、中庸、貞操を擁護している」[94]。またキリスト教徒は、心を乱すすべての情熱を凌駕する、心の平安を獲得しようと努めた。「熱狂」は、怒り、嫉妬、憎しみ、肉欲同様に禁じられた[95]。とはいえ、こうした類似点は、キリスト教徒が自分たちの行動を異なった、より優れたものと定義していたという事実ほどは重要ではなかった。

しかしながら、キリスト教徒が導入したと主張できる新たな倫理もいくつかあった。最も衝撃的だったのはおそらく、金銭と物質全般の軽視だろう。ローマ帝国で金銭は、声望を獲得するために必要な基盤だった。殉教者ユスティノスは、改宗がもたらした変化についてこう書いている。「かつては富と財産を獲得する手段を何よりも愛していた私たちが、いまや所有するものを、共同体の基金に譲り渡している」(96)。テルトゥリアヌスもまた、キリスト教徒は自分たちが所有するものすべてを分け合うことに躊躇しなかったため、「商売では役立たず」という世評を獲得したのかもしれないと書いている(97)。富裕なキリスト教徒が、世俗の利得の多くを進んで放棄したおかげで、キリスト教共同体は、ローマが「パンとサーカス」で成し遂げたよりももっと気前よく、もっと個人的なやり方で、困窮するメンバーを支援することが可能になった。

困窮する人々のリストは長かった。テルトゥリアヌスはその中に、貧民、孤児、「家の外に出られない老人」、難破船の船乗り、鉱山や牢獄にいる人々のすべてを含めている(98)。キリスト教徒はまた、病人、捕虜、もてなしを必要とする外来者にも配慮した(99)。キリスト教徒による慈善の規模は、三世紀の半ばまでには、はっきりと目に付くようになっていた。例えば、その時代までには、ローマ教会だけでも一五〇〇人以上の寡婦と、困窮するその他の人々を支援するようになっていた(100)。

キリスト教の倫理でもう一つ革新的だったのは、キリスト教護教家によって繰り返し言及されている、嬰児遺棄の禁止である。キリスト教徒の新生児は、ペルペトゥアがそうされたように、父親の足元に置かれて、育てるか、遺棄するか判断されることはなかった(101)。これには、異教徒よりも、キリスト教徒の子供の方が増加するという付加的な利点があった(102)。新生児を含めて、共同体のすべての成員に対する配慮は、信徒たちの団結を強めるのを助け、それがまた、これらの共同体から育った強い精神性に寄与した。キリスト教的倫理は、キリスト教の最終的な勝利へと繋がる共同体生活の維持において特に大きな成功を収めた。

最後になったが、キリスト教徒が導入したもう一つの新しい倫理は、より抽象的な、愛と平和の尊重であった。キリスト教徒は、自分たちの共同体メンバーを愛するだけではなく、自分たちを嫌う者すら愛するよう努めなければならなかった。どれくらいのキリスト教徒がこれを達成できたのかはわからないが、キリスト教徒著述家たちは、少なくとも敵を愛する感情を反映しているように思われる、種々の行動を叙述した。キリスト教徒は「不正を受けても仕返しをすることを禁じられた。これを守らなければ、自分たちの行為を通じて、私たち自身が彼ら同様の不正をなす者となってしまうからだ[103]」。さらに、多くの人は、キリスト教徒は戦争を仕掛けたり、いかなる形でも復讐を求めたりしてはならないと信じていた[104]。

その精神性の故にキリスト教に引きつけられた人々も、共同体に加わるためには、それまでの社会生活を変える心構えができていなければならなかった。また、共同体の方も、改宗が意味する、生活の完全な変化を十分に実践しないようなメンバーは望まなかった。二〇〇年までには、改宗を希望する人を試し、訓練するための手続き、すなわち洗礼志願の過程が出来上がった。ペルペトゥアが逮捕されたとき、彼女自身と彼女の兄弟の一人はまだ洗礼志願者だった。つまり、洗礼を受けるための、正式な教育期間中だったのである。

洗礼志願者になるため、信者は正式の手続きを経てキリスト教共同体へと導かれた。すなわち彼もしくは彼女は悪魔祓いを受け、十字を切ってもらい、キリスト教徒と見なされるようになった。洗礼志願の期間中、重点が置かれたのは、教養教育よりも、洗礼志願者の性格や行状だった[105]。信者は、キリスト教の深奥な教義に関する完全な教育を受ける前に、キリスト教徒として生きることができると証明しなければならなかった。洗礼志願の期間はさまざまであったが、おそらくかなり長いものだった。四世紀までには、二年から三年が勧められるようになっていた。ペルペトゥアが逮捕されるまで、どれだけの期間洗礼志願者だったのか私たちにはわからないが、彼女がキリスト教共同体に強い帰属意識を抱くのに十分なほど長い期間であったことは間違いない。

洗礼志願者は礼拝に参加することを許され、聖体拝領を除くすべてに参加することができた。したがって、毎週行なわれる礼拝への参加は、二〇〇年頃ペルペトゥアのような洗礼志願者のためにテルトゥリアヌスが書いた『祈りについて』のような教会用の著作と同様に、ペルペトゥアの経験の一部となっていた。

キリスト教礼拝の中心にあるのは、共同体メンバーの集会であった。キリスト教徒著述家の中には、信者が頻繁に集会をもつことを勧めている者もいるが、(106)最低でも週に一度は集まった。日曜日が選ばれたのは、「神が世界を創造した際の最初の日で、キリストが死から蘇った日」だからであった。(107)殉教者ユスティノスは、日曜日になると、都市やその周辺に住むキリスト教徒たちが集まって来たと書いている。(108)テルトゥリアヌスは、「兄弟らとの間に生じる論争や口論を解決しないままに(109)」信徒らが神の祭壇に近づくことがないようにと求めることで、こうした集会が共同体の結束にとっていかに必要不可欠なものだったかを強調している。

集会で信徒たちは順番に、聖典や教育的な文書を朗読した。ユスティノスは「使徒たちの回想録や預言者の著書」を推薦している。(110)ペルペトゥアの共同体が読むことのできた文書は多岐にわたる。パウロの著作に加え、ペルペトゥアはモーセ五書、『ヨハネ黙示録』、『ペテロ黙示録』、『エノク書』、『トマス福音書』、『エスドラス書』、『ヘルマスの牧者』を知っていた。(111)さらに、ペルペトゥアが、彼女の同時代人である精力的な著作家テルトゥリアヌスの著作の多くを知っていたのは間違いない。朗読にともに耳を傾けることは、共同体にとっての集団的神話を作り出すことに繋がり、ペルペトゥアが幻視で見たイメージの多くを形成した。そしてペルペトゥアの日記もまた、カルタゴのキリスト教共同体で何世紀にもわたって読まれ、尊重される朗読文書の一つとなった。

集まった信徒たちは、礼拝に貢献することを何度か求められた。テルトゥリアヌスは「それぞれが、その人の能力に応じて、『聖書』を読んだり、神への讃歌を歌うよう真ん中に呼ばれたりする」と書いている。[112] これは、パウロによる礼拝の記述と合致している。彼は信徒たちにこう説いている。「あなた方は集まったとき、それぞれ聖歌を歌い、教え、啓示を語り、異言を語り、それを解釈する」。[113] 異言によるものにせよ、トランス状態でのものにせよ、預言が発せられ、聖霊の存在が証明されることを人々が期待したのは、こうした機会にであった。

礼拝ではまた一連の祈りも行なわれた。一部は指導者が朗誦する既定のもので、一部は信徒が捧げる自発的なものだった。祈りは、カルタゴの共同体が行なう儀式で中心的な位置を占めていた。テルトゥリアヌスの『祈りについて』は、ともに祈りを捧げることへの信仰を述べた、彼の最も雄弁かつ最も感動的な著述の一つである。テルトゥリアヌスは、敵に害悪を引き起こすために祈りの力を使うのは異教徒の習慣だとして、キリスト教徒がそれを行なうことを禁じている（彼は北アフリカで、呪いや呪文が頻繁に使われていることを知っていたに違いない）。キリスト教徒の祈りは良いことだけに限定されなければならないが、テルトゥリアヌスが挙げているリストは、キリスト教徒が祈りの効果を信じた状況の幅広さを示している。祈りは死者の魂を助け、病人を癒し、悪魔を祓い、牢獄の扉を開き、「罪なき人々の鎖を緩め」、罪を赦し、誘惑を遠ざけ、迫害を終わらせ、勇気を奮い立たせ、旅人を助け、「波を鎮め」、「泥棒を打ちのめし」、そして一般的に言って、貧しい人にも富める人にも等しく助けを与えた[114]。これは、現世における現実的な助けから、来世における精神的な助けまでのすべてを網羅している。そして、共同体に神的なものが存在することは、祈りが叶えられるという確信を信徒に与えた。

テルトゥリアヌスはさらに、祈りが力を持つために、信者は適切な態度を整えなければならないとも言っている。祈りを捧げる前には食事をしたり、風呂に入ったりしてはならず、手は軽く上げ、目を下に向け、声を低くするという、ふさわしい態度を取らなければならなかった。テルトゥリアヌスは、キリスト教徒の習慣に違いがあったことも垣間見せてくれる。というのも彼は、キリスト教徒の中には祈りのとき跪かない集団もいるが、カルタゴでは、復活祭の時を除き、跪くのが習慣だと述べているからである。共同体のメンバーは、唇にする「平和のキス」で祈りを締め括った。テルトゥリアヌスは「聖なるキスの絆」なしには（キスが省略される聖金曜日を除き）、祈りは不完全なものだと主張している[115]。共同体のメンバーを結びつけるキスもまた、個人の魂が健全であるためには集団が重要であったことを再び思い起こさせてくれる。キリスト教徒である妻が異教徒の夫を立腹させるかもしれないとテルトゥリアヌスが警告したのは、このキスのことだった。

祈りの後、洗礼志願者は、最後の神秘である聖体拝領が始まる前に、礼拝の場を立ち去らなければならなかった。しかし、このキリストのからだ〈パン〉と血〈ワイン〉を分け合う儀式を叙述するのは禁じられていなかったので、ペルペトゥアも、共同体に完全に受け入れられた暁には何が期待できるかを知っていたであろう。

テルトゥリアヌスは、共同体と神を結びつけるものである聖体拝領は、早朝の礼拝で行なわれ、聖餐は「司教手ずから」信徒に与えられたと伝えている[116]。また、『ディダケー（十二使徒の教訓）』は、聖餐式が神の祝福に感謝を捧げることに重点を置いて行なわれると描写している。ワインのカップと割られたパンの一片は、感謝の祈りを捧げる間に共同体のメンバーに分け与えられた[117]。そして、礼拝はさらなる祈りと、別れの祝福で締め括られた。

ペルペトゥアらの洗礼志願者が聖餐式に参加するためには、改宗の中心的な儀式である洗礼に与らなければならなかった。幼児洗礼が主流になっている時代に生きる私たちは、この入信の儀式がもっていた力を見過ごしがちであるが、古代世界において洗礼は、真剣で非常に目立つ儀式だった。この儀式において、洗礼志願者は新しい生き方をするため、それまでの生活を最終的かつ完全に捨てた。この重要な儀式の次第もそれに対応する効果的なものだった。

テルトゥリアヌスや、私がこれまで扱ってきたその他の初期キリスト教文献は、洗礼式のさまざまな面に言及している。しかし、この時代の儀式を最も詳しく描写しているのは、おそらくペルペトゥアの死後十年から二〇年を経て書かれた、ローマのヒッポリュトスの著作である。彼の叙述は、ペルペトゥアが予期していた洗礼の儀式を反映している可能性が高い。

洗礼を受ける前の晩、洗礼志願者は自らを清めるため断食した。そして、彼らが集まると、司教は彼らの上に手を置いて、悪魔がいる場合にはそれを祓い、彼らの顔に息を吹きかけ、額、耳、鼻孔の上で十字を切った[118]。洗礼の日の朝、「雄鶏が鬨《とき》をつくる瞬間」、子供たち、男たち、女たちが（この順番で）洗礼泉のもとへと集まった。できれば、水は「生きている」、つまり流れていることが望ましかった[119]。

洗礼志願者は裸にされたが、これは彼らが古い生活を完全に捨てることを象徴していた。彼らは新たな生を受けるために裸で新しい共同体の中に入り、共同体はそれを見守り、彼らを受け入れるべく待ち受けていた[120]。キリスト教共同体の前に裸で立つことは、慎ましいローマ女性にとって、きわめて個人的で、当惑するほど強烈な経験だったに違いない。ローマ人は、闘技場での裸や都市を飾る芸術作品としての裸体は見慣れていたが、私生活ではきわめて慎ましかった。ペルペトゥアの時代には、男性と女性が公共浴場で混浴することはなかった。そのような習慣は、セプティミウス・セウェルスの直前と直後の皇帝たちによって禁止されている。[121] ラテン語で「裸の」を意味するヌードゥスという言葉は、「無作法な、粗野な」という意味も持ち、これは、慎みあるローマ人なら、裸体をさらすことを無作法と感じていたことを示している。[122] ローマの習慣では、徳の高い妻は、婚姻の床ですら一枚の衣服は必ず身に着けているべきとされていた。しかし、洗礼の日、女性は髪も結わず、裸で共同体に加わった。

残っているかもしれない悪魔を祓うため、洗礼を志願する女性は洗礼泉の縁で、頭から足の裏まで油を塗られた。次いで彼女は洗礼泉の中に入り、司教が祈りを唱える間、三回、中に沈められた。彼女が水から上がると、再び聖なる油を塗られた。[123] 次いで彼女は、彼女の新たな状態の清らかさを象徴する白い上着にくるまれた。テルトゥリアヌスは、清めを受けたばかりの人が聖体拝領の秘蹟を受け、またミルクと蜂蜜を混ぜたものを与えられたことを伝えている。[124] ミルクは新生児の食べ物であり、[125] したがって受洗者が新生の状態にあることを象徴しているのかもしれない。蜂蜜は天国の甘さを表現していた。[126] この瞬間から、受洗者はキリスト教共同体の完全なメンバーとなり、約束されている救済を他のメンバーと分かち合うことを期待できた。

ペルペトゥアは、洗礼の儀式で何が起きるのかを知るのに十分な期間、洗礼志願者であっただろう。(テルトゥリアヌスは彼女の殉教の少し前に『洗礼について』を書いているので、共同体のメンバーはそれを読むことができたはずである)。彼女の夢は、キリスト教共同体の儀式に由来するイメージに満ちている。ペルペトゥアと彼女の兄弟は、彼女以前に多くの人たちが辿った、信仰における前進を楽しみにしていた。しかし、この前進は、ローマ当局との対立によって断ち切られることになる。

当局との対立

残念なことに、ペルペトゥアの日記の編者は逮捕のときの様子を短く記しているだけで、当局との対立が生じた状況に関しては何の情報も与えてくれない。

何人かの若い洗礼志願者が逮捕された。レウォカトゥスと、彼と同じく奴隷のフェリキタス、そしてサトゥルニヌスとセクンドゥルス、そして彼らとともに、家柄も育ちも良い新婚女性ウィビア・ペルペトゥアも逮捕された。彼女の母親と父親はまだ生きており、二人いた彼女の兄弟のうち一人も彼女と同様、洗礼志願者だった。彼女は二十二歳ぐらいで、まだ乳飲み子の息子がいた。(ここからの彼女の試練の物語はすべて彼女自身が、彼女の考え方に従い、彼女自身が選んだ順序で書き記した通りである)。

なぜ彼らは逮捕されたのだろうか。断続的に行なわれたキリスト教徒の迫害はよく研究されたテーマだが、もどかしいことに、この基本的な問題の答えは得られない。信者が多かったとは言えないものの、その数を次第に増やしつつあったこの比較的新しい宗教は、間違いなく、ひどく誤解されていた。北アフリカの護教家ミヌキウス・フェリックス(二四〇年頃)は、キリスト教徒に対するショッキングな非難を列挙している。キリスト教徒は「社会の最も低劣な屑や、騙されやすい女たち」とともに集まる。彼らは暗い場所に集まり、神殿を軽蔑する。彼らは現実の拷問は軽視するくせに、「不確実な未来の拷問を恐れる」。

お互いを家族のように愛しつつ、近親相姦を犯し、人肉を食べ、ショッキングな愛の饗宴の後、乱痴気騒ぎにふける。最後に、彼らは全世界が破滅すると人々を脅す[127]。これらの告発の中には、悪い方に誤解された事実があることを見て取ることができる。キリスト教徒は確かに、「兄弟姉妹が」聖餐式で平和のキスを交わし、世界の破滅を予期していた。キリスト教護教家はこれらの非難を迅速かつ全面的に否定している[128]。テルトゥリアヌスは、彼らしい皮肉を込めてこう書いている。「血に浸された私たちのパンに、噛みついた跡を見つけた人がいるだろうか。私たちが潜む暗がりに突然差し込んだ光により、(私たちの聖餐に)近親相姦はおろか、なにか不純の印を見たという人がいるだろうか[129]」。殉教者の裁判に関する記録のどこにも、キリスト教徒がこれらの罪で告発されたことを示すものはない。

刺激的で、興をそそるような噂により、共同体は疑惑にさらされたり、キリスト教徒の隣人たちからの敵意にさらされたりしたかもしれない。テルトゥリアヌスの時代、キリスト教徒の礼拝場所として認識されている建物が少なくとも一つあった。多神教徒たちはキリスト教徒が集まる時間と場所を知っており、礼拝に来た者が取り囲まれたり、攻撃されたり、拘束されたりすることもあった[130]。この種の悪意に満ちた偏見は、法廷の場での罪状としては通用しなかったであろうが、隣人が隣人をキリスト教礼拝のかどで告発することに繋がったかもしれない。また、こうした騒ぎは、属州総督が、キリスト教徒の存在は平和と公共の秩序への脅威となると判断することにも繋がったかもしれない。平和を乱すという、このような漠然とした非難が何よりも、キリスト教徒に対する疑惑を引き起こしたのだろう[131]。

驚くべきことではないが、対立は、キリスト教徒が当局の注意を引きつけるときに起きた。小プリニウスとトラヤヌスが一一二年に交わした有名な書簡は、属州総督だったプリニウスが、通報があった何人かのキリスト教徒を逮捕した際に書かれたものである。プリニウスは、これらの人々が注意深く犯罪を避け、歌を歌い、神を崇めるために「日が昇る前に」集まるが、その生活に何の不法性も見出せないと書いた。しかし、彼らはローマの神々に犠牲を捧げることを頑強に拒んだ。プリニウスはこれらの人々をどう扱えばよいのかと皇帝に伺いを立てた。トラヤヌスの返事は、面倒な事態を引き起こすのを避けようとするものだったが、法的な曖昧さを解決するものではなかった。プリニウスは「この種の人々を探索」しないように指示を受けたが、キリスト教徒が法廷に引き立てられたときには、処罰しなければならなかった。

　テルトゥリアヌスは嘲笑しながら、この書簡のことを記している。「この決断の、なんとどうしようもなく曖昧なことか！……誰もその人が探し出されることは望んでいないのに、その人が法廷に引き立てられてきたときには、あなたは有罪宣告を下すというわけだ。思うにその人が罰を受けるのは、有罪だからではなく、探索がなされてはならないにもかかわらず、見つけられてしまったという理由なのだろう」[132]。キリスト教徒が殉教に導かれた過程を示すテルトゥリアヌスの記述は、皮肉に満ちているけれども、正確である。

　キリスト教徒は反社会的だと見なされていた。彼らは自分たちだけの社会を作っていたので、これはある意味当然だった。キリスト教徒はローマの神々を崇拝しなかった。そして敬虔なローマ人から見れば、この瀆神は反社会性を定義づけるものであった。護教家たちは、キリスト教徒が社会の平和的な成員であることを繰り返し指摘しているが、ローマ人の目から見れば、皇帝崇拝すらも正しく行なえない人間は、良い市民ではなかった。キリスト教徒は、「神々の平和《パクス・デオールム》」、すなわち神々が帝国にもたらしてくれる平和を遠ざけていると見なされた[133]。キリスト教徒に負わされた罪は、その存在そのもの、キリスト教徒であるということそれ自体だった。テルトゥリアヌスは要約してこう述べている。「有罪であるかどうかを決めるのは、罪状の調査ではなく、キリスト教徒であることを告白することなのだ」[134]。これは死に値する罪であり、このため裁判記録はとても短いものとなった。告発された人がキリスト教徒であるかどうかだけを判断すれば、それで十分だったからだ。

ペルペトゥアの共同体は、キリスト教徒になることの危険性を直接の経験から知っていた。二〇年前に初めて北アフリカのキリスト教徒が殉教したことは、当時まだ多くの人が記憶していた。一八〇年、一二人のキリスト教徒がカルタゴの総督法廷に引き立てられた。彼らの殉教伝は総督《プロコンスル》の尋問を記録している。キリスト教徒たちは自分たちが犯罪者であることを否定し、善良な市民であると主張した。彼らは税を払い、皇帝が定めた諸法も守っていた。しかし、総督は彼らに有罪判決を下した。「(彼らは) キリスト教徒の慣わしに従って生活していることを告白し、ローマ人の慣習に戻る機会を与えられたにもかかわらず、頑強に固執したため、剣で処刑する旨が宣告された」[135]。

殉教者たちは断頭された。罪名はこれ以上ないほど漠然としたものであり、法の執行は個人の裁量によるところがきわめて大きかった。テルトゥリアヌスは、カルタゴには何千人ものキリスト教徒がおり、多くの人は彼らがどこにいるのか知っていると、正しく指摘している。しかし、三世紀後半までは、キリスト教徒であると主張する人々を逮捕しようとする組織的な試みがなされたことはなかった。これら初期の殉教では、属州総督それぞれの意向が事を決める唯一の要因であった[136]。

ペルペトゥアが殉教して約十年後、テルトゥリアヌスは北アフリカの総督に書簡を送って、新たに迫害を始めないようにと求めている。この書簡の中でテルトゥリアヌスは、さまざまな方法で権威を行使した前任総督たちの例を挙げている。ある総督は、キリスト教徒が釈放されうるような答え方ができる質問の仕方を考案した。もう一人の総督は、一人のキリスト教徒を、犠牲を捧げさせることなく釈放した。また別の総督は、告発が隣人の悪意に基づいていることを感じ取ったため、あるキリスト教徒への訴訟を却下した[137]。テルトゥリアヌスのこの興味深い書簡は、総督に幅広い裁量権があったことを示している。罪に問うかどうかは、個々の総督と、何が自分にとって最大の利益になるかというその判断によるところが大きかった。

キリスト教徒もまた、散発的に起こる迫害にさまざまな応じ方をした。刑の執行が恣意的だったことは、殉教者は神によって選ばれたのだという確信が生まれる一因となった[138]。殉教は授かり物であり、誰が選ばれるのかは神の手にかかっていた。なぜある者は逮捕され、ある者は逮捕されなかったのか。この私を最も悩ませる問いに対し、初期キリスト教徒たちはそのような答えを出したのだった。しかし、神の計画であるという解答は、キリスト教徒が迫害にどう応じるべきかという問いに答えるものではなかった。

テルトゥリアヌスは、神が授けたのかもしれない殉教からキリスト教徒が逃げ出すべきだとは考えていなかったが、慎重に対処する可能性は認めていた。日中に集まることが危険すぎるようならば、夜に礼拝を行なう、小さなグループに分かれて集まる、あるいは別々の道を通って礼拝に来るといった対処である[139]。一部の信徒や共同体全体が迫害の問題を、ローマ伝統のやり方である賄賂で解決しようとすることもあった。テルトゥリアヌスはこの方法を非としたが、彼ほど厳格でない人もたくさんいた[140]。テルトゥリアヌスはキリスト教徒が迫害から逃げるべきではないと信じていたが、また、迫害を求めるべきではないとも考えていた。しかし、この二つの立場の違いは微妙なものである。

信徒がローマの権力に直接立ち向かうことを、教会の指導者たちは繰り返し禁じているが、殉教者の冠を求める人々がこれで思い止まることはなかった。テルトゥリアヌスでさえ、キリスト教徒が自発的に「戦いへと向かい、私たちは、無罪になったときよりも、有罪になったときに喜ぶ」と自慢している[141]。殉殉教した人の中には、探索で見つけられた人よりも、自発的に名乗り出たか、自殺を図りすらした人の数の方が多かったのではないかと思われる。[142] ペルペトゥアのグループとともに処刑された殉教者の一人サトゥルスは、最初からいっしょに逮捕されていたわけではない。彼は栄光ある死に与ろうと、牢獄にいた仲間に自発的に加わったのである。サトゥルスはペルペトゥアの共同体で指導的な役割を果たしていた一人で、彼は自発的殉教の実践例を示したのだった。

迫害は散発的にしか行なわれなかったにもかかわらず、二世紀の終盤までには、定期的に迫害を経験し、殉教者を生み出すキリスト教共同体も出現していた。告発は時に、改宗が家庭生活の結束を脅かすように見えたためになされた。[143] また時には、隣人が隣人を密告したり、奴隷が主人を告発したりすることもあったが、[144] 時には、神の無作為な手にかかっているとしか見えない迫害もあった。迫害には性別による差もなかった。実際、北アフリカでは、殉教者のかなりの部分が女性だった。[145] ペルペトゥアが洗礼志願者となり、洗礼に備えていた時代には、迫害のこうした一般的な経験が人々の記憶に留まっていた。ここで、私たちは、彼女の逮捕に先立つ具体的な出来事に目をやらなければならない。

一九七年の春から夏にかけて、カルタゴは特別な祝祭期間を設定した。家々は月桂樹で飾られ、大きな祝宴が催され、皇帝の守護霊《ゲニウス》に犠牲が捧げられた。市をあげての祝祭期間中に、カルタゴ住民の間に、祝いに加わっていない者たちがいることが明白になった。キリスト教徒とユダヤ教徒はこういった祝い事は偶像崇拝的だと信じたため、祝うことを禁じられていたのだ。彼らの家は飾りつけられることもなく、他の人々が陽気に騒ぐなか、ふだんの生活を送っていた。[146] キリスト教徒とユダヤ教徒がこのように目立ったやり方で、多神教徒と行動を異にしたことのインパクトを直接計ることは不可能だが、敬虔な多神教徒の注意を引いたであろうことは間違いない。

その数年後である二〇一年より少し後、皇帝セプティミウス・セウェルスは、ユダヤ教とキリスト教への改宗を禁じる勅令を発布した[147]。これは、セプティミウスが自らをセラピスと同一視していた時期に起きたことであり、もしかすると彼は、布教を行なっている他の宗教を改宗禁止令によって押しとどめることで、セラピス崇拝を奨励しようとしたのかもしれない[148]。四世紀の教会史家エウセビオスは、「迫害を扇動した」としてセプティミウスを非難しており、この勅令の後、帝国中で逮捕された殉教者のリストを挙げている[149]。しかし、いつどこでキリスト教徒が迫害されるかを決定づけたのは、現地の総督の裁量だった。熱心な遂行者がいなければ、セプティミウスの勅令は、カルタゴでほとんど効力を持たなかっただろう。

二〇三年、カルタゴにはたまたま、改宗禁止の勅令を完全に遂行しようとする熱心な総督がいた。ペルペトゥアは、彼女たちの裁判を執り行なったのは、前任総督の死後その職に就いた財務管理官《プロクラトル》プブリウス・アエリウス・ヒラリアヌスだったと言っている〈訳注：ヒラリアヌスは財務管理官《プロクラトル》であったが、総督《プロコンスル》であったミヌキウス・ティミニアヌスの死にともない、死刑判決を下す権利を持つプロコンスル代理を務めていたと、ペルペトゥア自身が日記の中で説明している〉。ヒラリアヌスの、ヒスパニアでの前歴を丹念に研究したジェームズ・リーヴスは、この総督《プロコンスル》が非常に敬虔な人物で、宗教についてきわめて保守的な見解を持っていたことを証明した[150]。彼は、アフリカでこの高位官職に就く以前、属州アシアとヒスパニアでも公職に就いていた。彼はまさに、数年前の祝祭でのキリスト教徒の不敬虔と映る振る舞いに腹を立てたであろう類いの人物だった。テルトゥリアヌスもまた、ヒラリアヌスの総督在任中に反キリスト教的ななんらかの扇動行為があったことを記録している[151]。こういった状況はヒラリアヌスに、セプティミウスの改宗禁止令を強制することで、キリスト教徒を見せしめにしようと考えさせたかもしれない。

こうした状況は、なぜペルペトゥアを含む洗礼志願者のこの小集団が特にこの時期に逮捕されたのかを説明してはいない。だが、彼らがセプティミウス・セウェルスの息子ゲタの誕生日に死刑判決を受けたことはわかっている。私はこれが偶然ではなかったと考えたい。きわめて敬虔で、また野心的でもあったヒラリアヌスが、この祝いのために特別な犠牲を捧げようと決心し、犠牲者を探すため、セプティミウスの勅令を実行に移そうと考えたというのは、いかにもありそうなことである。彼がどうやってウィビウス家に標的を定めたのかはわからない。語り手兼編者による逮捕の記述は、洗礼志願者だった、一家の奴隷たちが最初に逮捕されたと示唆しているようである。これはヒラリアヌスにとって、目的を達成する方法、すなわち、闘技場で犠牲に供される者を見つけ、なおかつ、有力者を逮捕することで高貴な家族を怒らせることがないようにする方法であっただろう。だが、事はそのように運ばなかった。奴隷らとともに、一家の娘ウィビア・ペルペトゥアが逮捕されたのである（しかし、やはり洗礼志願者であった彼女の兄弟は逮捕されていない）。他の者たちが逮捕されたときに、彼女自身が名乗り出た可能性は高い。それは、自発的殉教の観念と、カルタゴの伝統である犠牲的自殺を結びつけての行為であったろう。突然の逮捕のきっかけが何であったにせよ、もう取り返しはつかなかった。ペルペトゥアはここから自分の言葉で成り行きを語っている。


私たちがまだ拘束されていたとき、父は私への愛から、私を説得し、決意をゆるがせようとしました。私はこう言いました。「お父様、例えばこの壺か、それとも水差しか、あるいは他のものでもいいのですが、ご覧になれますか」。

「ああ、見えるとも」。父は答えました。

そして、私は言ったのです。「それを、それ以外の名前で呼ぶことができるでしょうか」。

すると父は言いました。「いや」。
「そう、ですから私も私以外、つまり、キリスト教徒という以外の名で呼ばれることはできないのです」。
私がこう言うと、父は「キリスト教徒」という言葉にひどく腹を立て、まるで私の目を抉り出そうとでもするかのように私の方に近づきました。しかし父はそれ以上何もせず、彼の悪魔のような議論ともども打ち負かされて、立ち去りました。

私たちはこの会話の中に、「キリスト教徒」という立場に付与された重みを見て取ることができる。洗礼志願者であったペルペトゥアはすでにキリスト教徒であり、彼女の会話は、彼女がすでに、キリスト教徒たることを一つの存在様態として理解していたことを示している。すなわち、彼女の改宗は完全なものだったのである。父親は、キリスト教徒というアイデンティティーがどのような結果を導くのかを知っていた。それ以上の罪は必要なかった。父の怒りは、意志強固な娘を前にして、すぐに悲痛へと姿を変えた。

ペルペトゥアとその仲間たちは数日間、一種の自宅軟禁状態に置かれたらしく、その間に彼女は、洗礼志願者から受洗したキリスト教徒へという改宗の最終段階を遂げている。

その後数日の間、私は父と分かたれたことについて主に感謝を捧げ、父がいないおかげで私の心は安らぎました。その数日の間に私は洗礼を受け、私は聖霊の導きによって、〈洗礼の〉水の後には、肉体の堅忍以外の恵みを何も求めることはありませんでした。[152]

ペルペトゥアが、普通の状況で改宗していたなら経験していたであろう、塗油の秘蹟と三度の浸水という完全な儀式を経て受洗したのかどうか、私たちに知る術はない。しかし、完全な洗礼のイメージは、彼女の夢の中で形を変えて現れるので、それはあまり重要なことではない。彼女は、自分がキリスト教共同体の秘蹟に完全に与ったと感じたのだから。

洗礼の際、ペルペトゥアは彼女の最初の「預言」を記録しているが、彼女はそれをまったく何でもないことのように記しているので、彼女と聖霊の接触はそれが最初ではないように思われるが、私たちにそれを確認する術はない。ペルペトゥアの受洗に際し、聖霊は、彼女の地上での短い余生が殉教で終わることを予告している。キリスト教文学には、洗礼と殉教の結びつきが繰り返し見られるが、それは両方ともに古い自己の死と新しい自己の誕生として考えられているからだ[153]。テルトゥリアヌスは血の洗礼を、洗礼の二つ目の形と呼んでいる[154]。聖霊がペルペトゥアを、この二つ目の洗礼に招いた。洗礼志願者たちは水で洗礼を受けた後、改宗禁止の勅令を完全に破ったことになった。彼らは、軟禁されていた自宅から牢獄へと移されたのである。

第四章　牢獄

牢獄と裁判

自宅軟禁中の洗礼は、ペルペトゥアにとって転換点となった。彼女と仲間たちは、セプティミウス帝の改宗禁止令にはっきりと背いたのであり、総督は彼女らを自由に告発できるようになった。洗礼の数日後、レウォカトゥス、フェリキタス、サトゥルニヌス、セクンドゥルスとペルペトゥアは、軟禁されていた自宅から牢獄へと移された。牢獄はおそらく、カルタゴ市の中心、ビュルサの丘に立つ総督邸に隣接した場所にあった(1)。三世紀の末にカルタゴで処刑されたもう一人の殉教者ピオニウス〈訳注：これは著者の誤りで、殉教伝によると、ピオニウス（ピオニオス）は二五〇年、スミュルナで処刑された〉に関する記述は、牢獄の場所をもっと詳細に描写している。彼の殉教伝は、殉教者たちがどのように逮捕され、フォルムを横切って東門を通過し、その近くに立つ牢獄に連行されたかを伝えている(2)。

ペルペトゥアが収監された牢獄も同じような場所にあったのかもしれない。彼女を含む獄中の一団に、キリスト教共同体の指導者であったサトゥルスが自発的に加わり、これで殉教者がそろった。ペルペトゥアは収監を前にした恐怖をこう語っている。

私はそれまで、そのように暗い穴の中に入ったことがなかったので、ひどく怯えました。なんと困難な時だったことでしょう。たくさんの人がいたせいで、息が詰まるほど暑く、また、兵士たちの強要にも苦しみました。そして何よりの拷問だったのは、いっしょにいた私の赤ん坊への懸念でした。[3]

ローマ時代のカルタゴにおける牢獄は仮設的なもので、収監者たちが別の場所に移されるまで拘束しておくための当座しのぎの場所に過ぎなかった。そうした仮設的な牢獄で最も確実な場所は、地下の貯蔵所だったろう。そのせいで真っ暗だったのだ。後にカルタゴで殉教した人々の記録でも、牢獄は同じように描かれている。二五九年、カルタゴでモンタヌスと彼の同信者たちが逮捕され、収監されたとき、牢獄は、「夜の真っ暗なとばり」のような「不快な暗闇」と形容されている。[4]〈この時に〉収監されたもう一人のキリスト教徒女性が語る幻視は、拘束場所の仮設的な性格について、さらなる情報をもたらしてくれる。彼女は、窓にあった石が奇跡的に取り除けられ、天を見ることができたと言っている。[5]彼女の幻視が示唆するのは、収監者たちは（窓に大きな石を置くことで）逃亡できないように監禁されていたということであり、また、彼らは光に飢えていたということである。ペルペトゥアもまた、闇と、混雑した牢獄の状態に恐怖を抱いた。

収監されている人の友人や親族が見張りに賄賂を渡して、より良い待遇を求めることは習慣的に行なわれていた。カルタゴのキリスト教共同体を形成していた代理家族の成員たちもやはり集まって来て、収監されている者たちを援助しようとした。ペルペトゥアは彼らの援助に対し、感謝を表している。

私たちの世話をしてくれていた、祝福された二人の助祭テルティウスとポンポニウスは兵士たちに賄賂を渡し、私たちが数時間の間、牢獄のより心地良い場所に行って身体を休められるよう取り計らってくれました。このため私たちは皆、地下牢を出て、自分の好きなようにしたのです。[6]

自由な身のキリスト教徒が、収監されている信仰告白者たちに寄せた援助は、収監されている者たちにとってだけではなく、教会のイメージを形作る上でも決定的な役割を果たした。テルトゥリアヌスは二つの種類の援助に言及している。一つは制度的なもの、すなわち、囚人の状況を改善するため教会が拠出したもののことで、彼はこれを「我らの母なる教会が、その乳房から与える、身体への栄養」と呼んでいる。これは、教会が「母」と呼ばれている最も古い例の一つだが、このことは明らかに、ペルペトゥアのような殉教者たちが、困難な牢獄暮らしの間、深刻な食糧不足を経験したことを示唆している。二つ目の援助形態は、個人のキリスト教徒が、個人的な資産から拠出するものであった。[7]

テルトゥリアヌス自身も、彼らのために与えたものがある。それは励ましの言葉だった。著作『殉教者たちへ』の中で彼は、「魂の滋養に役立つであろう贈り物を〈送る〉。なぜなら、肉体が飽食する間、魂が飢えることがあってはならないから」[8]。テルトゥリアヌスがこの小論を書いた年代については議論があるが、二〇三年三月に収監されたペルペトゥアを含む少人数の集団に向けて書いたものだという説の論拠は有力であるように見える。[9] たとえそれよりも前に書かれたのだとしても、[10] ペルペトゥアと彼女の仲間たちはこれを知っていたに違いない。その中でテルトゥリアヌスは一団に、かつてのカルタゴの伝統では、人々がわが身を犠牲に捧げたことを思い出させている。彼は獄中にある女性たちにも特に言及し（これは、テルトゥリアヌスがペルペトゥアと仲間たちに向けて書いていたのだという説をさらに有力にする）、男性同様に勇敢であるようにと、そしてディドーのように、他の勇敢なカルタゴ女性同様に勇敢であるようにと求めている。[11] テルトゥリアヌスの書簡という糸は、ペルペトゥアが語る夢の物語の中に織り込まれており、彼女が彼の言葉を深く心に刻んでいたことが窺える。キリスト教共同体は、獄中の同信者が助けを必要としているときには、個人としても集団としても、援助の手を差し伸べようとした。初期教会の魅力の一つであった、共同体の結束の強さは、最も暗い牢獄の中でも見ることができたのである。

ペルペトゥアが牢獄の中の、より居心地の良い場所に移されると、彼女の関心は赤ん坊へと向かった。ペルペトゥアの精神的な前進は、彼女に父親との親子の絆を断ち切ることを求めた。そして今、彼女は、息子との母性の絆に直面しなければならなかった。当面の心配は乳をやることだった。「私は、お腹が減って弱っていた赤ん坊に乳をやりました」。そして、若い母親なら誰でもそうするであろうように、自分の母親に相談した。「私は不安の中、子供について私の母に相談し、私の兄弟を励まそうと努力し、赤ん坊を彼らの手に預けました[12]」。

彼女の家族は赤ん坊を預かり、「何日もの間」世話をしたが、ペルペトゥアの心配がそれで消えることはなかった。彼女は、赤ん坊を牢獄に滞在させる許可を求め、認められた。赤ん坊を取り戻すとすぐに彼女の心も平安を取り戻した。「子供に対する不安と心配から解放された私はすぐに健康を回復しました。私の牢獄は突然宮殿となり、そこは、他のどの場所よりも私が滞在したい場所となったのです[13]」。

息子に対するペルペトゥアの立場の曖昧さは、母親の役割と殉教者の役割が曖昧なものだった可能性を明らかにしている。ペルペトゥアが従順な娘に期待されていた役割を捨てたのと同様、キリスト教徒としての精神的完成を求める殉教者は、母親としての役割を捨てなければならなかったのだろうか。この曖昧さの一端はおそらく、ユダヤ・キリスト教的伝統における初期の殉教例が、息子たちとともに殉教した一人の母親を中心に据えていることによるものだろう。この殉教は『旧約聖書』外典である、『マカベア書』に記述されており、ペルペトゥアがこのテクストを知っていた可能性はきわめて高い[14]。

マカベア家の殉教者たちは、前二世紀、禁じられた食物を食べることでユダヤ教の法を破ることを拒んだため、拷問を受けた。この殉教を最も詳しく記述しているのは、紀元一世紀に書かれたと思われる『第四マカベア書』である。後のキリスト教英雄物語の多くに影響を及ぼしたこの記述では[15]、年老いた母親が、七人の息子たちとともに当局に連行される。『第四マカベア書』の作者は、母性愛を注意深く記述している。「母親の子に対する愛がいかに複雑なものかを見よ。それは、あらゆるものを彼女の心奥にある一つの感情へと引き寄せるのだ……七回の妊娠で、彼女は自身の中に、彼らに対する深い愛情を植えつけた。そして、そのつど彼女が味わった多大な痛みの故に、彼らと共感するようになったのだ[16]」。しかし、彼女は息子たちを救おうとはしなかった。その代わり、彼女は「信仰のために死ぬよう、一人一人、また、みないっしょに励ました」。そして、「彼らは律法を守って、死ぬまで彼女に従った[17]」。母親もまた、息子たちが死ぬのを見守った後、殉教を遂げた。

『第四マカベア書』の作者は、この母親が例外的に勇敢であったと見ているが（「彼女は、女としての考えを、男の勇気で燃え立たせた[18]」）、母親が殉教者となることが構造的にふさわしくないとは見ていないようである。ヘレニズム世界におけるユダヤ教は、共同体を中心にした宗教だった。つまり、ユダヤ教の中心的な信条は、まさしく、個々の共同体を、それを取り巻く文化の影響力に屈せず、無傷のまま守ることにあった。諸々の社会が共同体の輪郭をはっきりさせるため、伝統的に取った方法の一つは、ともに食事をすることであり、家族や共同体の食事は、実際のところしばしば、家の女性である母親によって差配された。したがって、この伝統的な社会構造においては、母親が、集団がともにする食事を管理することで、共同体をまとめ上げていた。ユダヤ教の食物規定は、聖書に定められた清浄・不浄の規則を満足させるだけではなく、周囲の社会との隔てを維持することで、ユダヤ人共同体に共同体としての輪郭を与える役割も果たしたのだ。

逮捕される以前、マカベア家の母はおそらく、ユダヤ人共同体の団結と、その中における彼女の家族の位置に配慮していたことだろう。この配慮の一環として彼女は、自分の家族をユダヤ人として示す食物規定を順守し、息子たちが必ずその規定を守るよう注意を払った。息子たちとともに逮捕された後も、彼女は同じ役割を果たした。彼女は、一家がユダヤ人共同体の成員であり続けるため、息子たちに食物規定を守るように促したのである。この一家の殉教は、抑圧に抗し、家族のアイデンティティーと信仰を守るためのものだった。家族のこの役割は母親にとって、そして、孝心の篤い息子を育て上げた信心深い母親にとってはとりわけふさわしいものだった。この文書の作者は彼女を「民族の母、律法の守護者、宗教の擁護者」と呼んでいる[19]。ここで宗教は民族性と律法に結びつけられており、伝統的に共同体を構成した要素の完全な像を提供している。

『第四マカベア書』が書かれてから一世紀後、キリスト教殉教者たちはこの殉教モデルを振り返ったが、状況はすでに変化していた。キリスト教共同体が作り出そうとしていた新たな社会構造は、個々人に、父親と母親を捨て、それまで属していた共同体との絆を断ち切って、新たな共同体を構成することを求めるものだった。家族に重点を置き、子孫を生んで後の世代を維持してゆくことに重点を置く伝統的な母親の役割は、殉教を通じて獲得される個人的な救済とは相容れないように見えただろう。キリスト教における殉教の目的は、キリストの例にならうことであり、家族、社会、文化的な継続性への配慮がそれを妨げることはあってはならなかった。世俗的な心配は捨てよというイエスの呼びかけを殉教者たちは真剣に受け止めていた。テルトゥリアヌスは獄中の一団に宛てた書簡の中で、この点を簡明に思い出させている。「キリスト教徒は……たとえ牢獄の外にあっても、俗世を捨てているのだ[20]」。

ペルペトゥアは、監獄の中で息子と幸せに過ごす間、母としての役割と殉教者としての役割を同時に果たすことができるのではないかとどこかで期待したかもしれない。もしかすると、自分もマカベア家の母親のように、息子とともに死ぬことを想像したかもしれない。しかし、キリスト教の殉教は、団結したユダヤ人共同体のそれより個人的なものだった。結局、彼女は殉教に息子を伴うことはしないのだが、それが不可能だと彼女が悟ったのは、牢獄の中でもっと時間を過ごしてからのことだった。

数日後、囚われていた者たちは彼らの運命を決する審理が開かれることを知る。ペルペトゥアの父は「心労で消耗し」、彼女に会って翻意を促そうと牢獄へやって来た。頑固な二十歳の若者が決意した行動を止めさせようとした経験のある者なら誰でも、ペルペトゥアの父の絶望に同情せずにはいられないに違いない。

娘よ、……どうか私の白髪を哀れんでくれ。……もし、私が、お前の兄弟よりもお前のことを可愛がったことを覚えているなら、もし、人生の盛りに達するまで私がお前を育てたことを覚えているなら……どうか父を哀れんでくれ。私を人々の非難の中に取り残さないでくれ。お前の兄弟のことを、母親、おば、そして、お前が死んだら生きていけないであろうお前の息子のことを考えてほしい。思い上がりは捨てるのだ。お前は私たち皆を滅ぼすだろう。もしお前に何かが起きたら、私たちの誰も二度と自由に話すことはできないだろう。(21)

ペルペトゥアの父は彼女をローマ社会の核を形成するものであった家族へと引き戻そうとした。彼は娘に、血縁者や、共同体における家族の名誉、そして父と娘の間の特別な絆を思い出させた。テルトゥリアヌスは殉教者たちに宛てた書簡の中で、血縁者たちは殉教者を彼らの目的から引き戻そうとするであろうと警告しているが、[22] ペルペトゥアの父の望みはまさにそれだった。しかし、テルトゥリアヌスはこの若い女性のことを心配する必要はなかった。彼女の決意は強固だったからである。ペルペトゥアはこう書いている。

父は私への愛情から、私の手に口づけし、私の前に身を投げ出しながら、このように話しました。目に涙を浮かべた父は、もう娘としての私に話しかけることができず、一人の女性として話していました。私は父に対し心が痛みました。というのも、私が試練を受けるのを見て不幸なのは、私の家族の中で父一人であろうからです。

私はこう言って父を慰めようとしました。「囚人席で起きるであろうことは、神がお望みのことです。私たちは自分たちがしたいようにできるわけではなく、すべては神の力の中にあることをわかってください」。

父は深い悲しみに沈んで、私のもとを去りました。[23]

私が第一章で述べた価値観に従うローマ人なら、ペルペトゥアと家長《パテル・ファミリアス》との対立は衝撃的だったに違いない。彼女がこの対立で勝利を収めるためには、自分のローマ人としての育ちを完全に忘れるか、捨てるかしなければならなかった。彼女の反抗と父親の嘆きは、キリスト教が帝国に広まるにつれて生じた、家族の中の分裂を示している。彼女のために嘆くのは父だけだろうというペルペトゥアの言葉は、父を除く彼女の家族の全員がキリスト教徒であったか、少なくともキリスト教に理解を示していたことを示唆しているのかもしれない。ペルペトゥアと彼女の家族内のキリスト教徒たちは、数年前に書かれ、カルタゴのキリスト教徒共同体の中に広まっていた、テルトゥリアヌスの『忍耐について』を知っていたに違いない。この小論の中でテルトゥリアヌスは、キリスト教徒は愛する者の死を嘆くべきではないとはっきり述べている。キリスト教徒ならば、愛する者が先に神のもとに旅立ったことを喜ぶべきなのである。[24]テルトゥリアヌスの励ましに従い、ペルペトゥアは、家族の中のキリスト教徒たちは彼女の殉教と、それに続く救済を喜ぶだろうと信じていた。嘆くのは彼女の父一人のはずだった。[25]

ある日の朝、朝食を食べていた囚人たちは、ビュルサの丘にあるフォルムで開かれる審問へと突然引き立てられる。ローマの高官が、このカルタゴで最も公的な場所で裁判を行なうのは普通のことだった。二五九年、カルタゴでモンタヌスが殉教したときにも、鎖に繋がれた信仰告白者たちはフォルムに連行され、「裁判官がどこで審問を行なうのか知らなかった兵士たちによって、フォルムの端から端まで引き回された」[26]。兵士の混乱に関するこの逸話は、フォルムで審問が行なわれるのが普通だったことと、フォルム内で裁判が行なわれる場所が決まっていたわけではないことの両方を物語っている。審問はフォルムで開かれたため、いつも、珍しい物好きな群集が集まって来た。これは、ペルペトゥアとその仲間たちの場合にも当てはまる。審問に関する噂はすぐに広まり、裁判を見るため、「大群集」がフォルムに集まって来た。ペルペトゥアを含む小さな集団が、厳格で保守的な総督《プロコンスル》ヒラリアヌス〈訳注：一三一ページ訳注にあるように、実際には総督《プロコンスル》代理の財務管理官《プロクラトル》〉と対峙したのはこの場所であった。

他の囚人に関してペルペトゥアは単に、彼らは質問されて「罪状を認めた」と言っているだけである。[27]しかし、家族との決別を決定的なものとし、殉教への召命を確認するものとなった彼女自身の審問についてはもっと詳しく語っている。ペルペトゥアの審問の番が回ってくると、父親が彼女の息子を連れて現れた。ペルペトゥアが審問を受けるため囚人席へとのぼり始めると、父親は彼女を階段から引き戻し、最後の懇願をする。「犠牲を捧げるのだ。お前の赤ん坊をかわいそうだと思え」。ヒラリアヌスもまた、彼女をローマ人の娘と既婚婦人の義務へと引き戻そうとする。「お前の父の白髪を哀れに思え。お前の赤ん坊を哀れだと思え。皇帝がたの安寧のために犠牲を捧げるのだ」。ペルペトゥアはこれに対し、「それはできません」と簡潔に答えて拒否した。ヒラリアヌスはそこで、この審問で問われるべき唯一の質問をする。「お前はキリスト教徒か」。ペルペトゥアの答えは「はい、私はキリスト教徒です」というものだった。

こう発言したとき、ペルペトゥアは、二〇年前にカルタゴで死んだスキッリウムの殉教者たちの言葉を繰り返していた(28)。キリスト教徒を迫害する理由は曖昧で、その犯罪ははっきり定義されていなかったので、迫害を遂行しようとする裁判官にとって、ペルペトゥアの頑固な自己定義の他には、どんな情報も必要なかった。彼女に先立つ、そして彼女に続く殉教者同様、自らの名前を捨て、キリスト教徒という新たな名前を名乗ることで、ペルペトゥアは新たなアイデンティティーを獲得したのである(29)。

ペルペトゥアが自らをキリスト教徒と定義した瞬間、彼女はもうローマのものではなかった。ヒラリアヌスはもはや説得に時間を費やそうとはしなかった。ペルペトゥアの父はまだ娘を説得しようとし続けたので、「ヒラリアヌスは、父を投げ倒して笞で打つように命じました。私は自分自身が打たれているかのように感じて、父のことを悲しみました。私は、父の痛ましい老境にも悲しみを覚えました」。ペルペトゥアは同情を感じたものの、彼女の信仰告白はすでに彼女と父を永遠に隔ててしまっていた。ヒラリアヌスは判決を下し、ペルペトゥアはそれをうれしそうに語っている。「私たちは獣による死刑を宣告され、意気揚々と牢獄に帰りました(30)」。

ヒラリアヌスが下した宣告は特に厳しいものだった。スキッリウムの殉教者たちに科されたのは断頭刑だったし、若いローマ市民が獣による死刑に処されるのはきわめてまれだった[31]。この宣告は、ペルペトゥアらを逮捕したとき、ヒラリアヌスの頭にはすでに闘技場での戦いのことがあったのではないかという私の説を補強する。

ペルペトゥアは牢獄に戻ると、殉教への道を進むとともに、母親としての役割を取り戻そうと考えたようである。彼女は助祭ポンポニウスに、父親のところに行って赤ん坊を取り返し、牢獄へと連れ戻してくれるように頼んだ。しかし、父親はこれを拒んだ。ペルペトゥアと家族との最後の絆はこれで絶たれたのである。息子は彼自身の生き方をするに任せて、彼女は一人で救済を求めることになった。ペルペトゥアは自分が息子から身を引くことに、神意の現れを見た。「神がお望みになったように、赤ん坊はもう乳の必要を感じず、私も腫れに苦しむことはありませんでした。そして、私は息子に対する心配と、乳の不快感から解放されたのでした[32]」。このテクストにおける、神からの是認の証拠とも見える出来事は、殉教が母性とは両立し得ないものであったという考えを強めた[33]。マカベア家の母の時代は終わった。殉教は個人の良心の問題であって、もはや家族の絆の問題ではなくなったのである。

ペルペトゥアが殉教を求めるため母としての役割を捨てた徹底度は、彼女の殉教物語が中世へと伝えられていく間に高められた。四世紀の半ばに書かれたと見られる、「裁判記録」型のペルペトゥア殉教伝の中で、その作者は、ペルペトゥアが自身の叙述のいたるところで表出させている二つの立場の緊張を除去し、彼女が赤ん坊を押しのけ、両親に「お前たち、悪の行使者たちよ、私から離れよ。私はもうあなた方のことを知らないのだから」と言ったことにしている[34]。十三世紀にドミニコ会士のヤコブス・デ・ウォラギネが書き、広く読まれた聖人伝集成『黄金伝説』で、ヤコブスは、前述した四世紀の翻案に依拠しながら、ペルペトゥアが家族の絆を捨てたことをさらに強調している。彼の物語の中で、赤ん坊に対するペルペトゥアの不安は消滅している。「次に、父は彼女の首に赤ん坊を抱きつかせ、……こう言った。『娘よ、どうか私たちを哀れみ、私たちとともに生きてくれ』。しかし彼女は赤ん坊を投げ出して、両親を押しのけ、『神の敵よ、私から離れよ。私はお前たちを知らないのだから』と言った」[35]。ペルペトゥアの家族は、彼女の子供も含めて、「敵」として描かれており、殉教を求める中でペルペトゥアは彼らを退ける。この物語は、家族がキリスト教徒を殉教から遠ざけようとするという、テルトゥリアヌスの警告と呼応するものであり、キリスト教信仰を告白することで新たな社会的紐帯が形成されるという考え方が、初期キリスト教共同体でいかに強力だったかに光を当てている。

夢と幻視

ペルペトゥアの日記の大部分は、彼女が牢獄の中で経験した幻視的な夢の記述からなっている。サトゥルスもまた、投獄中の唯一の記録として、夢のことを書き記している。初期キリスト教が預言や幻視をきわめて重要視していたことを考えれば、夢にこれほどの注意が注がれるのも驚くべきことではない。テクストの中でこれらの夢に重要な位置が与えられていることは、それが夢を見た人にとっても、また、大切に夢の記録を保存した後の世代のキリスト教徒にとっても、いかに価値あるものだったかを雄弁に物語っている。キリスト教共同体は、恍惚状態での預言に耳を傾けただけではなく、後に思索の対象とするために、そうした幻視を記録した。テルトゥリアヌスは『魂について』（書かれたのはペルペトゥアの死後）の中で、話のついでと言ってもよいような形で、幻視を記録することの重要性に言及している。彼は礼拝の間に「恍惚状態に陥った」女性のことを記録しているが、続けて、「礼拝が終了し、平信徒たちが立ち去った後、私たちは彼女にどのような幻視を得たのかを習慣通り尋ねた。彼女が得た幻視は、後で吟味するために注意深く記録された」と言っている。[36] ペルペトゥアとサトゥルスは彼らが経験した幻視を注意深く記録し、キリスト教共同体は大切にそれを保存したのである。これらの行為はすべて、幻視をどう扱うべきかに関する彼らの理解と記憶に基づいていた。また、幻視の内容は、礼拝の最中に儀式の一部として朗読されることによって保存された。

ペルペトゥアや彼女の仲間たちと同じだけの注意を払ってこれらの夢を検討する前に、私はまず、夢に対する彼らの考え方と私たちの考え方とを比較してみたい。というのは、ペルペトゥアの同時代人たちは、私たちと非常に異なったやり方で夢を理解していたからである。ほとんどの場合、現代の夢理論家は、二つの基本的なグループに大別できる。つまり、夢はそれを見た個人についてのみ明らかにすると考える人々と、夢はもっと超越的な洞察を与えてくれるかもしれないと考える人々である。そして、両グループともに、夢の分析は、その夢を見た個人を助けるのに有効な洞察を提供すると信じている。[37]

夢が明らかにするのは夢を見た当人のことだけであるという理論は、事実上フロイトに始まる。彼は、夢が人の過去と深層に焦点を当てているという考え方を十九世紀に確立し、この説は以降も支持された。フロイトは著書『夢判断』の中で、夢が未来を告げるものだという考え方を退けている。「夢は過去についての知識を与えてくれると言った方がむしろ真実に近いであろう。なぜなら、夢はあらゆる意味で過去に由来しているからだ」[38]。フロイトの説はその後、修正され、洗練されていったとはいえ、精神分析における夢解釈のほとんどは、夢を見た当人の深層意識や過去への道として夢を捉えている。

カール・ユングは、夢が個人の枠を越えた何かを示している可能性を現代の夢理論家に示した。夢の中に現れる元型的なイメージを探求することで、ユングは、夢が個人をより大きな意識へといざなうものだと信じた。彼は、夢の中には、個人の将来の発展を予期させるという形で、未来を指し示しているものがある可能性すら認めた[39]。夢の中に超越的なものを見出したのはユングだけではなかった。ケリー・バルクリーは、私たちが生きる現代の世俗的社会においてすら、夢は宗教的な側面を持つと主張した[40]。しかし、管見の限りでは、夢の超越性を認める、あるいは予言的な夢の存在さえ認める現代の夢分析家の中にすら[41]、夢が、夢を見ている精神の外側に起源を持つという古代の信仰を共有する者はいない。現代の夢は、夢を見る人の中に起源があるのだ。

夢の起源に関する関心の他に、夢に対する古代人の考え方と私たちの考え方とのもう一つの大きな違いは、古代人は真実の夢とそうでない夢があると信じていた点である。これは、現代の夢分析家の念頭には浮かばない問題だ。なぜなら、現代人にとっては、より意味深長だったり、より深い洞察を与えてくれたりする夢はあるけれども、すべての夢は、夢を見る人の内面の何かを間違いなく反映しているからだ。これに対し、古代世界の人々は、すべての夢が夢を見る人の中に起源を持つわけではないと信じていた。つまり、夢の中には、外からやって来て、夢を見る人の魂の中に受け入れられるものがあると考えていたのだ。夢を見る人の外に起源を持つ夢があるとなると、夢の有効性の問題はより重要なものとなった。『アエネーイス』の中でウェルギリウスは、この二種類の夢について一つの説明を提示しているが、この説明は古代世界でよく引用され、広く知られていた。「眠りには二つの門がある。一つは角《つの》の門と言われており、真の霊魂はそこから容易に出てゆくことができる。もう一つはほのかに輝き、目もくらむばかりの象牙で作られているが、死霊はそこから偽りの夢を上界に送り込む[42]」。このモデルでは、夢は超越的な世界、すなわちこの場合には死後の世界への入り口を提供する。そこから霊魂は夢を送るわけだが、それは真実であることも偽りであることもあったので、どうやって真の夢を見極めるかが重要な問題となった。このため、夢を解釈する技術を持つ人が必要とされたのである。

たとえ「真実」と認められた夢であっても、夢が未来を告げている場合には、夢解釈人が必要となった。二世紀の人アルテミドロスは、多神教徒が夢について信じていたことを凝縮した、夢解釈の要約本を著した。この作品はペルペトゥアの生前に流通し、夢の理解に影響を与えていた。アルテミドロスは、夢は二つの種類に大別されると言う。第一種の夢は、特に意味がなく、夢を見る人の現在の経験に由来していた（この種の夢は、何の忠告も与えてくれないので、真実であるかそうでないかは大した問題ではなかった）。第二種の夢はより重要で、未来を告げる夢だった。この種の予兆的な夢は、直接的に予言するものと、解釈を必要とするものの二つに分類することができた。[43] これらの夢は、角《つの》の門から来たのか、象牙の門から来たのかを、見極めることが最も大切になるものだった。

未来を知ることができるのは神々だけだったので、未来を告げる夢は、神的な存在に由来していると見なされた。アルテミドロスが説明しているように、「魂は予言的な本質を持っているため、神は夢を見る人の魂に、未来の出来事に呼応した夢を送る」。[44] 魂は神的なものの影響を受けやすいので、夢を個人が神と直接接触できる方法と見なす古代人は多かった。例えば、三世紀の新プラトン主義者たちは、個人は恍惚状態、瞑想、夢を通じて神と直接接触することができると信じた。[45] 密儀宗教の奥義を授かるためには、信者たちはしばしば神からの直接の招待、特に夢を通じた招待を受けることを求められた。[46] アプレイウスの『黄金のロバ』で、女神イシスはルキウスの夢の中に現れ、彼の救済を預言している。[47] つまり、キリスト教以前の世界は、夢に対する関心、真偽判定、解釈の前例を豊富に持っていた。こうした考え方を共有していたキリスト教徒が、夢に大きな注意を払わなかったはずはない。それは、たとえ夢とキリスト教的預言を関連づけなかったにしてもである。

キリスト教徒の夢に関する考えは、古典古代世界からだけではなく、聖書からも引き継がれていた。

『旧約聖書』は夢の世界を、聖なるものと俗なるものが集う場所として描いている。ヤコブが見た、天へと伸びる梯子を天使が昇ったり降りたりする有名な夢は、神とこの世を結ぶイメージの原型となった。[48]「ヨブ記」でエリフはヨブに、神は人と夢の中で交信することを思い出させている。[49] 加えて、『旧約聖書』には、「創世記」でファラオが見た、七年間の豊作の後に七年間の飢饉が続く夢など、未来を予告する夢の数々の例が含まれている。[50]『新約聖書』では、神に霊感を受けた夢の数は少ないものの、特に「マタイによる福音書」や「使徒言行録」に見ることができる。[51] しかし、キリスト教徒が夢を重視した例がたくさんあるからといって、キリスト教徒が夢に何の疑問も感じていなかったわけではない。夢がどこから来るのか（神からなのか、それ以外なのか）ということや、その解釈（正確なものかどうか）という問題は常にあった。[52]

キリスト教が夢に対して取った曖昧な態度は、キリスト教初期に始まり、中世を通じて続いた。[53] 二世紀カルタゴのキリスト教共同体に対し、テルトゥリアヌスは、キリスト教の夢に対する姿勢を定義した。二〇六年から二一〇年の間に彼が書いた『魂について』には、夢の分析に関する章がいくつか含まれているが、これはキリスト教徒による初めての夢研究である。テルトゥリアヌスはまず問題を提起する。寝ているときに偶発し、魂のかなり深刻な混乱をもたらす夢には、「キリスト教的な」説明がなされなければならないというものである。[54] 夢に関する多神教徒たちの考え方を探求した後で、テルトゥリアヌスは自分自身の理解を確立した。誰でも夢を見るが、夢は三つの源から発する。それは、悪魔、神、そして魂そのものである。悪魔から発する夢には本当のものも、虚偽のものもあるが、いずれにせよ信用することはできない。神に発する夢は聖霊の祝福であり、[55] テルトゥリアヌスはこうした夢を、預言的なものとして高く評価している。この理論を考えれば、テルトゥリアヌスが夢の起源を知ることを重視したのは驚くに値しない。夢の起源を知るために夢解釈者に頼る点では、テルトゥリアヌスはアルテミドロスに従っている。もし夢が聖霊に由来するものなら、その意味を厳密に解釈することの意義は薄れた。この点で、彼は夢解釈を重視する古代人や現代人とは異なっている。

古代人にとっても、フロイトにとっても、またフロイトに続く夢分析家にとっても、夢と夢を見る人だけでは、話の半分に過ぎない。夢の解釈がそれと同じくらいの重要性を持っていたからである。現代の精神分析に関する文献は、夢の意味を理解する最良の方法はどれかという問題に対し、夢や夢を見る人に対するのと、少なくとも同じ程度の注意を払っている。夢は、夢を見た人自身が自由な連想で解釈することも、集団に投げかけて議論して解釈することも、または知見あるカウンセラーが直接解釈することもできる。[56] これらすべての方法は、夢には何らかの意味があり、夢を見た人を助けたり、癒したりする識見を与えてくれるということを前提としている。こうしたテクニックはまた、夢を見た人が夢の意味を知りたいと望んでいることも前提としている。こうした前提を当然視している点で、現代の夢理論家たちは、夢の意味を理解しようとしばしば夢解釈人の助けを求めた古代人と共通点を持っているといえる。

ファラオは夢を解釈してもらうため、ヨセフを必要とした。[57] 夢解釈の技術に長けたアルテミドロスは、夢判断の専門家が夢を正確に解釈するためには、夢を見た人の性別、職業、法的身分、社会的地位を知る必要があると説いた。[58] 古代の多神教世界とユダヤ教世界は、現代世界と同様に、夢の意味を専門家に解釈してもらいたいという望みを持っていた。これに対して、テルトゥリアヌスの著作で見たように、初期キリスト教徒は夢解釈者の必要性を強調していなかった。四世紀の新プラトン主義者、キュレネのシュネシオス〈訳注：五世紀初頭にキュレネの司教となった〉は、初期キリスト教共同体に見られたこの姿勢を最もはっきりと表現している。ジャック・ル・ゴッフはシュネシオスの立場をこう要約している。「どの男女も自分の夢を解釈することができるのだから、夢解釈者に頼る必要はなかった。それ以上に彼はこれを基本的な人間の権利の一つだと見なしていた。自分の見た夢とその解釈は、各人のものなのである」[59]。

この、夢は自分で解釈するものだとするキリスト教的姿勢の起源は、ほとんど常に夢解釈に専門家が必要だとしていた古典古代の夢文学以外の場所に求めなければならない。二世紀のカルタゴでは、二つの聖書外典が広く流通し、また評価され、読まれていた。それは、『第二エズラ書』と『ヘルマスの牧者』である[60]。二世紀にはまだ聖書正典が確立していなかったので、キリスト教徒たちはこうした文書をも、後に『聖書』として認められる文書同様に大切にしていた。これら二つの作品はともに夢と預言を扱っており、夢を見た人自身を最高の夢解釈者として描いている。こうしたテクストは、キリスト教徒の夢解釈の性格を変化させ、以前よりももっと個人的なものとしたのである。

外典『第二エズラ書』（トリエント公会議以降は『第四エズラ書』と呼ばれる）は、後一世紀の終わり頃に書かれた。作品の中心となっているのは、夢を見たエズラが、やはり夢の中に現れた天使ウリエルの導きで理解する七つの啓示である。これらの夢を通じてエズラが英知を得ると、神が彼を通じて預言をする[61]。このテクストの中では、キリスト教という背景の中で最も重大な問題は最初に解決されている。すなわち、これらの夢は神から送られたものだということである。神はわざわざエズラに夢を送ったのだから、夢を見たエズラがそれを理解できるようにも配慮したであろう。だから、夢解釈者は夢そのものの中に与えられたのだ。

『ヘルマスの牧者』では、このメッセージがもっと明瞭かつ直接的に現れる。この文書は二世紀の半ばに書かれ、初期教会時代を通じて非常によく読まれていた。テルトゥリアヌスはこれを「聖典」の中に数えており、他の初期教父たちも評価していた[62]。この中でヘルマスは、五つの夢や幻視を通じて英知へと導かれる。ヘルマスは、霊によって引き込まれた夢の中で、彼に夢を解釈してくれる霊的な夢案内人たちの夢を見る。[63] 夢の解釈を通じ、ヘルマスは精神的な理解を高め、最終的には牧者の幻視を見る。夢の中で彼は、この牧者は「お前のもとに生涯留まるため、最も崇高なる天使によって遣わされた」と告げられる。[64] 牧者は、ヘルマスが新たに発見した英知の象徴として、ヘルマスの「夢の伴侶」として留まることになる。[65] エズラ同様、ヘルマスはその書を、一連の預言という形を取る、キリスト教徒として生きるための戒めで締めくくっている。夢は夢の登場人物によって解釈され、それに続く預言の基礎となっているのである。

ヘルマスは、エズラ同様、神が自らの器を選んだとき、神はその人物に夢を解釈する能力を与えるのだと結論づけた。多くのキリスト教徒は、おそらくこうしたテクストに影響を受け、占い師や鳥卜官にあまりにも似通って見える夢解釈人に夢の相談をする多神教的習慣を止めた。ヘルマスは、偽預言者に対抗する戒めの中でこう言っている。「というのも、神から与えられた霊に伺いを立てるべきではない。その霊は天から、神の霊力によって遣わされたものなのだから、それ自身が神の力によってすべてを語るのだ」。[66] このキリスト教的メッセージにより、テルトゥリアヌスらの人々は、夢の解釈よりも、夢を見た人物が神から啓示的幻視を与えられるにふさわしいかどうかに注意を払うようになった。もしそうなら、夢を見た人物が夢を解釈することができた。例えば、アウグスティヌスの母は、自分が見た夢を何度も息子に解釈して聞かせ、彼女の夢が神から送られたものだと確信した息子もまた、母の解釈を受け入れた。[67] すでに母を聖女と見なしていたアウグスティヌスにとって、母の夢が神から送られたものだと判断するのは難しくなかった。だが、初期キリスト教共同体の預言者たちの例に見たように、預言が本物かどうか、言い方を変えれば、預言者たちの幻視が神からの啓示かどうかを判断するのは必ずしも容易ではなかった。キリスト教徒は、メッセージの力強さだけではなく、器の資質も判断しなければならなかったのである。

しかし、預言者が信仰告白者である場合には、判断は容易になった。殉教者になるべく選ばれた人々は、聖霊によって選ばれたと見なされたからである。[68] したがって、彼らの夢は預言的なものと受け止められた。[69] 殉教者の伝記は、未来を予見する夢で満ちている。エウセビオスは、ポリュカルポスが炎によって殉教を遂げたことは、彼の枕が突然燃え上がる夢の中で予言されていたと記している。[70] 殉教者レヌスは、自分がランプを持って信徒仲間を導いている幻視を得、これを、全員が救済されるという意味に解釈した。[71] 幻視を得た殉教者の名前をさらに列挙することもできるが、[72] 殉教に向かう人の夢はすべて神から送られたものだと考えられていたことを示すにはこれで十分だろう。加えて、夢の解釈には議論の余地がなかった。信仰告白者自身が夢を信者のために解釈しているからである。ペルペトゥアとサトゥルスが自分たちの夢を記録したのもそのためだった。彼らは夢を信徒共同体のために記録し、解釈したのである。

二十世紀に生きる私たちは、信仰告白者の夢をさまざまな角度から分析することができる。フロイト的なイメージ解釈法を採用して、男性器的な竜や剣に焦点を当てることもできるし、[73] ユング的なアプローチを取って、ペルペトゥアの夢の世界に現れる、元型的なイメージに焦点を当てることもできる。[74] しかし、私はそうしたアプローチを取るのではなく、ペルペトゥアとサトゥルス自身の夢解釈に頼ろうと思う。このアプローチは、ペルペトゥアが自分の経験をどう理解したのかに焦点を当て、後の読者たちによるこのテクストの理解の仕方を認めるものである。何世紀にもわたりペルペトゥアの幻視の物語に耳を傾けた信者たちは、ペルペトゥアによる夢の解釈を受け入れていた。もちろん、ペルペトゥアの夢解釈は、彼女自身の多神教徒としての、次いでキリスト教徒としての経験に由来する夢解釈に関する理解によって形作られていた。

しかし私は、これらの夢の直接的な意味を超えて、とりわけ夢の内容そのもの、および、夢に現れたイメージと、夢を見た人が目覚めている間に送った生活（過去とその時点の両方）の関係に焦点を当てたい[75]。私は、ペルペトゥアが幻視の中で見たイメージを詳しく検証するとともに、彼女がそれらのイメージを表現するのに選んだ方法にも目を向ける。夢を見るとき、私たちの心は、私たちに馴染みがあり、何らかの形で私たちの思考世界の一部となっているような像を選択する。キケロは夢のこの傾向に気づいた。「私たちの思考と言葉が、寝ている私たちに影響を及ぼすことはしばしば起きる」[76]。イメージには確かに、より大きな真実を指し示すような象徴的な意味合いがあるのかもしれないが、直接的には、私たちの精神世界を示すものである。私は、ペルペトゥアの潜在意識が、自分が見たと信じた真実を表現するために選択したイメージを探求したい。これは、ペルペトゥアの記憶が、投獄と近づく処刑に対する彼女の理解にどのように影響を与えたかを明らかにするだろう。私たちはこれらの精神的イメージの中に、この若い母と仲間たちを獄中へと追い込んだ文化対立の縮図を見ることができる。そして、最も驚くべきだと私が思うのは、信仰告白者を闘技場での死へと自信を持って向かわせた、瞠目すべき統合がそこに現れているということである。

信仰告白者たちの夢

囚人たちが最も暗い牢獄から移動させられた後すぐ、ペルペトゥアは最初の幻視を見た。この夢は求めて得られたものだった。ペルペトゥアとともに投獄されていた同信者の一人（彼女はこの人物のことを「兄弟」と呼んでいる）が、彼女にこう言った。「愛する姉妹よ、あなたは大きな特権を授かっているのだから、あなたが有罪宣告を受けるのか、解放されるのかを示してくれる幻視を求めることがきっとできるでしょう」[77]。キリスト教共同体は、逮捕された人は殉教のために選ばれたのだと信じていたので、ペルペトゥアは「特権を授かった」と言われている。繰り返すことになるが、初期キリスト教徒たちの理解に従えば、選ばれた人間であるという事実が彼女を、聖霊から送られる予言的な夢を受け取れる立場へと押し上げた。ペルペトゥアは仲間と同じ確信をもってこう答えている。「私はそうすることを、誠意をもって約束しました。なぜなら、私は神の大いなる恩寵を経験し、神と話ができることを知っていたからです」[78]。ペルペトゥアが過去に経験したこの「恩寵」がどのようなものなのか私たちは知らないが、おそらくは、過去にも夢での幻視を得ていたか、共同体の中でその他の恍惚的な体験に与っていたのであろう。これが初めてであるにしては、彼女は聖霊の存在を通じて神と話す能力にあまりに自信を持っているからだ。この態度は、彼女がキリスト教徒の集まりの中で学んだであろうことと完全に一致していた。

さらにテルトゥリアヌスは、殉教者たちに宛てた書簡の中で、投獄されていても、彼らが礼拝の際に得た経験から切り離させられるわけではないと保証している。牢獄は彼らの肉体を閉じ込めるかもしれないが、魂を解放する助けになるのだと書いている。テルトゥリアヌスは、「魂において動き回り、魂において歩きなさい……魂は人間の全体を運び、望む所どこへでも連れて行ってくれる」[79]と言って彼らを励ましている。古代世界では、夢を見るのは、時に、寝ている間に魂が自由に動き回るからだと信じられていた。ペルペトゥアはテルトゥリアヌスの言葉を受け止め、牢獄の中でも意味のある夢を見られると予期したのかもしれない。彼女は兄弟、すなわち同信者に、彼女が得る幻視の結果を次の日に話すと言い、簡潔かつ確信をもってこう続けている。「そして、私は願をかけ、この幻視を得ました」。

《ペルペトゥアの第一の幻視》

私は、ものすごい高さの、青銅でできた梯子を見ました。それはずっと天にまで伸びていましたが、とても幅が狭いため、一度に一人しか昇ることができませんでした。この梯子の両側には、あらゆる種類の鉄製の武器が取りつけられていました。剣、槍、鉤、短剣、大釘などです。このため、誰かが不用意に、注意を払わずに昇ろうとすると、身をずたずたにされ、肉が武器にひっかかるようになっていたのです。

梯子の下には巨大な竜がいて、昇ろうとする人を襲い、昇らないように威嚇していました。最初に昇ろうとしたのはサトゥルスでした。後に、進んで身を犠牲にしたサトゥルスです。私たちが逮捕されたとき、彼はその場にはいませんでしたが、彼は私たちの強さの源でありました。彼は梯子の頂点に達し、振り返って私にこう言いました。「ペルペトゥア、私はお前を待っている。だが、気をつけるのだ。竜に嚙まれないように」。私は言いました。「イエス・キリストの名にかけて、竜は私に危害を加えないでしょう」。竜はまるで私を恐れるかのように、梯子の下からゆっくりと頭を突き出しました。私は竜の頭に足をかけて最初の一歩にし、昇りました。

次に私が見たのは広大な庭園でした。そこには白髪の男性が、羊飼いの身なりをして座っていました。彼は背が高く、羊の乳を搾っていました。彼の周りには、白い衣をまとった何千人もの人が立っていました。その人は頭を上げ、私を見、「わが子よ、お前が来たことは喜ばしい」と言いました。彼は私を近くに呼び寄せ、彼が搾った乳を一口、そのまま私にくれました。私は両手を合わせてそれを受け止めて、飲み干しました。すると周囲に立っていた全員が、「アーメン」と言いました。この言葉の響きとともに私は目を覚ましましたが、口の中にはまだ何か甘い味が残っていました。(80)

ペルペトゥアがこの夢を求めたとき、彼女は自分と仲間たちに何が起きるかをもっぱら心配していた。この夢は救済に関するものだが、それと同時に、恐怖と共同体の強さにかかわるものであった。これらの考えを表現するために彼女が選んだイメージは、過去の経験のさまざまな要素に由来している。つまり、彼女のローマ的、カルタゴ的、そしてキリスト教的な記憶からこれらのイメージが引き出されているのである。

第一に、この夢を形作るのに貢献している一般的な連想は、自分が闘技場で獣に対峙することになるという予備知識だった。竜すなわち蛇は、彼女が「イエス・キリストの名の下《もと》に」勝利することを期待していた、この戦いの予兆であった〈訳注：『ヨハネの黙示録』12・9や20・2では竜＝年を経た蛇＝悪魔となっている他、教会ラテン語 draco は蛇にも竜にも用いられ、両者は必ずしも区別されていなかった〉。ペルペトゥアの潜在意識は救済を妨げるものとして、『旧約聖書』の「創世記」を読んだり、聞いたりして得たイメージから、自然に蛇を選んだのかもしれない。蛇は、〈神によって〉「お前と女との間に敵意」を置かれ、その頭は女の踵で砕かれるべきものだったが[81]、それはペルペトゥアの夢の中でも起きたことだった。彼女の夢はまた、テルトゥリアヌスの書簡『殉教者たちへ』から影響を受けたのかもしれない。そこでテルトゥリアヌスは悪魔について触れ、殉教者たちは「まさにその頭を踏みつけるために」牢獄に入ったのだと言っている。テルトゥリアヌスはさらに、ペルペトゥアが立ち向かうことになる悪魔を、蛇（すなわち竜）にたとえている[82]。夢のイメージでは、最近読んだ影響力のある文書の言葉が他の記憶と混ざり合うのはよくあることであり、それがまさにペルペトゥアの心に起きたことだった。

アルテミドロスが述べた洞察もまた、ペルペトゥアが見た、梯子の足元にいる竜の夢を形成したかもしれない。彼は、毒を持った動物は有力な人物を表していると、さらに、頭は両親を意味するとも言っている。[83] これらの解釈は、ペルペトゥアの当時の状況を、象徴的にとはいえ、生々しく表現している。彼女は、自分の精神的な上昇のために、有力者である父親の権威を踏みにじろうとしていたのだから。[84] おそらく彼女はアルテミドロスの見解を知っていたので、父親との関係で苦しんでいた彼女の心が、その心配を表現するためこのイメージを選び取ったのであろう。

より良い世界への希求を表す夢の中で、この世から昇ってゆく梯子と、上昇を妨げようとする蛇は、自然かつ明白な象徴である。梯子は、「創世記」にある、天国へと続くヤコブの梯子を思い出させるが、ペルペトゥアのイメージには、単に聖書的なものばかりではない、もっと豊かな背景がある。

ペルペトゥアの心は、イメージを用い、それを変化させることで、彼女の経験をより十分に表現し始めている。「創世記」の中には、梯子について詳しい記述はない。他方、ペルペトゥアは、危険な武器のついた青銅の梯子を目にしている。なぜ、彼女の夢の中で梯子はこのような形を取ったのだろうか。もしかすると彼女は、キリスト教の伝承にはない、もっと古い、天国への上昇の例に拠っているのかもしれない。梯子が別の世界への移動を表現するシンボルとなっている前例は古代世界に多々あり、[85] ペルペトゥアも知っていたに違いない。アルテミドロスは、夢に現れる梯子は旅行、前進、そして危険を象徴していると信じており、[86] これらすべてがペルペトゥアの夢にも当てはまっている。古代アッシリアの夢判断の書もまた、ペルペトゥアの夢によく当てはまる解釈例を提供している。もし誰かが天に昇り、神々が彼を祝福するなら、彼は死ぬであろうというものである。[87] 彼女がこれらの夢解釈を知っていたというのはありそうなことであり、彼女の心の中でイメージを形作ったかもしれない。また梯子のイメージに加えられた改変は、牢獄の中での彼女の心の状況を象徴的に反映していたのかもしれない。天国へと至る道である梯子は、弱く、柔らかい金属である青銅でできていた。しかし梯子に取りつけられた武器は、梯子よりもずっと硬い鉄でできていた。[88] 自分の救済を妨げかねないものの力に対する恐れが、この梯子のイメージを形作ったのかもしれない。

ペルペトゥアはその叙述の中で、自分が選んだ道になんらの恐れも迷いも見せていないが、信仰を守り抜いて、殉教者としての死を迎えるまでは、救済が約束されているわけではないこともよく知っていた。彼女はこのことを、一七七年にリヨンで殉教した人々の物語といった殉教者伝や、落伍しかねない肉体の弱さに対し繰り返し警告を発するテルトゥリアヌスの書簡から知っていた。彼女のこの恐れが、ヤコブが見たものよりずっと危険な梯子に、象徴的に表れていたのかもしれない。

さらに、彼女が記述する梯子は、彼女のローマ人・カルタゴ人としての経験をも反映していた。梯子に取りつけられた武器を描写する際、彼女はきわめて生々しく「身をずたずたにされ、肉が武器に引っかかるようになっていた」と語っている。これは剣闘士やその他の者たちが闘技場で殺される際に起きることそのものだった。ペルペトゥアのような地位にあるカルタゴの若い女性が、人が闘技場で死ぬのを見たことがなかったとは考えにくい。彼女の心の中では、迫り来る試練への恐れと以前の経験が混じり合って、彼女が感じていた恐怖に生々しい形を与える具体的なイメージを生み出したのだ。最後に、青銅と武器のイメージは、彼女が読んだ古典作家の作品によって形作られた可能性が高い。ドロンケはこの夢に、ピュロスが「光の中に現れた蛇」のような武器を持って、プリアモスの宮殿の青銅でできた扉を打ち破ったというウェルギリウスの描写が影を落としていると見た。[89] この文学を読んで育ったペルペトゥアは、そこから闘争と勇気のイメージを汲み出したのだった。

天国が庭園として現れるペルペトゥアの幻視もまた、いくつかのキリスト教文学が彼女の心中で創造的に交じり合ったことを示している。白い衣を着た人々の群れは間違いなく『ヨハネの黙示録』の中のヨハネの幻視を反映している。ヨハネにとって彼らは、その衣を「子羊の血」の中で洗って白くした殉教者たちだった。[90]迫り来る殉教を予期していたペルペトゥアは、天国にいる殉教者たちのこうしたイメージに慰めを見出したのだ。しかし、ヨハネの天国は庭園ではなく、シナゴーグか教会だった。[91]ヨハネの幻視は牧歌的なものではなく、黄金と宝石、人間が作り出したものの栄光で満ち溢れていた。

カルタゴのキリスト教共同体はまた、二世紀の中頃に書かれた幻視的な作品『ペテロの黙示録』にも馴染みがあった。[92]この中でペテロは天国を「開放されており、美しい木々、祝福された果実、そして芳香で満ち溢れている大きな庭園。そしてその香りは快く、私たちにまで届く」場所として見ている。[93]後述するように、サトゥルスの幻視もまた、天国を庭園として見ており、彼はペテロが想起した香りさえも強調している。カルタゴのキリスト教共同体における天国のイメージは、後に正典となる『ヨハネの黙示録』よりも、『ペテロの黙示録』の方に多くを負っていたようだ。

ペルペトゥアの夢に現れた羊飼いのイメージは、彼女が庭園のイメージを選択したことより説明が容易である。初期教会において断然広く用いられたキリストのイメージは、「よき羊飼い」としてのものだった。それは、彫刻、石棺、壁画の中に見ることができる。さらに、夢を見る人を迎える案内人としての牧人は、『ヘルマスの牧者』の中にすでに現れていた。ペルペトゥアはヘルマス同様、幻視の中で、安らぎを与えてくれる牧人、すなわち案内人という伴侶を得たが、ペルペトゥアはヘルマスと違い、牧人を庭園の中に置いている。彼女は新しい天国像を創造するため、複数の記憶を組み合わせたのだった。

ペルペトゥアの夢は、殉教を前にした彼女が、迫り来る試練を恐れていたことを明らかにする多くの要素を提供しているけれど、恐怖が主要なテーマだったわけではない。夢は何よりもまず共同体に関するものであった。彼女が父を捨てて加わったキリスト教共同体、そして彼女がこの幻視を記録して残そうとしている共同体である。共同体を強調する点で、私は他の研究者と立場を異にする。彼らはこれらの夢を分析し、個人的な幻視の特異さに強く印象づけられて、それらが彼女独特のものであることを強調してきた。しかし、ペルペトゥア個人の精神的成長は、これらの幻視が表しているものの一部に過ぎない。彼女が古い共同体を捨てて選択した新しい共同体への統合もまた表現されているのである。

彼女の共同体に対する配慮を指し示す第一の要素は牧人のイメージである。彼女の幻視の中で牧人は、白髪の老人である。これは彼女が記述する父親のイメージに似ている。[94] 牧人を年配の人物として描いている点で、ペルペトゥアは夢の世界に持ち込んだイメージを変化させている。初期キリスト教美術において、「よき羊飼い」は若い男性として表現され、『ヘルマスの牧者』も牧人を老人としては描いていない。[95] ペルペトゥアの夢では、彼女が実生活の中で最近捨ててきた父親と置き換えるため、馴染みのあるイメージが変化させられたのだ。彼女は天界の家族の中に、「わが子よ、お前が来たことは喜ばしい」と、父親的な愛情をもって迎え入れられた。彼女の新しい父は、彼女の古い父親とは違い、彼女の選択を誇りにした。

牧人に加えて現れるもう一人の父親的な人物はサトゥルスである。彼は牢獄に捕らわれた小グループのリーダーであり、ペルペトゥアの夢の梯子を最初に昇っている。ペルペトゥアは夢を物語るのを中断して、読者にサトゥルスのことを語っている。彼女はサトゥルスが「私たちの強さの源」であり、また、彼は他の者たちと同時に逮捕されたのではなく、後に「進んで身を犠牲にした」と説明している。夢の語りを中断してのこの挿話は、ペルペトゥアが自分の夢をどう解釈していたかを理解する上で重要である。この夢の大部分が天界で新しい共同体を形成することに関するものだったとすれば、彼女の幻視を読む人がその共同体の指導者について知ることは、ペルペトゥアにとって重要だった。ペルペトゥアは地上で愛する父親を捨てなければならなかったかもしれないが、天界では二人の父親を得たのだった。

この夢の中で、キリスト教共同体生活に対する彼女の関心を指し示すもう一つの要素は、『ヨハネの黙示録』の幻視を思い起こさせる、庭園に集った「白い衣をまとった何千人もの人」の存在である。彼女にとって天国は寂しい場所ではなかった。彼女は、地上で自分のキリスト教徒としての経験を形作ってくれたのと同じような共同体が、天界にもあると期待できたのだ。

地上の共同体での経験もまた、彼女の幻視に天の庭園についての情報を提供した。夢の中で、彼女が牧人から儀式的に乳を与えられ、周囲にいた天界の共同体が彼女の夢を「アーメン」の言葉で締めくくる部分は、聖体拝領を象徴するイメージのために、多くの分析がなされてきた。[96]しかし、ペルペトゥアにはこのイメージに関し、もっと具体的で地域に密着した先例があった。カルタゴのキリスト教徒は、聖体拝領のパンとワインとともに、ミルクとチーズを食べていたのである。さらに、新たに洗礼を受けた人は、最初の聖体拝領の際、後に体験することができるであろう天国の甘さを味わうため、コップ一杯のミルクと蜂蜜を与えられた。[97]この夢の中での経験は、キリスト教徒を新たな社会の成員にした、儀式的な共同体経験を合体させたものだった。ペルペトゥアが「口の中にはまだ何か甘い味」が残ったまま目を覚ましたとき、それは彼女が最近、洗礼の際に与えられたばかりの蜂蜜の味であるだけでなく、彼女が約束された天国の味でもあったのである。

ペルペトゥアは目を覚ますと「すぐに」この夢を「兄弟に」に話した。彼女がこの夢を直ちに話すことができたということは、この「兄弟」は、ともに囚われていた、キリストにおける兄弟だったに違いない。ここで彼女が選択している言葉もまた、夢の中にはっきりと現れた、新たな共同体と彼女の絆を示している。ペルペトゥア自身による夢解釈は、夢の預言的な性質に関わるものであり、彼女が幻視を与えて欲しいと祈ったときの疑問に答えを与えるものだった。「私たちは、苦難に耐えねばならないこと、そして、今後はもはや現世に何の希望も持てないことを悟りました[98]」。この幻視と彼女がその意味に抱いた確信は、ペルペトゥアの記憶と過去の経験が、安らぎを与えてくれる新たな総合体へと複雑なやり方で統合され始めていたことを示している。この夢は、彼女の未来への期待および父親との関係を終結させ、彼女が属した新たな共同体を肯定するものであった。しかし、彼女の母親としての役割は扱われていないようだ。それはこの問題が、まだ彼女の心の中で解決されていなかったからかもしれない。

《ペルペトゥアの第二と第三の幻視》

審問を受け、そして、ペルペトゥアがついに息子と離され、母親としての絆を断ち切ったその「数日」後、一団は牢獄の中で祈りを捧げていた。この祈りの最中、ペルペトゥアは「突然……大声を上げ、ディノクラテスの名を叫びました。私は驚きました。なぜなら、この名はその瞬間まで一度も私の心に浮かばなかったからです[99]」。祈りの最中、キリスト教徒が預言的な言葉を発するのは珍しいことではなかったので、ペルペトゥアも自然に、自分の叫びの意味を探った。

ディノクラテスはペルペトゥアの弟で、「七歳だったときに、顔に恐ろしい腫れ物を患って早世し、その死はあらゆる人にとって忌まわしいものとなっていました」。ペルペトゥアは、祈りの最中にその名を叫ぶまで、この弟のことをしばらく思い出していなかったので、この経験を以下のように解釈した。「すぐに私は、自分が彼のために祈る特権を与えられていることを悟りました。私は彼のために祈り始め、彼のために主の御前で深いため息をつきました[100]」。誰かのために効果のある祈りを捧げる能力があるとペルペトゥアに信じさせたキリスト教徒の先例は豊富にある。テルトゥリアヌスは牢獄に囚われた殉教者たちに宛てた書簡の中で、彼らにはキリスト教共同体のメンバーのために祈り、助ける能力があることを思い起こさせている[101]。他者に対するこの配慮を引き受けることにより、ペルペトゥアは、母親としての役割を捨てた後で、新たな母としての役割を再獲得しようとしたのだった。

殉教の最も古い時代から、信仰告白者たちにはキリスト教共同体という新たな家族のためにとりなしの祈りをする能力があると認められていた。エウセビオスはこの配慮を母親の役割になぞらえている。彼は、信仰告白者たちは棄教者たちを許す力を持ち、教会が「死産した子供たちを生きて取り戻す」ことを可能にすると主張した[102]。この場合、殉教者は、共同体の中で他者に再び生を与える母親の役割を果たしている。出産の後、母親は生まれた子供の世話をするが、エイレナイオスは、信仰告白者が共同体内の他のキリスト教徒に見せる配慮を、やはり母親になぞらえて説明している。彼は、信仰告白者たちが「欠けるところのある者たちに母のような愛情を注ぎ……たくさんの涙を流しながら、父に彼らをとりなす」と書いている[103]。これは、ペルペトゥアが死んだ弟のためにしたことと同じである。彼女は、ローマ人の母親としての役割を捨てたけれども、母としての慈しみを捨てたわけではなかった。彼女は単に立場を変えただけだったのである。彼女の最初の幻視が、父的な存在のいる共同体への所属を表現するものだったとすれば、次の二つの幻視は、その共同体に母としてかかわり、貢献することを表現している。

ペルペトゥアがディノクラテスのために祈ると、彼女は、寝ている間に、次のような幻視を見た。

私はディノクラテスが、他のたくさんの者たちといっしょに入っていた暗い穴の中から出て来るのを目にしました。彼はとても熱っぽく、喉を渇かせており、顔色は青ざめ、また、汚れていました。

顔には、彼が死んだときと同じ傷がありました……私たちの間には大きな淵があり、どちらからも近づくことはできませんでした。ディノクラテスが立っている場所には水がいっぱい入った水槽があるのですが、その縁は子供である彼の身長よりも高いため、水を飲むためには身体を伸ばさねばなりませんでした。水槽には水が入っているのに、縁の高さのために水を飲むことができないディノクラテスを見て私は哀れに思いました。そのとき私は目を覚まし、弟が苦しんでいることを悟りました[104]。

ここでは、息子の苦しみと母乳への欲求に対するペルペトゥアの以前の心配が、喉を渇かせた弟への心配に置き換えられている。審問の後、彼女の心は次第に来世へと集中するようになっており、彼女の母としての慈しみは今や死者に向けられている[105]。ペルペトゥアの来世と弟の苦しみに関する幻視は、初期の煉獄概念に関するキリスト教の見解よりも、異教や文学の見解に影響を受けている[106]。苦しむ子供たちのイメージは、アエネアスが冥界の入り口で泣く子供たちの嘆きを耳にする、ウェルギリウスの『アエネーイス』から来ている。そして、『アエネーイス』[107]における地下界で、カルタゴの女王ディドーが、彼女の命を奪った剣の跡をつけていたように、ディノクラテスは命取りとなった腫れ物の跡をつけて現れる。異教における来世でタンタロスは癒されることのない渇きに苦しんでいるが、これは、異教の死者の世界で他の多くの者が経験したことだった[108]。

この夢を形作ったのが彼女の異教的な背景であったとしても、ペルペトゥアのそれに対する反応は、キリスト教共同体での経験と、殉教者がもつ仲介役としての力に関する知識に由来している。彼女はこう言っている。「私は苦しむ弟を助ける自信がありました。私は彼のために毎日祈りました……そして、私は弟のため、私の願いが聞き入れられますようにと、涙を流し、嘆息しつつ、昼も夜も祈りました」。

弟のために祈っていたこの期間に、ペルペトゥアと仲間たちは、次に開催される見世物に備えるため、軍の牢獄に移された。自分たちが「副帝ゲタの誕生日の折に」死ぬであろうことをペルペトゥアが私たちに語るのは、このくだりにおいてである。[109] ペルペトゥアが見世物の目的について知ったのがたまたまこの時点であったとも考えられるが、この情報を物語のこの時点で明らかにすることを彼女が意図的に選択した可能性も考えられる。彼女が家族の霊魂の健康のため、新たなキリスト教的母性愛を表現する――実際、彼女はその形成に一役かっていた――まさにその間、[110] ローマ人たちは別の子供、つまり、皇帝の息子の安寧のために儀式を執り行なう準備をしていた。この文化の衝突は、若い母親であった彼女が、夭折した弟に対する母のような慈しみを書き記す中に痛烈に現れている。

彼女たちが移動させられ、新たな牢獄の中で鎖につながれている間、彼女は第三の幻視を体験する。

私が見たのは以前と同じ場所でしたが、そこには、すっかりきれいになり、良い服を着て、元気を回復したディノクラテスがいました。以前傷があったところには傷の跡だけがありました。そして、以前に見た水槽の縁は、子供の腰の高さまで下がっており、ディノクラテスはそこからいつでも水を飲むことができるようになっていました。縁の上には、水がいっぱい入った黄金の碗がありました。ディノクラテスはそれに近づき、そこから水を飲み始めましたが、碗はいっぱいのままでした。そして、水を十分に飲むと、子供たちがするように、彼も遊び始めました。そこで私は目を覚まし、ディノクラテスが苦しみから解放されたことを悟ったのです。[111]

ペルペトゥアの母性愛は功を奏した。今日でも、子供の幸福を見た目で判断することがしばしばあるが、ペルペトゥアも同様な方法で判断しているようである。ディノクラテスは清潔で、良い服を着て、もはや喉を渇かせてはいなかった。彼女の幻視の痛切さは、「子供たちがするように」、水の中で戯れる幸せな子供のイメージというリアリスティックな細部描写が加わることによって、なおさら強められている。彼女個人の母としての力を示すこの幻視において、ペルペトゥアは家族生活の思い出からイメージを得ている。[112] さらに、これら二つの幻視は、彼女が精神的な道を進んでいっても、本当にすべての社会的紐帯から切り離されるわけではないと彼女を安心させることで、第一の幻視を確認するものだった。

子供が苦しみから解放されたという、ペルペトゥアによる夢解釈の正しさを確認するのは、母親として子の幸せを識別したことだけではない。夢に関する異教的な知識もまた、彼女の解釈を裏づけていた。アルテミドロスはその夢判断書の中で、碗から何かを飲むことは大きな安全を象徴しており、[113] 傷跡は「あらゆる心配の終わりを意味する」[114] と言っている。キリスト教徒としての祈りの効果は、彼女の潜在意識下では異教的な知恵によって裏づけられていた。また、夢の中で彼女は、異なった形ではあったけれども、母親としての役割を維持していた。彼女は息子を手放したけれど、死んだ弟の面倒をみたのである。

《ペルペトゥアの第四の幻視》

信仰告白者たちの祈り、態度、そしてもしかすると幻視も、牢獄の責任者である一人の兵士に強い印象を与えた。ペルペトゥアは語る。このプデンスという男は「私たちがなにか偉大な力を内に持っていることを悟って、大いに敬意を払うようになりました。そして彼は、多くの訪問者が私たちと会って互いに慰め合うことを許し始めたのです」。見世物の日が近づくと、ペルペトゥアの父も面会人の一人としてやって来た。そして、娘に最後の嘆願をする。

父が悲しみに打ちひしがれて私に会いに来ました。彼は髭を引きむしり、それを地面に投げました。そして、地面に身を投げ出して、自らの老齢を呪い、あらゆる人の心を動かさないではいられないような言葉を発し始めました。私は父の不幸な老境を悲しく思いました[115]。

これまでの幻視が示したように、ペルペトゥアの決心はもう揺らがないところにまで達していた。彼女は来世に心を集中させ始め、共同体所属のアイデンティティーは、生者と死者を含むキリスト教共同体へと移してしまっていた。彼女は父親に対して「悲しく思う」だけの同情心は残していたが、彼女の反応は父の嘆きの深さに見合うものではなかった。彼女の最後の幻視は、この最後の対面の少し後、「猛獣との戦い」に赴く前日に現れた。

助祭ポンポニウスが牢獄の入り口のところにやって来て、扉を激しく叩きました。私は出て行き、彼のために扉を開きました。彼はベルトをせずに、白いトゥニカを着、凝ったサンダルを履いていました。そして、彼は私に向かってこういいました。「ペルペトゥアよ、こちらにおいで。私たちはあなたを待っている」。そして、彼は私の手を取り、荒れて起伏の多い野を歩き始めました。私たちは息を切らしながら、ついに闘技場に到着し、彼は私をアレーナ〈訳注：円形闘技場の中心にある、実際に闘技が行なわれるフィールドのこと〉の中央へと導きました。そして私に、「恐れることはない。私はここにいて、あなたとともに戦うだろう」と言って、立ち去りました。

私たちは驚いている大観衆に目をやりました。私は、猛獣が一頭も私に放たれていないことに驚きました。なぜなら、私は獣に殺される刑を宣告されたことを知っていたからです。そうするうち、凶悪な形相のエジプト人が、私と戦うため、付き人とともに現れました。すると、私のほうにも付き人、補佐役として何人かの若い美丈夫がやってきました。

私の服は剝ぎ取られ、突然、私は男になりました。私の付き人たちは、闘技の際に普通するように、私の身体に油を塗り始めました。私は、エジプト人が向こう側で、砂の中で身を転がしているのを見ました。次に現れたのは、闘技場の天辺を抜くほどに驚異的に背の高い男性でした。彼はベルトをせずに紫色のトゥニカを着ており、トゥニカには、胸の中心を(両側に一本ずつ)走る二本の線が入っていました。彼は、金と銀でできた見事なサンダルを履いており、競技の指南が持つような細い棒と、黄金の林檎がなった緑の枝を手に持っていました。そして皆に静粛を求め、「もしこのエジプト人が彼女を負かすなら、彼は剣で彼女を殺すだろう。しかし、もし彼女が勝つなら、彼女はこの枝を受け取るであろう」と言ってから、退きました。

私たちは互いに近づいて、拳を交わし始めました。対戦相手は私の足を摑もうとしましたが、私は両足の踵で彼の顔を蹴り続けました。そして、私は宙に舞い上がり、足が地面についていないにもかかわらず、まるでついているかのように彼を打ち始めました。そして、静かになったのを感じると、私は両手の指を絡ませた形で手を組み、彼の頭を抱え込みました。彼はうつ伏せに倒れ、私は彼の頭を踏みつけました。

群集は歓声を上げ、私の付き添いたちは聖歌を歌い始めました。私は指南のところに歩み寄り、枝を受け取りました。彼は私に接吻してこう言いました。「わが娘よ、平和があなたとともにあらんことを」。勝利の栄光に満ちた私は「生命の門」に向かって歩き始め、そこで私は目を覚ましました。(116)

試練を受ける前の夜、ペルペトゥアの頭がアレーナで待っている戦いでいっぱいだったのは驚くべきことではない。この夢は以前の夢に引き続いて、彼女が加わった新たなキリスト教による家族を肯定しているが、それだけではなく、彼女自身の変わりつつあるアイデンティティー（ユングの用語では個性化）についてより多くを明かしてくれる(117)。

彼女の共同体に対する連帯意識は、この夢の中で、彼女がこの幻視を見る直前に再度捨てた父親に代わる、何人かの父親的な人物によって強められている。彼女を闘技場にまで導いた助祭ポンポニウス（夢の中で彼は、ペルペトゥアの最初の夢に出てきた天国の住民と同じ白いトゥニカを着ている）は彼女に、この試練の間ずっと彼女とともにいると確言する。最後で指南は、キリスト教の儀式的な平和のキス同様に彼女に接吻をし、彼女を娘と呼んでいる。試練を受ける彼女には、二人の若い男が付き添いとしてついていた。この夢は彼女の戦いに関するものであるけれども、彼女は一人ではなかった。夢（と夢を見る人）は、仮想的な家族集団内の男性支援者たちによって枠組みを与えられていたのである。

この夢は、前の幻視で確立されていた共同体の存在を再主張するものであるが、それだけではなく、ペルペトゥアが感じていた彼女自身の変化に対する新たな洞察を許してくれる。彼女が男に変容するこの夢ほどに、自己の変化をあざやかに示すものはないだろう。他の研究者たちは、この複雑で、実のところ人を当惑させるようなイメージの解釈に苦労してきた。この変身は、男性上位の世界で力を獲得するためには、ペルペトゥアは自分を男と見なさなければならなかったという現実を反映しているのだろうか(118)。それとも、殉教者は、そこにおいては男も女もないはずのキリストにならっているのだ、というキリスト教的な象徴なのだろうか(119)。または、混乱した精神から生まれたイメージなのか(120)。女性はこの種の格闘競技《パンクラティオン》では戦えなかったという現実を夢の中で解決するための実際的手段だったのだろうか[121]。カッシウス・ディオは、二〇〇〇年にローマ市で大規模な体育競技会が開催され、そこで女性たちが激しく戦ったため、「非常に身分の高い、他の女性たちについても冗談が飛び交うほどだった」と伝えている。この競技会の反響のせいで、これ以降、女性たちは一対一で戦うことを禁止された[122]。ペルペトゥアがこの出来事を聞き知っていたなら――これはありそうなことである――、その知識が彼女の夢にこのような形で入り込んだかもしれない。

これらの考察はいずれも、この複雑なイメージに光を投げかけてくれるけれど、私にとってこのイメージの最も否定しがたい部分は、それが変身のシグナルを送っているという点である[123]。自身の変化を象徴するものとして、アイデンティティーの根幹をなす性別の変化以上のものはない。夢の中でペルペトゥアは男になる。彼女が新たに属することとなった共同体の助祭に導かれ、かつての自分から、アレーナに立ち、信じるもののために戦うことができる、より強い新たな自分へと姿を変えた。彼女は夢の中で、洗礼志願者から、受洗したキリスト教徒へと劇的な変化を遂げた自分の洗礼を想起しているのだ。

彼女の驚異的な変身には、もう一つの驚くべきイメージが続く。男性の付き人たちが、裸の彼女に油を擦り込む光景である。このイメージには明らかに性的な含みがあり[124]、それは二十世紀に生きる私たちだけが感じるわけではない。ペルペトゥアもまたこれに気づいたはずだ。二世紀のギリシア人著述家ルキアノスは、『ルキオス、もしくはロバ』という諷刺小説を書いているが〈訳注：この作品がルキアノスの真作であるかどうかは疑問視されている〉、格闘試合を長々と性的に揶揄したくだりでは、主人公がパラエストラ（敢えて訳せば、女格闘士）という名前の奴隷と油塗りに興じている[125]。ペルペトゥアはギリシア語を知っていたので、ルキアノスの作品を読んだことがあったかもしれない。彼女は間違いなくアプレイウスの『黄金のロバ』を読んでいたが、[126]この作品はルキアノスの諷刺に想を得ている。ペルペトゥアがこうした作品を知っていたと考えれば、なぜ彼女が夢の記述の中で、油の擦り込みはこの種の格闘競技の一環にすぎないという説明を挿入しているのかも理解できる。夢の記述をこのように途中で止めていることは、自分が見た夢の性格におそらく自分でもいささか驚いている、貞淑なローマ婦人の姿を垣間見せてくれる。

この夢に現れるイメージの多くが豊かな意味合いを含み、ペルペトゥアが過去に経験してきたさまざまな思想世界に関連しているが、油もまたさまざまな象徴の統合である。彼女が油を異教の体育競技と結びつけているのはもちろん正しい。しかし、また油にはキリスト教的な関連もある。新受洗者は、新たなメンバーを教会に受け入れる儀式の中で、裸体に塗油をほどこされた。洗礼を受けたばかりだったペルペトゥアがこのイメージを格闘競技のそれに結びつけたことは間違いない。

加えて、テルトゥリアヌスは殉教者に宛てた書簡の中で、ペルペトゥア同様、近づく試練を体育競技の隠喩で表現している。テルトゥリアヌスは聖霊を殉教者たちの指南だとしており、[127]ペルペトゥアの夢に現れる、紫衣を着、闘技場を見下ろすほど背が高い指南は、テルトゥリアヌスの見解を反映している。さらに、テルトゥリアヌスは「あなた方を聖霊で塗油した」イエス・キリストが、殉教者たちを体育競技の「訓練場」へと導いたと言っている。[128]テルトゥリアヌスの隠喩では、若い男たちによるペルペトゥアの塗油は、キリストの祝福ということになる。つまり、夢の中で、貞淑なローマ婦人は完全に変身し、塗油されて、伝統的な闘技場で新たな敵と戦う用意ができたのであった。

ペルペトゥアは起きているときも寝ているときも、次の日には獣と対峙することを予想していたにもかかわらず、夢の中では醜い容貌のエジプト人と対戦することになる。ペルペトゥアの心が悪魔的な存在としてエジプト人を選んだのは、エジプトが異教の知恵と結びつけられていたからかもしれない[129]。彼女はアプレイウスによる、イシス崇拝の情熱的な記述を知っていた。彼女はまた、セプティミウス帝がエジプトの神セラピスと自己を同一視していたことも知っていたので、彼の息子の誕生日である闘技の日、彼女の敵はまさに「エジプト人」皇帝だった。彼女の心がエジプト人を敵として選んだのは、彼女の信仰に敵対するものの自然なイメージだったに違いない。彼女の経験の中で、敵としてのエジプト人のイメージは、異教とエジプトの神々との結びつき以上に意味深いものだったのである。

彼女はまた、ローマ人が「野蛮な」エジプト人に対して一般に持っていた偏見を共有していたのかもしれない。ユウェナリスの諷刺詩第十五「エジプトの非道について」は、エジプト人を悪人として描いている[130]。さらに、彼女の夢はヘリオドロスの小説『エティオピア物語』から影響を受けている可能性もある。『エティオピア物語』の中で、主人公の最後の試練はアレーナで巨大なエティオピア人（エティオピア人とエジプト人はしばしば同一視されていた）と戦うことだった。総括すると、エジプト人の巨漢はペルペトゥアにとって、いくつものレベルで悪を具現化する存在であり、したがって、彼は夢の中で完璧な敵であった。

ペルペトゥアは、伝統的なギリシア風自由型格闘競技「パンクラティオン」でエジプト人と渡り合った[131]。ペルペトゥアがこのような試合を闘技場で見ていた可能性は多分にある。三世紀初頭のカルタゴは、アポロ神に捧げるピュティア競技会を開催する許可を得ていた[132]。競技の中には、ペルペトゥアが描写しているのと似た格闘競技も含まれており、その記憶が、アレーナでの闘技の夢を形作ったのかもしれない[133]。ペルペトゥアがこのような試合について書物から知ったのではなく、実際に見た可能性は、彼女が試合について正確な用語を使っていないことからも高まる。彼女の物語がギリシア語に翻訳されたとき、ギリシア語版の編者は専門用語を修正している[134]。もし彼女が競技について書物を読んでいたなら、単に見ただけの場合よりも、的確な用語を使っていたであろう。したがって、彼女の心が夢の中で善と悪とが激闘するイメージを探した際、それは、彼女が見たことのある競技のものとなったのだろう。それは、カルタゴで挙行するために特別な許可が必要だった特異な祭りであっただけに、より印象深かったことであろう。

彼女はエジプト人と足で戦って勝利を収めた。この夢において、さらには彼女が見た夢全体を通じて、足が強調されていることは注目に値する。第一の幻視で、彼女は蛇の頭を踏んで天国への一歩を踏み出しているが、これは最後の幻視で彼女がエジプト人の頭を踏みつけたことと重なっている。さらに、最後の幻視で彼女は、ポンポニウスのサンダルと指南の金と銀でできたサンダルを注意深く描写している。彼女の敵は「私の足をつかもうとし」、最終的に彼女は彼の顔と頭を足で蹴って勝利する。ペルペトゥアが足を力と結びつけていることは明らかであるが[135]、この連想は古典世界に広く浸透していたので、自然に彼女の記憶の一部となっていた。ローマ人の新生児は、父親がその子の生死を決定する権利を持っていることの印に、父親の足元に置かれた（ペルペトゥアの物語の中で、彼女の父が懇願するため娘の足元に身を投げ出したのは、このイメージの裏返しであり、その瞬間に父と娘の力関係は逆転したことを象徴している）。闘技場では、勝利者が敗れた対戦相手の頭の上に足を置くのが伝統になっていた[136]。

足と関連づけられた力は、新生児や剣闘士といった可視的な世界を超えて人々の心の中に広まっていた。異教世界では、祭儀で裸足になると、神々への祈りや誓願の力が高まると信じられていた。アウグスティヌスは、「異教的な慣習」だから裸足になるのを止めるようにとキリスト教徒を説得するのは不可能だったとこぼしている[137]。他のキリスト教殉教者たちもまた足と結びついた力のイメージを、彼らの人生の最も崇高なとき、すなわち殉教の表現の中で用いている。例えば、司教フルクトゥオススは、殉教の場である闘技場へと歩いていった。到着すると、一人の読師が涙ながらに、司教の靴を脱がせる特権を請い求めた。フルクトゥオススはこれを拒み、「力強く、歓喜に満ち、神の約束を確信して、自分で靴を脱いだ」。別の例では、殉教者ユストゥスとパストルの最も神聖な聖遺物とされたのは彼らの靴であった[138]。ペルペトゥアは、足の力についてのこうした認識を記憶しており、彼女の夢のイメージの中でこの概念が、力強く、明瞭に浮かび上がったのだった。

ペルペトゥアはエジプト人に勝利し、賞品を受け取る。それは黄金の林檎がなった枝と、指南、すなわち聖霊による平和のキスであった。古代世界において、林檎は女性と女性の愛の強力なシンボルであった。このアフロディテの果実は、結婚やエロティックな儀式においてしばしば役割を果たし[139]、アルテミドロスは、夢に出てきた林檎はアフロディテに捧げられた愛の歓喜を象徴すると信じていた[140]。林檎と女性の同一視が、「創世記」における堕罪の物語を形成したのは確かだが、ペルペトゥアにとってこのシンボルは、あまりに喜ばしく、勝利に輝くものだったので、聖書の記述に大きく影響されることはなかった。勝利のイメージを探す際、ペルペトゥアの心は古典古代のイメージの中にそれを求め、勝利を収めた女性の象徴を見つけたのだった（女神たちの中で最も美しいアフロディテが林檎を勝ち取ったように、ペルペトゥアは、闘技の最初で男性に身を変えながらも、最後に女性の最も輝かしい賞品を受け取ったのだ）。

ペルペトゥアが見たこれらの注目すべき幻視は、このような状況で予想されるすべての恐怖や不安を明らかにしている。戦いのイメージは安らぎのイメージと組み合わされている。位置変化のイメージは、共同体への受容のイメージと融合している。しかし、これらの幻視の最も非凡な部分は、競い合うすべての力が非常にうまく統合されているその方法であろう。ペルペトゥアの物語にも彼女の夢にも、私はもっと多くの困難や苦悩を見るだろうと予期していた。しかし、この非凡な若い女性の経験は、人間がいかに、激しく対立しあうはずの考え方を処理し、強くはっきりとした目的意識を持って立ち上がることができるかを示している。ペルペトゥアは彼女の古典古代の過去、すなわち彼女自身の経験からも、読んだものからも影響を受け、そして、キリスト教共同体で得た新しい経験からも発想を得ている。[141] 例えば、彼女の夢に現れる指南役、テルトゥリアヌスによれば聖霊の代理である指南役は、アフリカのサトゥルヌス神官の伝統的な装束を身にまとっている。[142] こうした心の中のイメージは、彼女の潜在意識で衝突することはなかった。むしろそれらは混ぜ合わされて暗喩となり、ペルペトゥアはそれを迷うことなくはっきりと、キリスト教徒としての将来に関する預言的なヴィジョンとして解釈した。

このきわめて複雑な夢の後、ペルペトゥアはその意味を単純明快にこう分析している。「私は、戦いの相手は猛獣ではなく悪魔であると悟りましたが、私が勝利を収めることはわかっていました[143]」。

《サトゥルスの幻視》

殉教する仲間たちに自発的に加わることを志願した、一行の指導者もまた、獄中で幻視を見た。殉教伝の語り手が、これもまた殉教者自身の言葉であると主張するサトゥルスの幻視は、以下のようなものである。

私たちは死に、肉体から離れた。そして、四人の天使が私たちを東の方へと運び始めたが、その手が私たちに触れることはなかった。しかし、私たちは動いて行き、それは仰向けにではなく、まるでなだらかな丘を登っていくようにだった。私たちがこの世から解き放たれたとき、最初に目にしたのは強い光だった。私はペルペトゥアに（それは彼女が横にいたからなのだが）こう言った。「これこそ主が私たちに約束なさったものだ。私たちは主が約束したものを受け取ったのだ」。これら四人の天使に運ばれてゆくと、広大な開けた空間が現れた。それは庭園のようで、バラの茂みや、あらゆる種類の花があった。木々は糸杉のように高く、その葉は絶え間なく落ち続けていた。庭園には、他の天使たちよりも輝かしい、別の四人の天使がいた。これら四人の天使は私たちを見ると、私たちに敬意を払い、他の天使たちに感嘆を込めて、「ほら、彼らが来たぞ。ほら、彼らが来たぞ」と言い合った。

すると、私たちを運んできた四人の天使は、それに驚いて、私たちを下に下ろした。私たちは幅広い道を通って、開けた空間まで歩いて行き、そこで、同じ迫害で生きたまま火あぶりにされたユクンドゥス、サトゥルニヌス、アルタクシウス、そして、獄中で死んだが殉教者にほかならぬクイントゥスと会った。私は彼らにどこにいたのか尋ねた。すると、他の天使たちがこう言った。「まず、ここへ来て中に入り、主に挨拶するのだ」。

私たちは、壁が光でできているかのように見える場所に近づいた。門の前には四人の天使が立っており、彼らは中に入ると白い衣を身に着けた。私たちもまた中に入ると、「聖なるかな、聖なるかな、聖なるかな」と、絶え間なく斉唱する声が聞こえた。その場所で私たちは、髪は白いが容貌は若々しい年老いた男が座っているのを見たが、彼の足は見えなかった。彼の右と左には四人の長老が立っており、彼らの後ろには他の老人たちが立っていた。私たちは驚きながら中に入り、玉座の前に立った。四人の天使が私たちを持ち上げ、私たちが老人に接吻をすると、彼は私たちの顔を手で触った。すると他の長老たちが私たちにこう言った。「立ち上がりましょう」。私たちは立ち上がり、平和の口づけを交わした。次に、長老たちはこう言った。「行き、楽しみなさい」。私はペルペトゥアに、「お前の望みは叶えられた」と言った。彼女は私に、「私は肉体の中にあった時より、今ここでの方が幸せであることを神に感謝します」と言った。

外に出た私たちは、門の前で、司教オプタトゥスが右側に、司祭で教師であったアスパシウスが左側に立っているのを見た。二人の間は隔たっており、悲しそうに見えた。二人は私たちの足元に身を投げ出し、こう言った。「私たちの間を取り結んでください。あなた方は立ち去り、私たちをこのような状態で残していったのですから」。私たちは彼らにこう言った。「あなたは私たちの司教、あなたは私たちの司祭ではありませんか。なぜ私たちの足元に身を投げるのですか」。私たちは強く心を動かされ、彼らを抱きしめた。ペルペトゥアは彼らとギリシア語で話し始め、私たちは彼らをそこから動かして、庭園のバラの木の下に連れて行った。私たちが彼らと話をしていると、天使たちは彼らに「この者たちを休ませてやるのだ。おまえたちの間に何か争いごとがあるならば自分たちで解決せよ」と言って、彼らを当惑させた。そして、天使たちはオプタトゥスに言った。「お前はお前の信徒たちを叱らねばならない。彼らはまるで、競技場から出てきて、ひいきのチームについて言い争っているかのように、お前に接してくるのだから」。

そして、彼らは門を閉めたがっているように見えた。私たちはそこに、殉教者を含む、多くの兄弟たちがいることに気づき始めた。私たちは皆、名状し難いほどの芳しい香りで満たされ、これが私たちを元気づけているようだった。私はここで、幸福に満ちて目を覚ました。(144)

この夢の物語は、ペルペトゥアの夢と印象的な対照をなしている。ここには、夢特有の圧縮されたイメージや、驚くような連想は見られない。むしろ、キリスト教徒の会衆に教示するため、周到に用意された神学論のように読める。[145] もしこれが本当に夢だったとすれば、サトゥルスが非常に明瞭で、わかりやすい夢を見るような人物だったか、彼が予期していた読者であるキリスト教徒たちが夢のイメージを誤解しないように、記録する段階でかなり編集したかのどちらかだろう。ペルペトゥアと違い、サトゥルスは夢の途中で意味を説明することはしていないが、これはおそらく、夢を記録する際、解釈を加えながら物語を構成したためだろう。これが「本当の」夢であるにせよ、教育を目的とした偽夢の記録であるにせよ、ここには処刑前日のサトゥルスの心配が表現されている。

サトゥルスはペルペトゥアと同じぐらい、共同体に配慮している。しかし、サトゥルスの配慮は、キリスト教共同体の指導者としてのそれである。パウロからイグナティオスにいたる初期キリスト教著述家たち同様に、サトゥルスも教会内の争いを心配している。司教と司祭はサトゥルスとペルペトゥアに、共同体内のいさかいを取りなしてくれるように懇願する。サトゥルスの物語では、天使が彼らを叱り、自分たちで争いを解決するよう求める。サトゥルスは共同体に、教会の解体を助長する対立を避けるよう言いながら、この助言に神の認可を与えているのである。このやり取りの中でサトゥルスは、教会の聖職者ではなく、殉教者が教会の指導者であるという自分の見解を表明している。[146] この見解を考えれば、彼がカルタゴのキリスト教共同体の指導者という立場にとどまるよりも、自発的に獄中の殉教者たちに加わることを選んだことも理解できるであろう。

夢でサトゥルスは、彼自身とペルペトゥアが、天使や、彼らの前に死んだ殉教者たちを含む天界の共同体に加わるのを見た。[147] 先に死去した殉教者たちの名前を挙げることで彼は、殉教が重要であるという主張を再確認するとともに、迫り来る戦いの後に訪れる救済を自分自身に納得させているのだった。

サトゥルスの幻視は多くの意味で、ペルペトゥアの第一の幻視と対をなしている。ペルペトゥアの幻視同様、二人は天国への道をともにする（グループの他のメンバーは現れない）。二人にとって、天国は白髪の老人がいる庭園である（ただし、サトゥルスは、男が若々しい容貌をしていたと言っており、これは、キリスト教共同体の美術に一般的であった、「よき羊飼い」の肖像により近い）。サトゥルスは「ヨハネの黙示録」をペルペトゥアよりも詳細に参照しており、礼拝の詠唱、門、ある程度詳しく描写された天使などはその現れである。しかし、ペルペトゥア同様、彼もまた『ペテロの黙示録』に従って、舞台を天の庭園としている。両者の幻視は、天使の記述から力の象徴としての足に対する意識まで、多くのイメージを共有している。最後に、共同体に対して配慮している点でも両者は似ており、自らの殉教に対する預言者的な幻視も共有している。異なっているのは、サトゥルスが位階や組織に配慮しているのに対し、ペルペトゥアの幻視は非常に個人的なものである点だが、これは二人の性格、年齢、性別、そして力の違いに由来するものかもしれない。これらすべてを総合することで、私たちは、初期キリスト教共同体の個人的、集団的な心性を適切に把握することができる。

最後の支度

ペルペトゥアが書いた日記は、最後の幻視のすぐ後で終わっている。その時点で彼女は勝利を確信していた。彼女は、後に残されるキリスト教徒にとって最も大切なことを記録し終えた。つまり、彼女が聖霊に由来するものだと信じていた夢である。彼女の日記は簡潔に、こう締めくくられている。「戦いの前夜までに私がしたのは以上のようなことです。戦いで何が起きたのかについては、誰か書きたい人が書くでしょう」(148)。

この殉教伝を書いたのが誰であるにせよ、この人物は次に、サトゥルスが自分の手で書いたとする彼の幻視を記録している。この幻視の後、サトゥルスもまた、テクストの中で口を閉ざす。ペルペトゥア同様、彼もまた、獄中での試練の記録を、生き残る者たちのための預言者的な導きで締めくくった。殉教の目撃者でもあるこの殉教伝の編者は、話を闘技場での出来事に移す前に、他の信仰告白者たちが獄中でどうしていたかを伝える話を挿入している。語り手は、信仰告白者の一人セクンドゥルスが獄中で死んだことを伝える。彼の死の状況は説明されていないが、「しかし、彼の魂はそれを免れたにせよ、彼の肉体は剣を経験した[149]」という謎めいた文章から、獄中で何かが起きて、兵士たちが彼を剣で処刑したことが窺える。

投獄された信仰告白者の中で最後に話題にのぼるのは、奴隷だったフェリキタスである。彼女は逮捕されたとき、妊娠八か月で、語り手が記述するには、その状態のせいで、アレーナでの戦いに仲間たちともに加われないのではないかととても心配していた。

> 彼女は、妊娠しているせいで殉教が先延ばしになるのではないかとひどく苦悩した。というのも、妊婦の処刑は法で禁じられていたからである。このため彼女は、その神聖無辜《むこ》の血を、あとで、普通の犯罪者とともに流すことになるかもしれなかったのである[150]。

フェリキタスはローマ法を正しく理解していた。たとえキリスト教徒であると告白しても、妊娠中の女性は死刑にはならなかった。殉教伝は、妊娠中の女性が処刑を免れたことを繰り返し伝えている。その中の一人は、数人の女性同信者とともに逮捕されたエウテュキアである。他の者は処刑されたが、裁判官は、「エウテュキアは妊娠しているので、その間、彼女は牢獄に留め置かれねばならない」とした[151]。フェリキタスは奴隷であり、ローマは母親たる彼女にはもはや価値を見出さなかったにせよ、彼女の子供にはまだ関心があった。子供はフェリキタスの主人の所有財産であり、その意味で重要だったのである。[152] ローマの法と価値観に従えば、妊娠しているフェリキタスが、仲間たちと処刑されることはあり得なかった。

語り手はこう言っている。「彼女の殉教の仲間たちもこれを悲しんだ。なぜなら彼らは、このように素晴らしい仲間をあとに残し、希望への同じ道を一人で旅させねばならないのかと恐れたからである」。一団はともに祈り、神は、闘技場での戦いの二日前に早産させることで、彼らの祈りを叶えた（この時期のことを書いているペルペトゥアの日記が、この出来事を伝えていないのにはいささか驚かされる。ペルペトゥアの方が身分が高かったので、二人は違った場所に捕らえられていたのだろうか。それとも、ペルペトゥアは意識的に自分のことについてのみ日記を書いていたため、フェリキタスの経験を書き記す余地はなかったのだろうか。確実なことはわからない）。

フェリキタスは難産の苦しみと、見張りの男の嘲りというさらなる苦痛を経験しながら、子供を産んだ。

> 彼女は、妊娠八か月での出産に当然伴う苦痛の故に、分娩の際かなり苦しんだ。このため、牢獄の見張りを補佐する者たちの一人が彼女にこう言った。「今、お前はそんなに苦しんでいるが、猛獣の前に突き出されたときにはどうするのだ。犠牲を捧げるのを拒んだとき、お前はそのことを軽く考えたのだな」。これに対して、彼女は答えた。「今の私の苦しみは、私一人で苦しんでいます。でも、その時には、私の中に別の方が来て、私がその方のために苦しむように、私の代わりに苦しんで下さるでしょう」。

彼女は女の子を産み落とし、彼女の姉妹の一人が自分の子としてその女の子を育てた(153)。

神は、ペルペトゥアが殉教に集中できるよう、彼女から母としての責任を取り除いたように、フェリキタスからも母親としての重荷を取り除いた(154)。ペルペトゥアもフェリキタスも、殉教へと進むためには母親としての役割を捨てねばならなかった。神を求めるためには家族との絆を断ち切らねばならないという強い主張がここでも繰り返されている。同時に、キリスト教共同体が、団結をもたらす新たな集団だというメッセージも再確認されている。ともに逮捕された共同体仲間は、最後の試練にいたるまでともにいることができたのである。

監獄の見張りとフェリキタスの対話には、ペルペトゥアやサトゥルスの夢に現れたのと同様に、殉教の際には神の助けが得られるという希望への確信が表現されている。奇跡的なものと捉えられたこの出産は、神が他の二人の殉教者に送った予言的な夢と同じくらい確実に、神がフェリキタスを選んだことの印と見なされた。

フェリキタスが出産してから、闘技場に現れるまでの時間は短かった。フェリキタスが娘を手放したという記述の短さ自体が、殉教が間近に迫っていたことと、殉教者たちが試練に立ち向かう用意ができていたことの両方を指し示している(155)。『殉教伝』の中の、一団の投獄に結着をつける部分の記述はここで締めくくられている。ペルペトゥア、サトゥルス、フェリキタスは、次の日に迫っていた試練に備えるのに、神の手と聖霊の存在が働いていることをすでに感じていた。セクンドゥルスは既に死んでいたが、残された一団、指導者であったサトゥルスとペルペトゥア、サトゥルニヌス、そして奴隷のレウォカトゥスとフェリキタスは、次の朝、闘技場で猛獣と対決することになっていた。

第五章　闘技場

円形闘技場

大きな都市であろうと、小さな都市であろうと、ローマ人たちは都市の周縁部に円形闘技場を建設した。カルタゴは帝国最大の都市の一つであったため、円形闘技場もそれに見合った大きさだった。建設されたのは二世紀の初めで、一六〇年代に大規模な改修が行なわれている。外側の大きさは長軸が一五六メートルで短軸が一二八メートル、そしてアレーナ〈訳注：円形闘技場中央の、実際に闘技が行なわれるフィールドのこと〉は長軸が六四・七メートルで短軸が三六・七メートルと推定されている。客席には三万人程度の観客を収容することができたようだ。[1] この闘技場より大きかったのは、外側の大きさが長軸一八四メートルで短軸が一五六メートルのローマのコロッセウムだけだった。[2]

この巨大なカルタゴの円形闘技場も、今日残っているのは、囚人や野獣をアレーナに連れて行くために使われた地下の通路だけである。残りは荒れ果てており、石材は別の用途に使うため、ずっと昔に運び去られてしまった。ローマ時代カルタゴのはずれにそびえ立っていた円形闘技場を見ることはもはやできないが、十二世紀のある旅行者がその印象的な光景を私たちに伝えてくれる。

全世界に並ぶもののない劇場がそこにある。その建造物の形は円形で、今も残る五〇のヴォールトからなっている。それぞれのヴォールトの上には五段のアーチがあり、すべて同じ形で同じ大きさのアーチの列が、一段一段重ね上げられている。これらのアーチは、カドザンと呼ばれる石材のブロックでできており、類を見ない美しさだった。それぞれのアーチの列の上には石板がめぐらされていて、そこには、信じられないような技量で彫られたさまざまなレリーフや、人間、動物、船の奇妙な姿の彫刻が彫られている。(3)

他のアレーナ同様、カルタゴのアレーナも楕円形をしており、軸線上に四つの門があった。すべての門は観客席の下に位置し、アーチ天井のある業務用地下道に通じていた。現在も残る地下通路は、長短の軸線に沿ってアレーナの端から端まで続き、中心で交差していた。この通路沿いには地下室があった。囚人（そして猛獣）は、これらの地下室に導かれ、そこから直接、円形闘技場の中央に姿を現すようになっていた。この仕組みは、アレーナへの登場を容易にし、観客には劇的な演出を提供したであろう。(4)

二つの主要な門である「生命の門《ポルタ・サナウィウァリア》」と「死の門《ポルタ・リビティネンシス》」はアレーナの短い方の軸線の両端にあった。試合の際、勝利者は「生命の門」を通ってアレーナを後にし、殺されたか死にかけている者は、その反対の門から運び出された。「死の門」は一つの部屋に通じていたが、そこは通常、瀕死の者を墓穴に運ぶ前に処刑するのに使われていた。(5)「生命の門」はペルペトゥアの夢に、悪魔、すなわちエジプト人に対する彼女の勝利を象徴するものとして現れている。

この巨大な闘技場は、古代カルタゴ市の北西の端、ローマ人が建設した碁盤目状都市の端に位置していた。その一部はおそらく、非常に硬く、バラ色がかったケデル石灰岩(6)で造られていた。町の北西部の輪郭にそびえるその姿はきわめて印象的であったに違いない。円形闘技場は、ローマ式の格子状街路の方位に合わせて配置されていた。つまり、短い方の軸線はデクマヌス通りと、長い方はカルド通りと平行するように建てられており、「左」第一デクマヌス道と「向こう側」第二九カルド道が交差する地点に位置していた〈訳註：通りの呼び方については第二章六九頁参照〉。「左」第二デクマヌス道は主要な大通りで、おそらくほとんどの人がこの道を通って闘技場へとやって来たことだろう。それはカルタゴの中心にあるビュルサの丘から歩いて十分程度のところにあり、試合のある日には、闘技場に向かう人の群れでこの道は混雑したに違いない(7)。

闘技場とそこで行なわれた見世物の規模と費用の大きさから推測できるように、ローマとカルタゴの円形闘技場には、単なる娯楽の場という以上に重要な機能があった。それらは、世界を儀式的に秩序づけて支配することに深い関心を寄せたローマ人の宗教的な感性の中で、中心的な位置を占めていた(8)。古代世界から伝わるよく知られた格言は、ローマの安寧とコロッセウムでの競技が強く同一視されていたことを表現している。

コロッセウムが立っている限りローマも存続する。
コロッセウムが崩壊するときにはローマも崩壊する。
ローマが崩壊するときには世界が崩壊する(9)。

このような表現に、ローマ人が見世物を非常に真剣に捉えていたこと、そして、そこに儀式的な意味合いをめぐらせていたことを見て取るのは容易である。二十世紀の観察者にとって困難なのは、見世物が正確にはどのような役割を果たしていたかを理解することである。トマス・ウィーデマンは、ローマ帝国の円形闘技場で行なわれた活動の重要性について最も明快な説明を提供してくれる。

（闘技場は）多くの意味でローマ文明の限界であった。闘技場は、文明が野獣に体現される自然と闘う場所だった。野獣は人類にとっての危険を象徴していたのだ。そしてまた、社会正義が犯罪者に体現される悪行と対決する場でもあり、犯罪者はそこで処刑された。そして、ローマ帝国が戦争捕虜に体現される敵と対決する場所でもあった。戦争捕虜たちは闘技場で殺されるか、互いに殺し合うことを強いられた。[10]

見世物が催される日、ローマ人たちは（たとえローマ市から遠い所に住んでいたとしても）闘技場に集まって、何千頭もの動物が殺されるのを見ることで、自分たちが本当に自然を支配できるのだと確認した。そして、犯罪者が野獣や炎で死刑に処されるのを見て、敵に勝利することを確認し、剣闘士たちが勇敢に、死の一撃に首を差し出すのを見て、死すらも克服できる（あるいは、少なくとも、死への恐怖を克服できる）ことを確認した。[11]

自然の秩序および世界の社会的秩序を支配し、儀式化することに加え、闘技場は政治的な役割をも果たした。市民は見世物の出資者として自らの富をそれに費やすことで、名声を増すことができたのである。カルタゴではこれは特に、動物を使った「狩」に当てはまる。第二章ですでに見たように、カルタゴ市民はモザイクで自分たちの家を装飾した（その趣味には疑問の残るものもあるが）。その中には、自分が出資者を務めた獣狩りを記念したものがある。例えば、［図5・1］では、ライオンが馬（もしくは野生の驢馬）を殺している様が詳細にわたって残酷に表現されている。これらのモザイクは、ほぼ確実に、見世物

［図 5・1］獣の闘い（モザイク画）．チュニスのバルド博物館蔵．写真はボブ・バルスリー．

の資金を提供した人物の気前のよさを記念したものである。[12]

最良のローマ的伝統において、闘技場は個人の名誉と公共の善が交わる場所であり、個人の気前よさが共同体のために儀式的な機能を果たした。最も気前のよい個人は皇帝その人だった。[13]帝国各地で、皇帝崇拝の神官たちが剣闘士競技を催し、このため皇帝自身が、闘技場で行なわれるローマ世界の儀式的な秩序づけの焦点となった。

ペルペトゥアとその仲間たちが、セプティミウス・セウェルスの息子の誕生日を祝って挙行される闘技で処刑されるという判決が下ったとき、それは一連の複雑なイメージと、宗教的暗喩を喚起した。犯罪者たち（すなわち国家を裏切った者たち）は、国家を強化するための犠牲に捧げられるのが常だった。ペルペトゥアが現実的に国家の脅威であったというわけではなく、この強化は、現実としてというより、象徴的なレベルでより重要だった。暴力と聖性に関する研究をしたルネ・ジラールは、「供犠の目的は共同体に調和を取り戻すことであり、社会構造を強化することだった。その他のあらゆることはそこに由来していた」と、明瞭かつ洞察力に富んだ所見を述べている。[14]これは、ペルペトゥアと仲間たちが犠牲に捧げられたことの意味を正確に表現している。彼らに対してなされた暴力は、儀式的なレベルにおいて、国家の存続と安泰を保障するものだったのである。この供犠が副帝ゲタの誕生日に挙行されたのは、目的にかなったことだった。

ペルペトゥアとその仲間たちの犠牲には、特にカルタゴ的なひねりが加わっていた。皇帝の息子のための祝典＝供犠がローマで執り行なわれたならば、剣闘士競技が加わったであろう。剣闘士競技は、ローマ人の目から見てたいした「贈り物」とは言えない犯罪者の処刑よりも、はるかに格の高いものだった。しかし、人身供犠の歴史を持つカルタゴでは、キリスト教徒の処刑は、誕生日の贈り物としてふさわしいものだったのである。

権力、生、そして死についてかくも重要な表現をするための空間が神聖でないはずがない。ローマ宗教は空間を強く意識するものだっただけになおさらである。しかし、闘技場という空間は、ただそこにあるというだけの理由で神聖だと考えられていたわけではなかった。実際、闘技場では、その空間を異教徒にとって神聖なものとする特別な儀式が行なわれていたのである。テルトゥリアヌスがキリスト教徒に闘技場通いを禁じたことにも、この考え方が表れている。「私たちを穢すのは場所そのものではなく、そこで行なわれる諸事である。それらの諸事によって、その場所が穢れるのだ[15]」。つまり、テルトゥリアヌスにとって、その空間は命を奪うことに使われたから異教徒にとって神聖なものとなり、したがってキリスト教徒を穢すということではなかった。彼はもっと広く、その場所で「行なわれる諸事」に反対している。この「諸事」が何だったのかを探ることで、私たちはこの場所をローマ人にとって神聖なものとした儀式が何だったのかを同定することができるだろう。

テルトゥリアヌスはキリスト教徒に対し、闘技場での競技を見に行かないよう警告しているが、それは、あらゆる競技は異教の神々に捧げられるという意味で偶像崇拝だったからである。しかし、テルトゥリアヌスが『見世物について』という論考で特筆している警告を読み進めてみると、闘技場という空間を異教の神々のものとしていたのは、単に競技の存在だけではなく、特に競技を取り巻く儀式であったことがわかる。彼はこう書いている。


いく度の聖なる儀式が執り行なわれ、いく度の犠牲が行進の最初、途中、最後で捧げられ、そして、いくつの宗教団体が、さらにはいくつの……祭司団が、いくつの行政官団が、〔聖なる行列に加わって）行進したことだろうか。[16]

ローマ人の考えでは、ある行動を儀式化するには、一連の行為が必要である。それらの行為とは、一、清めの儀式（個人が聖なるものと向かい合う準備をするもので、しばしば儀式的な食事が含まれていた）、二、祈願、神への呼びかけ、三、幻視、もしくは聖なる存在の認識、四、行進（これにより聖なるものは公になり、空間が聖別された）、そして、五、聖なる儀式の遂行（最も重要なローマの儀式では、死に対する勝利が強調された）である。これは、アプレイウスが記述する、イシスの密儀の過程と同じ順番である。アプレイウスはペルペトゥアとほぼ同時代人であり、三月のその日、闘技場に集まった群集は、この諸事の儀式的順序に馴染んでいたに違いない。そして、その儀式的流れが闘技場に現れるのを認識したに違いない。

闘技場で最も人気のある見世物であり、また最も多くの儀式に取り巻かれていたのは剣闘士競技であった。剣闘士たちは、闘技の儀式を厳粛な食事で始めた。試合が行なわれる前の晩、彼らはケナ・リベラと呼ばれる儀式的な宴会に参加したのである。[17]この食事とそれに伴う儀式は、次の日に宗教的な儀式に参加する男たちを清めるものだった。それは聖なるものを導き入れたのである。

聖性を宣言するとともに、闘技場の空間を競技のために神聖なものとした次の行動は、「ポンパ」と呼ばれる行列であった。この行列は、先述した警告の中でテルトゥリアヌスが言及しているものである。行列は聖なる催しを行なっていることを示すいくつもの要素からなっていた。第一は衣装である。剣闘士たちは儀式的なポンパに加わって闘技場に入場する際、紫と金の刺繍がほどこされた上質な生地を身に纏っていた。[18]行列には音楽が伴っていて、テルトゥリアヌスは、侮蔑を込めて以下のように記している。「この浅ましい（行列）騒ぎは始終……笛とラッパの音に合わせて（行なわれた）」[19]。

剣闘士にとっての幻視的な要素は、皇帝が臨席している場合には、その姿を見ることであった。なぜならそのような剣闘士競技は、常に皇帝に捧げられていたからである。最後に、剣闘士たちは競技の終わりに、対戦相手に勝利することによってにせよ、自らの死への恐怖を克服することによってにせよ、死に対する勝利を祝った。いずれの場合にも、群集は剣闘士競技の中心的奥義、すなわち、不死の賛美か、少なくとも不死への期待に参加しているのであった。

したがって、観客と信仰告白者たちが闘技場へと向かったとき、彼らは宗教的な意味合いのある空間へと入って行ったことになる。文化的な都市のはずれに存在するこの空間は、社会の平和と秩序を維持するために暴力的な見世物に頼っていることを自覚していた社会にとって、中心的な存在だった。儀式が始まる前、カルタゴとその周辺に住む人々は、見世物を見ようと熱心に集まって来たが、群衆にはつき物であるように、彼らはさまざまな期待を抱いていた。

観客

闘技場の席が埋まってゆくとき、観客はこれから見る見世物への期待で興奮しながら入ってくる。さらに、見世物は単に人を楽しませ、気晴らしとなるだけではなく、観衆に影響を及ぼして変えてしまうように仕組まれた宗教的な儀式でもあった。闘技場で催される見世物の当初の目的が宗教的なものであったにせよ、それが観客に及ぼした影響が一様に宗教的なものだったとか、そもそも一様だったということには必ずしもならない。闘技場で人が死ぬのを見るという過程が、観客に何らかの衝撃を及ぼすことは予想されていた。この点までは明らかである。私たちを隔てる時間の壁によって理解が困難になってしまっているのは、このような催しを目撃した人に、正確には何が起きたのかということである。私たちも大勢の中でスポーツ試合を観戦しているとき、群集の熱狂によって一時的にいつもとは違う自分になることがある。フットボールのチームを集団で応援することで、互いの結びつきが深まることもある。暴力が、私たちが慣れ親しんでいるスポーツで許容されている範囲を超え、有能な選手が怪我をすることに恐怖を覚えることもある。しかし、私たちがそうしたショーを見に行くのは、人が死ぬのを見るためではない。皇帝クラウディウスは、試合に負けたレティアリウス〈訳注：網と三叉の鉾を持って戦う剣闘士〉を助命することはなく、すべて殺させたと伝えられているが、それはこのタイプの剣闘士がヘルメットを付けずに戦うからだった。皇帝と観衆は、死んでゆくレティアリウスの顔が苦悶に歪むのを見ることができた[20]。人が死ぬのを見る、そのことこそが円形闘技場での中心的なイベントだったのである。

北アフリカでは、闘技場で死を見ることに、より大きな重要性があったと思われる。人身供犠の長い伝統を持つ北アフリカの人々はローマの伝統を受け入れ、それを供犠という彼ら自身のコンテクストの中で解釈した[21]。キリスト教徒が闘技場で幸福に死んでいったとき、それは犠牲を捧げる神官の腕の中で笑いながら死んでいった子供たちという、カルタゴ的な伝統に呼応していた[22]。

古代円形闘技場の構造に関して驚くべきことの一つは、その大きさにもかかわらず、すべての参加者（アレーナにいるにせよ、観客席にいるにせよ）に、きわめて濃密な経験を提供できたということである。カルタゴにある闘技場は座席の部分が崩れ去っているため、そこに座っていた観客が何を期待できたのか正確にはわからない。しかし、三世紀に建てられたチュニジアのエル・ジェムにある円形闘技場はほとんど当時のままの状態で残っている。それはカルタゴの闘技場をモデルに造られたが、規模は少し小さい。観客席の勾配は急であり、座席部分とアレーナは密接している。音響効果は抜群で、最上段に座っている観客ですら中央で何が起きているのかを聞くことができた。富裕な市民はアレーナに近い二列の座席に座ったが、彼らはアレーナで行なわれていることを細部に到るまで間近で、はっきり見ることができただろう。誰かが死ぬのを見るという体験は強烈かつ心を揺るがせるものだったに違いない。

　闘技場における距離の近さを考えれば、観衆が単なる傍観者として死刑囚の死の苦悶を見ていただけでないことは驚くに値しない。彼らは自分たちも参加者であると感じており、それは剣闘士の生死を決定する際だけではなく、死への恐怖を克服することで死に勝利するという、神聖な儀式についてもそうであった。闘技の最中、もし剣闘士が臆病に見えると、群集は「観衆から……敵へと」姿を変えたとセネカは言っている。[23] 戦いの最中に死を免れようとした剣闘士は、彼の敵となった群集によって、間違いなく死を宣告されたであろう。敗北した剣闘士は、勇敢に死を受け入れなければならなかった。もし彼が死への恐怖を見せたり、首を剣の下に差し出すのをためらったりしたなら、観衆は辱められたように感じた。観客はこの儀式に参加しているのであり、剣闘士は観客の勇気を映しだすべきであったからだ。同様に群集は犯罪者の死にも期待を持っていた。犯罪者は臆病者として死んでもよく、臆病者として死ぬべきだった。そして群集は、この期待が裏切られると（殉教者の場合にはたいてい裏切られた）、しばしば激昂した。[24] カルタゴの殉教者たちは、訓練を積んだ剣闘士のように勇敢に死ぬことで、群衆の期待を裏切ったのだった。

　観衆はまた、闘技場での集団的な暴力に、より直接的に参加することもあった。気まぐれな皇帝たちは時に、観客の一人にアレーナへ下りてくるように命じることがあり、また、客席で暴力沙汰が起きることもあった。観客は見世物に反応しただけではなく、参加もした。さらに、ローマ人たちは観客と参加者の間にある境界の透過性を楽しんでもいたのだ。[25]

人々が闘技場にやって来たのは、死の儀式に参加し、死と向き合うことで生を祝うためだったと知っても、その経験が参加者にどのような影響を及ぼしたのかを真に知ることにはならない。私たちの社会には、この種の対立を含む儀式が存在しないので、それを理解するためには、文章による描写に完全に頼らなければならない。文献史料から窺えるのは、三様の反応、すなわち観客への影響があり得たということである。観客は良い影響を受けるか、悪い影響を受けるか、さもなければ退屈するだけに終わることもあった。

観客に対する良い効果の幾分かは、その日のイベントに含まれる儀式や宗教的な構造によって生み出された。儀式的な食事から行列にいたるまでの闘技のあらゆる要素は、人々の注意をこの一連の出来事の聖なる本質へと引き寄せた。これだけでも、神々を喜ばせるべく仕組まれた儀式で緊密に結びついた参加者たちに、健全な効果をもたらしたであろう。

この一般的な好影響を越え、闘技場での経験には参加した個々人を向上させるような、肯定的な人格形成機能があるとローマ人たちは信じていた。人が死ぬのを見ることは観衆たちの中に勇気を呼び起こした。小プリニウスは、見世物が「負傷を名誉に思い、死を軽蔑するよう観客を駆り立てる」と言っている[26]。リウィウスは、アレーナで決死の戦いをする犯罪者を見る以上の「痛みと死に対する優れた学校はない」と言っている[27]。他の著述家たちも、ローマ軍が強いのは、闘技場で剣闘士が戦うのを見て学ぶからだと言っている。人々は「戦いにおいて、武装した敵を恐れてはならず、傷や血に怯えてはならない」ことを学んだのだった[28]。

死への恐怖を克服した人を見ることは、人々に自らの恐怖をも乗り越える方法を教えるのかもしれないが、暴力や血を見ることは、そうした経験に対し人を鈍感にすることもあり得る。これは、暴力的な映画やテレビを楽しむ現代社会を懸念して言われている議論である。同じようなことが、今日の闘牛についても言えるかもしれない。初めて見る人は雄牛の血を見て目をそむけるけれど、見慣れた人たちは闘牛士の技に喝采を送る。ローマ時代、処刑を見るのを恐れることは子供じみていると見なされ、経験を積むことで乗り越えるべきと考えられていた。あるローマ時代の歴史家は、セプティミウス・セウェルスの息子カラカラでさえ、子供の頃は闘技場での暴力にしり込みしたと伝えている。「宣告を受けた犯罪者が猛獣と戦わされるのを見るときには泣きだすか、目をそむけるかしていた」[29]。大人であれば、罪人の血から目をそむけることは道徳的な弱さの現れと見なされた[30]。多くの若いローマ人同様、カラカラは暴力への嫌悪を克服することになる。

見世物としての死には鈍感になってしまった人でも、特別な死にはやはり注意を引かれた。再び闘牛の例を引けば、牛の死を直視することができるようになった人は、殺し方にいろいろあることに気づく。人がどのように死に向き合うかには違いがあることを知っていたローマ人は、殉教者たちが闘技場で死と向き合う様を評価し、しばしば畏怖の念すら覚えた。罪人たちは、剣の下に決然と首を差し出すよう訓練された剣闘士ではなかった。しかし殉教者はしばしば勇敢に死に立ち向かい、彼らの勇気ある死は観衆に大きな衝撃を与えた。殉教者ユスティノスは、キリスト教徒が死ぬ様を見て、キリスト教に改宗した。彼はこう書いている。「私は彼らが死や、恐ろしいと考えられるようなあらゆる他のものを目前にしても、恐れずにいるのを目にした」[31]。

人々が闘技場で流れる血を見て神経を鍛え、いかに死ぬべきかを学ぶことに良い効果を見出した著述家が何人もいたのに対し、悪い効果を認める著述家も同じくらいいた。想像に難くないことだが、キリスト教徒たちは円形闘技場で見世物を見ることを不適切で、有害だとすら考えた。ユスティノスが証明しているような肯定的な効果はすべての人に見られたわけではなかった。特にテルトゥリアヌスは、キリスト教徒は闘技場を一切避けるべきだと強く信じ、はっきりと主張している。長文の論考『見世物について』の冒頭では、円形闘技場の見世物は宗教的なもので、人々が他の場所で経験した異教文化の祭儀を反映していると強調している。したがって、テルトゥリアヌスによれば、キリスト教徒は闘技場にいるだけで異教の祭儀に参加していることになった。テルトゥリアヌスが挙げている、劇場の見世物を見物した女性キリスト教徒の例は彼の見解をよく表している。

というのも私たちは、劇場に行き、悪霊に取り憑かれて家に帰った……女性の例を知っている。悪魔祓いの過程で不浄な霊は、なぜ神を信じる女性に不敵にも取り憑いたのかと問いつめられ、大胆にもこう答えた。「私には十分そうする権利があった。彼女は私の領域にいたのだから[32]」。

テルトゥリアヌスにとっては、劇場、競技場、円形闘技場におけるすべての見世物が異教の儀式であり、したがって、彼が悪魔と見なす異教の神々が宿るものだった。これは、見世物に対する、キリスト教の立場からの最も明瞭な反論である。

テルトゥリアヌスはキリスト教徒が見世物に赴くことに対し、もう一つの反論を提示している。それは、異教を避けることとほとんど同じくらい、初期キリスト教の核心にあるものだった。二世紀のキリスト教共同体の中心的な特徴の一つは、キリスト教徒が自分たちを共同体としてはっきり認識していたことである。信徒同士を結びつける絆は非常に強かったので、家族や国家といった他の絆に置き換わるほどだった。キリスト教共同体の存続は、成員が自分たちを他の諸集団とは違った集団であると認識することにかかっていた。しかし、闘技場における観客としての経験は、群衆を別の共同体である観客共同体へと結合させてしまった。テルトゥリアヌスはこの群集行動に、すなわち群集の興奮が人を押し流すようなときには個人の意思が埋没することに気づいていた。彼はキリスト教徒に、たとえキリスト教徒の殉教に立ち会うためにであっても、闘技場に行かないよう求めたが、それは、彼らが、歓声を上げる群衆の熱狂を免れることができないだろうという理由からだった。「邪悪な喝采の打ち寄せる波に捕らわれたとき、あなたはどうするのか？……だから、あなたはキリストの敵たちの座席を……そして、その上に立ち込め、罪深い叫びで汚染された空気を避けようとは思わないのか」[33]。テルトゥリアヌスにとって、キリスト教徒が観客席で観客としての行動に参加すれば、それは闘技場で殉教者を作り出した集団的な罪に加担したことになるのだった。

見世物は、なかでも皇帝崇拝のために催される見世物はとりわけ、共同体意識と共同体への忠誠心を形成すべく構成されていた。皇帝の息子の誕生日を祝うためにペルペトゥアが死ぬことになっていたあの日にもこれは当てはまる。

共同体の絆を強めるというこの目的には、もちろん二つの側面があった。それは、その共同体の成員であろうとする人には良いものであり、そうでない人には悪いものだった。テルトゥリアヌスはこれをはっきりと理解し、異教徒共同体の成員になることを避けようとした。異教徒の一部も、闘技場で形成される共同体（すなわち群集）の圧倒的な団結感を嫌った。ストア派哲学者セネカはこの方向で見世物を批判している。「群集に混じることには害がある……しかし見世物にたむろする習慣ほど人格形成に有害なものはない……私はより貪欲に、より野心的に、より享楽的に、さらにはより残酷で非人間的になって家に帰る。それは、私が人間たちの間にいたせいである」[34]。彼にとって群衆の集団的な感情は、より高次の善に対する自分の意欲を減少させるものだった。テルトゥリアヌスもまた、闘技場を支配していた集団的な群集心理を攻撃し続ける。競技場に入る群集に関する彼の記述は、スポーツ・イベントに参加したことのある人には馴染み深いものだろう。「群集を見るがいい。見世物の場に入ってきただけで熱狂して、すぐに暴力的な感情の坩堝に巻き込まれ、盲目的で、掛け金を巡ってひどく興奮している」[35]。

見世物が及ぼす悪影響を観察した人たちは、批判を群集の行動だけに留めなかった。テルトゥリアヌスは、情熱に巻き込まれることが個々人に及ぼす影響についても述べている。「このような快楽に情熱なしに近づく者はいない。そして、この情熱を経験して、有害な影響を受けない者はいない。こうした影響そのものが、情熱へと駆り立てるのだ」[36]。これを理由として見世物に批判的な者たちは、異教徒の中にも、キリスト教徒の中にもいた。痛みや死に対する自制的な無関心という、道徳を上昇させる教訓を得る代わりに、時に人は感情に流されてしまうというのである。多くの異教徒（特に、教養のある者）とキリスト教徒は、熱情を乗り越え、理性に頼ることが、道徳的な人生に到達する最良の方法であると信じていた。しかし、見世物の場ではしばしば熱情の方が上手を取ったようである。「魂を激しくかき乱さない見世物はない」と、テルトゥリアヌスはこの原則を簡潔に述べている[37]。多くの異教徒たちもこの見解を共有しており、剣闘士競技やその他の見世物に対して彼らが最も頻繁に口にする批判は、「あまりに感情を煽り立てるため、理性を曇らせる」というものだった[38]。このような熱情は、多くの異教哲学者が共有していた、神的なものへの希求を妨げるものだった。

闘技場で掻き立てられた感情に対する、この抽象的な批判は、史料に記述されたエピソードの中で再確認することができる。プルデンティウス（キリスト教徒の著述家なので、見世物の支持者ではなかった）は、闘技場における残虐行為に対する、ウェスタの巫女たちの反応を批判した。巫女たちは、その宗教的な特権のおかげで、儀式化された闘技を見るため特等席を用意されていた。プルデンティウスが叙述する彼女たちの反応は、どのような宗教的な儀式化にもまして見世物がもたらす個人的で感情的な衝撃《インパクト》を映し出している。

彼女は円形闘技場に見に行く
血まみれの戦いと人の死を。そして見る、
その聖なる目で、パンのために受けた傷を。
彼女はそこに座る、細いリボンを頭に巻き、見世物を楽しみながら。
ああ、柔和で優しい心よ！　殴打のたびに彼女は立ち上がり、
そして、勝者が敵の喉に刀を突き立てると、
彼女は彼のことを「私の喜び」と呼ぶ。優しい乙女は
親指を立てて、彼に敵を打つよう命じる、
敵の中に生命の息吹が残ることのないように。
彼は先の一突きで苦悶のあえぎをもらしているのに。(39)

プルデンティウスの詩に現れる巫女は、血を見て肉欲を掻き立てられているが、この連想は他の著述家にも見ることができる。テルトゥリアヌスは、闘技場の剣闘士に「身体を明け渡す」女たちを厳しく批判しているが、(40)殺人を見た人が不適切な情熱を掻き立てられたと責めるのはキリスト教徒だけではない。二世紀前半の辛辣な風刺作家ユウェナリスは、ローマの貴婦人たちは、剣闘士が血を流すのを見て、彼らに

対する肉欲をつのらせると批判している。「剣こそ、これらの女たちが焦がれるもの」と彼は書いている。ユウェナリスはさらに、揺り篭の中にいる待望の男の子が、父親よりも、妻がお気に入りの剣闘士に似ていると書いて、男たちに警告している。[41] 闘技場の熱狂で肉欲を掻き立てられた女たちを非難するローマの作家は、ユウェナリス一人ではない。

セネカは、死に対する自制的な無関心を人々に学ばせたいという希望を共有していたが、闘技場で流される血を見たいという情熱に流されて理性的な平静さを失ってしまう人に対する嫌悪もまた、共有していた。彼は特に、犯罪者が殺されるのを見るため、昼休みにも闘技場に留まる人を批判している。セネカは、犯罪者を殺すことには何の見るべき技術もないので、そこから道徳的な教訓は得られないと論じている。[42] 実際、セネカにとっては、身を守る術のない犯罪者を殺すのを見ることは、道徳的な教訓にならないだけではなく、個人にとって有害なことだった。「人を殺した以上、彼がこの罰を受けるのは当然であるにせよ、座ってこのような見世物を見なければならないとは、ああかわいそうな人よ、あなたは一体どのような罪を犯したのか……あなたは、悪い手本はそれを示す者たちに跳ね返ってくるという、この真実ですら理解できないのか」[43]。ストア派のセネカの見解では、気高い死の手本にならないような処刑を見ることは、観客にとって有害なことだったのだ。

ローマ人は、闘技場での死に直面して（すなわち、それを見て）学ぶことの利益と、そこで生み出される熱情に度を越して巻き込まれてしまうことの害の、微妙な境界線を認識していた。子供のときには処刑を見て泣いていた、セプティミウス・セウェルスの幼い息子は、成長すると、見世物を過剰に愛するようになった。彼の伝記作家の一人によれば、皇帝は、二人の息子をローマから、特に見世物から引き離すため、都を後にした。

（皇帝は……）彼らの見世物に対する熱意が、皇帝としてふさわしいというよりは、不面目であることを理解した。見世物に対する彼らの熱心さと、見世物を巡るライバル心は、常に対立と敵意の源となっており、口論の火に油を注ぎ、互いを敵としてしまうことで、兄弟の両方から正気を奪っていた(44)。

セプティミウスが息子たちを見世物から遠ざけたことは、彼らの性格改善には何の役にも立たなかったようだ。二人は残忍で争い好きで暴力的な若者に成長した。しかし私たちは、この伝記作家と皇帝が、闘技場の環境は悪影響を及ぼすことがあるという認識を共有していたことを見て取ることができる。

闘技場に対する熱情に流されてしまった個人の最も有名な例は、アウグスティヌスの友人、アリュピウスである。知的な生活を送り、（友人アウグスティヌスとは違って）肉欲に負けることもなかったアリュピウスは、法律を勉強するためローマに向かった。ローマで「彼は、信じられないことに、そしてまったく信じられないような熱情で、剣闘士競技に流されてしまった」。ストア派であった彼はもともと、低俗な感情に訴えるような見世物に反対していた。ある日、友人たちから無理に誘われると、彼はこう言った。「私の身体をそこに引きずって行くことはできるけれど、見世物に目を向けさせることができるとか、関心を持たせることができるとは想像してはならないよ。そこにいても、私はそこにいないだろうから」。アリュピウスは愚かにも、見世物に行っても、感情を掻き立てられることがないと信じていた。しかし、いったんそこに入るや、群集の叫び声が彼の耳をつんざいた。

彼は好奇心に負け、何を見ても嘲笑し、無視する用意ができていると確信して目を開けた。しかしその時、彼は自分が見ようとした男がその身体に受けたよりも手ひどい傷を魂に負ってしまった……。彼は血を見、野蛮さをむさぼった。目をそむけるどころか、彼の目は釘づけになった。何が起きているかわからないまま、彼は狂気を飲み込み、罪深い競技に喜びを覚え、血の欲望に酔いしれた。彼はもはやそこを訪れたときの男ではなく、彼が加わった群集の一人になってしまった……。

これ以上言うべきことはない。彼は見、叫び、興奮に狂喜した。そして、彼を再びそこに戻って来るよう突き動かす狂気を持ち帰ったのだった[45]。

アリュピウスの経験は、異教徒とキリスト教徒がともに、競技場の観客に起きるのを最も恐れていたことだった。彼は知的生活から引き離された。群衆の集団的な血への欲求に流され、そこで感じた強い感情の虜になってしまったのだった。

見世物に対する感情的な反応は強烈なものだったけれど、時には、殺人に慣れてしまい、見世物に倦怠を感じる人もいた。競技の目的の一つが、人が血を見ても怯まないようにすることだったことを考えれば、これは驚くに値しないかもしれない。子供が、しり込みすることなく残酷さに直面することを学ぶ一方で、大人たちの一部はそれに飽きていった。マルクス・アウレリウスはこう言っている。「円形闘技場やそれに類する場所での見世物は、同じ光景を永久に見続けているような印象であなたを苛立たせ、不断の繰り返しは見世物をつまらなくする」[46]。観客の一部がこのような倦怠を見せたため、見世物のスポンサーたちはより大規模で、より独創的な見世物を提供するよう求められた。

午前中に行なわれる狩の見世物は、この問題を如実に示している。動物を殺すのに導入できる新たな方法はそうそうなかった。エキゾチックな動物を見せたり、組み合わせたりすることもあった。セネカは、雄牛に鎖で繋がれた熊に言及し、テルトゥリアヌスは虎と戦うライオンのことを叙述している。(47) 皇帝たちが動物の数で観客を圧倒しようとすることは、もっと頻繁に起きた。カッシウス・ディオはアウグストゥスが開催した見世物で、六〇〇頭の動物が殺されたと言っている。ティトゥス帝の下、ローマで祝われたコロッセウムの落成式典では、九〇〇〇頭の動物が殺された。一回の狩猟競技《ウェナティオ》で使われた動物の最高記録は、第二次ダキア戦争で勝利したトラヤヌス帝の凱旋式を祝して殺された動物一万一〇〇〇頭であると見られる。(48) 私たちにとっては、軽武装した男たちが一万一〇〇〇頭の動物を殺すのを見るほど退屈なことは想像しがたいというのは、なんとも皮肉である。

同じ倦怠の法則は、闘技場での人間の殺害にも当てはまった。剣闘士競技では、対戦数を増やしたり、対戦が面白くなるように武器を組み合わせたりする工夫がなされた。ペルペトゥアの殉教を理解するのに特に重要なのは、犯罪者処刑を準備する人々ですら、処刑に何らかの新味を持ち込もうとしたことである。闘技場での処刑を宣告された犯罪者たちは「獣に」か「炎に」かのどちらかに投じられたので、新奇さを持ち込むための余地はあまりなかった。囚人たちが「獣に」の刑を宣告されたなら、見世物の主催者は動物の種類を変えることで、観客に変化を提供できた。処刑に新味を加えるもう一つの方法は、演劇的な見世物と組み合わせることだった。死刑囚は、神話の物語を演じさせられながら死んでいった。(49) 四世紀初頭、エウセビオスは著作『教会史』の中で、ある総督が「祝福された者たちを演劇的な見世物にして群集の晒し者にした」処刑のことを記述している。(50) 目的は、単なる処刑や純粋な拷問ではなく、娯楽でもある処刑だった。

処刑される者に異教の神や女神の扮装をさせることは、処刑の儀式的な意味合いを高めることがあり、処刑を共同体にとって有益な犠牲とした。しかし、扮装の目的は一つだけではなかった。それはまた、公開処刑に多様性を持たせるためでもあった。テルトゥリアヌスは、こうした演劇的な処刑について記述している。彼がこの処刑を見たのは、見世物に行くのを止めてしまう前、カルタゴにおいてであったと見られる。

私たちはかつて、ペッシノスから来た神アッティスが去勢されるのを見たし、生きながらに焼き殺されようとしている男が、ヘラクレスを演じているのも見た。そして、日中行なわれる剣闘士競技では、残虐な娯楽の最中にメルクリウスが赤く熱された鉄で死人を試している光景を見て、私たちは笑った。私たちはユピテルの兄弟(プルートー)が槌を手に持って、剣闘士たちの死体を引きずってゆく光景も見た。[51]

この描写を読むと、神話的なテーマ(アッティスの自己去勢)の再現に加え、剣闘士が死んでいるかどうか試したり、死体を片づけたりといった、闘技場における日常的な作業にも、時に扮装によって演劇的な演出が施されていたことがわかる。テルトゥリアヌスは円形闘技場を、「人間の血や、拷問の結果生じた穢れの上で、あなた方の神々が踊りを見せ、犯罪者のために劇の構想と物語を提供する」場であると形容して、劇場と死を組み合わせる奇妙な矛盾をはっきりと批判している。[52]

ローマの詩人マルティアリスは、オルフェウス神話の矛盾した演出を描写している。闘技場は、オルフェウスがリュートを演奏して野獣を魅了したとされる聖なる森に見たてて飾りつけられた。しかし結末は、オルフェウスに扮した死刑囚が熊に引き裂かれるというものだった。[53] この処刑は、見世物としての新奇さでも、オルフェウスを殺すことで神話に驚きのどんでん返しを持ち込んだ新奇さでも、観客を満足させたことだろう。

これらいくつかの例を見ただけで、競技や処刑の主催者たちが観客の関心を引きつけようとどれほど努力したかがわかる。飽きられることが問題でなければ、これほどの努力をすることはなかっただろう。痛みや死を恐れなくなるという望ましい効果と、退屈した観客に見られるような、その効果への完全な軽視との境は微妙なものだったに違いない。独創的な扮装や舞台設定、そして予期せぬ演出は時に、処刑を見ることに驚きと力を再生させることがあったようだ。プルタルコスは、火刑を宣告された者たちの一風変わった処刑を描写しながら、このような再生の瞬間を捉えている。

しかし、犯罪者たちが闘技場でしばしば、金色の生地でできたトゥニカの上に、紫のマントを羽織り、王冠をかぶらされているのを見て、まるで幼い子供のように……畏敬と驚きの念に打たれる者たちがいた。こうした観衆たちは、目の前で犯罪者たちが剣で突き刺され、鞭で打たれ、そしてけばけばしく豪華な衣装が炎の中で焼け千切れるのを見るまで、彼ら（犯罪者たち）はとても幸福であると想像するのだった[54]。

この場合、幸福な祝祭を示すはずの美しい衣装と、突然で残酷な死の対照が、無感覚になっていた観客の心を開き、まるで再び「幼い子供」に返ったように見世物を見ることを可能にした。倦怠は驚きに追いやられたのだった。

三月のあの日、カルタゴ市のはずれにある闘技場にやって来た観客たちの中にも、これまで見てきたあらゆる見解を持った人々がいたはずである。おそらく、ほとんどの人たちは、皇帝の息子の誕生日を祝賀するために群集が集まるにつれ、共同体への帰属感を楽しんだであろう。伝統的なカルタゴの習慣に則って人間が犠牲に捧げられ、共同体全体に利益がもたらされるという、この催しの重要な宗教儀式的側面を認めた者たちもいただろう。ストア派的な、痛みの軽視を経験するために来た者もいただろうし、アウグスティヌスの友人アリュピウスのように、血に飢えて、引き寄せられて来た者もいただろう。何か予期しないこと、この処刑をいつもの処刑とは違ったものとする新味を期待して来た者もいたに違いない。

ローマ市では、教養あるローマ人は、昼の休み時間に行なわれる犯罪者の処刑は見ないのが習慣であったかもしれないが、カルタゴにおいては、それは人身供犠の伝統に則ったものであり、それだけに非常に人気があった。実際、属州地域においては、処刑が幕間ではなく、一日中続くメイン・イベントとなることもあった。[55] カルタゴにもこれは当てはまったようである。ペルペトゥアと仲間たちが死ぬのを見ずに闘技場を後にする者がいるとは考えられなかった。

こうしたさまざまな目的を持って訪れる異教徒たちに加え、多くのユダヤ人もやって来ただろう。カルタゴには大きなユダヤ人共同体があった。ポリュカルポスの殉教を伝えるエウセビオスの記述をカルタゴのユダヤ人共同体に当てはめることができるなら、「ユダヤ人たちは、いつものように……他の人たち以上に熱心に（観衆に加わった）[56]」。また、自分たちの共同体の五人が殉教するのを見るためにやって来たキリスト教徒もいたに違いない。私たちが知るだけでも、ペルペトゥア自身による投獄記に続けて、処刑の目撃談を書いた人物がおり、この人物は、他のキリスト教徒もそこにいたと書いている。殉教伝の多くには、殉教を見るためにやって来たキリスト教徒の描写がある。ペルペトゥアの死から五〇年ほど後に起きた、モンタヌスとルキウスの殉教を伝える書簡は、観衆の構成を記述している。「あらゆる所から異教徒の群集が、中にキリスト教徒も交えて集まって来た。他の多くの神の証人たち〈＝殉教者〉を見に来た時のように」[57]。あらゆる見世物を避けるようにというテルトゥリアヌスの勧めにもかかわらず、三世紀の半ばまでは、キリスト教徒が処刑を見に来るのは普通のことだったようである。さらに、モンタヌスの殉教に関する記述は、ある時期には、見に来ること自体が修練だったことを示唆している。

異教徒たちが闘技を見て、死に立ち向かう勇敢さを学んだのと同様、キリスト教徒たちは、いかに信仰のために死ぬかを学びにやって来た。モンタヌスの殉教を伝える書簡は、キリスト教徒が参加することの、この目的を強調している。殉教者たちは、その行動においても言葉においても、群衆の中にいるキリスト教徒にとっての模範であった。群集が見ることができたのは、「キリストの殉教者たちが、その顔に浮かんだ朗らかさで、栄光に満ちた歓喜を証明し、そうして言葉を発しなくても、残りの者たちを引きつけて、その勇気を見習わせる」様子であった。しかし、殉教者たちは行動だけで語ったわけではない。彼らは繰り返し、観衆に向かって長い弁説をふるい、信仰に強固に留まるよう促した。モンタヌスはこう要約している。「兄弟たちよ、勇気を持ってあなた方の信念を守り、粘り強く戦うのだ。あなた方には良い手本がある。背教者たちの裏切りによって、破滅に導かれてはならない。そうではなく、私たちの試練に力づけられて、〈殉教の〉冠へと近づくようにするのだ」[58]。二〇三年のあの日に闘技場へと向かった殉教者たちの小集団が、先行する殉教者たちの死を見て力づけられたかもしれないのと同様、ペルペトゥアと彼女の仲間たちが立つ闘技場で、神の力が目前で顕現するのを見るべくやって来たキリスト教徒も多くいたに違いない。

観客たちがさまざまな期待を胸に闘技場へとやって来る頃、殉教者たちもまた、自分たちが試されるとき、何を予期すべきかを感じていた。彼らも闘技場で人が死ぬのを見たことがあったであろうから、人が死に直面する様には、いろいろな可能性があることを知っていたに違いない。彼らの決心は、勇敢に死に直面した他の人々の物語によってさらに強められたであろう。テルトゥリアヌスは獄中にいる者たちに宛てた書簡の中で、勇敢に死に赴いた人々のことを想起させているが、カルタゴに伝わる供犠の強力な伝統を考えれば、わざわざそれを思い出させる必要はなかったかもしれない。テルトゥリアヌスは、これらの異教徒たちが死を恐れなかったのなら、なぜキリスト教徒が死に怯む必要があろうかと説いている[59]。

彼らにはまた、以前に死んでいったキリスト教殉教者たちの勇気を伝える物語もあった。一二人からなるスキッリウム〈訳注：北アフリカの都市の名前〉の殉教者たちは、二〇年前、カルタゴで勇敢に死んでいった。カルタゴのキリスト教共同体のメンバーは、今日にまで残るこの殉教者行伝をきっと読んでいたに違いない。ペルペトゥアと彼女の仲間たちは、これらの殉教者が最後に発した言葉を思い出していたかもしれない。「今日、私たちは天の殉教者となるのだ。神に感謝を捧げよう[60]」。

サトゥルスが獄中で見た幻視も、これらの殉教者の経験をそれ以前に殉教していった者たちと結びつけていた。彼は天国の幻視を見る中で、「同じ迫害で生きたまま火あぶりにされたユクンドゥス、サトゥルニヌス、アルタクシウス、そして、殉教者として獄中で死んだクイントゥスと会った[61]」。獄中で試練を待つ信仰告白者たちは、孤独を感じなかった。サトゥルスの幻視は、彼らが先人たちの記憶によって励まされていたことをはっきり示している。この、死者たちと、間もなく死者となるはずの者たちからなる共同体は、どの殉教伝にも見られるテーマである。北アフリカで二五九年頃殉教したマリアヌスとヤコブスの殉教伝を記した人物は、「神の民である普通の人々が信仰を試される際、先に去っていった者たちの受難によって励まされるように」殉教を記録したとはっきり書いている。[62]

キリスト教徒の勇気を示す例がたくさんあるからといって、堅忍が既定の結末だったというわけではない。信念を守り通す強さがなかったキリスト教徒の例もたくさん存在する。エウセビオスは、初期教会での出来事を注意深く綴った年代記の中で、そんなキリスト教徒たちのことも語っている。殉教の様子が記録されている初期の例の一つ、一七七年にリヨンで起きた殉教では、ほぼ最後の瞬間に一〇人の信者がキリストを捨てたと彼は書いている。それは「私たちに大きな落胆と、言い表せないほどの悲痛を引き起こし、まだ逮捕されていない者たちの熱意に水をかけた」[63]。一部の殉教者たちの揺るぎなさが他の者たちの勇気に拍車をかけたのと同様、それ以外の者たちの弱さは、臆病心を掻き立てた。闘技場までやって来ても、決意が変わらないとの保証はなかった。ポリュカルポスの殉教（一五五年頃）を記録した人物は、クイントスという名前の男が「野獣を目の前にして、決意を挫かれた」と書いている。[64]エウセビオスは、このクイントスの挫折に強い印象を受けたため、もともとの記述にあった簡単な一文を、さらに詳しくしている。「野獣を目にし、後に続くだろう苦痛を恐れて、（クイントスは）完全に意気阻喪し、遂に救済を放棄してしまった」[65]。テルトゥリアヌスが、囚われているキリスト教徒たちの決意が揺るがないようにと、書簡を送ったのも不思議ではない。挫折の可能性は常に存在していた。

しかし、ペルペトゥアを含む小グループは、先行する殉教者の記憶以上のものによって励まされていた。フェリキタスが子供を産む際に交わした会話に見られるように、信仰告白者たちは、闘技場では神が彼らのすぐそばに来て、試練を乗り切るのを助けてくれると心底から信じていたのである。神の臨在と助力は、ほぼすべての殉教伝に見ることができ、この一団もまたそうした助けを期待していたと考えて間違いない。「あなたたちは、もちろん私たちを殺すことができるだろうが、私たちに害を与えることはできない」。ローマの迫害者たちを挑発し、キリスト教徒の姿勢について多くを語ってくれる、殉教者ユスティノスの有名なこの言葉を、彼らも繰り返したかもしれない[66]。

獄中の殉教者たちは、ペルペトゥアとサトゥルスが得た幻視によっても力づけられていた。それは、闘技場での勝利と、それに続く永遠の生を約束するものだったからである。ペルペトゥアは彼女の日記を最後の幻視で結んでいる。この幻視は、彼女の個人的、精神的な探求の頂点であり、彼女に神のものとなることを誘うような夢であった。彼女には、それ以上、もう自分の言葉で語るべきことは何もなかったようである。だが、彼女の個人的、内面的な探求は終わったかに見えても、彼女はまだ、救済への道を公の場で完遂しなければならなかった。それは次の日、闘技場で起きるはずだった。この時点で、ペルペトゥアは彼女の日記を、カルタゴのキリスト教共同体のあるメンバーに預け、彼女たちの殉教の公的な部分を記録するという任務を託した。その人物は、闘技の前日の時点から記述を始めている。「私はこの栄光に満ちた物語に何かを付け加えるには値しない者ではあるけれど、私たちは、至高の聖人であるペルペトゥアの命令、というより彼女に信託されたことをやり遂げよう[67]」。

殉教の時が近づくに連れ、緊張は高まってきた。非常に迷信深いカルタゴ人たちは、キリスト教徒がどれくらいの魔力を持っているか不安に思っており、囚人に対する責任者であった軍の士官は、彼らが逃げ出すことを恐れて自由を厳しく制限していた。目撃者となった記述者はこの士官の迷信を軽蔑して、こう書いている。「一部の非常に愚かな人々からの情報に踊らされ、彼は獄中の者たちが魔法を使って牢獄から抜け出すのではないかと恐れるようになった」。ペルペトゥアはこの士官と真っ向から渡り合っている。

「なぜあなたは私たちに、きちんと活力を取り戻すことすら許さないのですか。私たちは副帝の所有物で、彼の誕生日に戦うのですから、罪人たちの中でも、最も高貴な者のはずなのに。私たちがその日に、より健康な状態で登場できれば、それはあなたの手柄になるのではないですか」。

士官は心を乱し、顔を赤くした。彼は非常に心配になったので、ペルペトゥアらをより人間的に扱うようにと命令し、彼女の兄弟たちや他の人々が訪問することを許し、囚人たちとともに食事が取れるようにした。(68)

ペルペトゥアは巧妙に、そして皮肉を込めて、彼の愛国心と皇帝への忠誠心に働きかけて、最後の夜をいくらかでも快適に過ごせるようにした。彼らと食事を取るためにやって来た訪問客の中には、彼女の日記とともに、殉教を記録する任務を託された人物もいたのであろう。

闘技場に登場する前に剣闘士たちが儀式的な食事をしたように、死刑宣告を受けたキリスト教徒も同じことをした。処刑の目撃者はこう書いている。「闘技の前日、彼らは最後の食事を取っていた。それは「自由な宴」と呼ばれるのが普通だったが、彼らはそうは呼ばず、代わりに愛餐《アガペー》とした」(69)。私たちはここに、ローマ人にとって神聖な行為、すなわち、闘技場に向かう前の儀式的な食事が、最後の共同食事というキリスト教の儀式へと姿を変える、儀式的な変換の過程を直に見ることができる。国家に対する裏切り者を、皇族の誕生日に生贄にする異教の儀式は、キリスト教的な犠牲へと変換されようとしていた。

最後の晩に信仰告白者に会いに来たのは家族や支援者だけではなかった。単なる好奇心で死刑囚を見たいという者たちも、カルタゴから円形闘技場近くにある牢獄までの短い距離を歩いて、大勢やって来た。信仰告白者たちはこの集まりを、キリストの言葉を広める好機として利用した。「彼らは群衆に語りかけた……（そして）神の裁きについて警告し、苦しみの中で自分たちが得るであろう喜びを強調した。そして、彼らを見るためにやって来た者たちの好奇心を嘲笑した[70]」。一団の中で最も向こう見ずだったサトゥルスは、野次馬の群集に挑み、あざ笑った。「あなた方は明日だけでは満足できないのか。なぜあなた方は、嫌っているものをそれほど熱心に見ようとするのか。今日私たちの友である者も、明日は敵となるであろう。だが、私たちの容貌をよく覚えておくのだ。その日に私たちを思い出せるように[71]」。有罪宣告を受けた犯罪者が（中には若い女性も含まれていた）、儀式的な食事の晩に、まるで最も気の強い剣闘士のように勇敢に振る舞うのは、カルタゴ人にとって驚くべきことだったろう。「誰もが驚嘆して牢獄を後にし、そして多くの者が信じ始めた[72]」。精神的な確実さを渇望していた世界において、若い信仰告白者たちの精神力は強い印象を残した。

誰もが予想するように、一団は次の日に何が待ち構えているかについて語り合った。サトゥルニヌスは殉教の中に競争を見たようである。彼は「あらゆる種類の獣に襲われたいと主張した。そうすれば、自分の殉教者としての冠はより輝かしいものになるだろうからと」。サトゥルスは自分の恐れを明らかにした。「彼は熊を何よりも恐れており、豹に一噛みされて死ぬことを期待していた[73]」。サトゥルスの希望は正しい知識に基づいていた。猫科の大きな動物は獲物を一撃で気絶させるか、一噛みで効果的に命を奪ったが、他の動物は獲物を引きずり回したり、引き裂いたりして、それほど殺すのがうまくなかったのだ[74]。初期の偉大な殉教者イグナティオスもまた、ライオンがすばやく殺してくれることを期待した。「私が祈る唯一つのことは、それらがすばやく行動してくれればということだけです[75]」。女性たちもどの獣を望むかを言ったかもしれないが、記録には残っていない。

処刑の日の朝、殉教者たちは闘技場へと連行された[76]。ローマ市では、死刑宣告を受けた囚人は、早朝一の刻に荷車に載せられ、闘技場へと運ばれた[77]。カルタゴでは、囚人たちが捕らわれていた場所は、闘技場からさほど遠くなかったらしく、囚人たちは徒歩で連行された。荷車であれ、徒歩であれ、牢獄から闘技場までの行進は、ローマ的な行進《ポンパ》のあらゆる要素を含んでいた。そして目撃者の記述は、キリスト教徒たちがこの時と場所をキリスト教にとって神聖なものとすることで、これがキリスト教的な儀式であると意識的に主張していたことを強く示唆している。目撃者は殉教者たちが「牢獄から円形闘技場へと、まるで天国に向かうかのように、楽しそうに行進した」と書いた[78]。ここで読者はすでに、闘技場が異教的な恐怖の巣窟から天国への入り口に変容するという合図を受け取ることができる。

ペルペトゥアは自信をもって行進した。犯罪者の羞恥ではなく、ローマの既婚婦人の誇りを見せながら、「彼女の強い眼差しで、あらゆる人に視線を落とさせながら」、この若い女性は群集と勇敢に向き合った[79]。フェリキタスに関し、彼女の心の状態を次のように解釈しながら、語り手は再び、殉教を達成するためには母性を捨てる必要があるというテーマを持ち出している。「フェリキタスは、自分が安全に子供を産み落とし、今こうして獣と戦えることを喜んでいた。血の海から別の血の海へと、助産婦から剣闘士へと移動しながら、出産を終えた彼女は、第二の洗礼で身を洗う用意ができていた[80]」。

多くの殉教伝が殉教者の儀式的な行進を聖なる出来事を予告するものとして強調している。例えば、ペルペトゥアの数十年後、やはりカルタゴで殉教を遂げたフラウィアヌスの祝祭的な行進の記述も、聖なる行進の重要性を強く打ち出している。「今ですら、行進の全体的な雰囲気は、殉教者が神とともに君臨することを予告していた[81]」。したがって異教徒であれ、キリスト教徒であれ、行進を見る人は、儀式的に重要な行為を見ていることを理解していたであろう。

衣装もまた、儀式化の過程の一部を担った。ペルペトゥアの殉教の物語は、処刑という出来事がローマに献じられるものなのか、キリストに献じられるものなのかを区別するものとしての衣装に焦点を当てている。一行が闘技場の門に到着すると、ローマ人たちは、男をサトゥルヌスの神官の、女をケレスの女神官の衣装に着替えさせようとした。カルタゴで好まれた神々、サトゥルヌスとケレスが選ばれたのは偶然ではない。ここでもまた、北アフリカの伝統である人身供犠の伝統が、形を変えて、闘技場で繰り広げられようとしていた[82]。

ここで再びペルペトゥアは一団の代弁者の役割を果たし、そのような衣装に着替えることを拒んだ。「私たちは自由意志でここに到ったのですから、私たちの自由を犯すべきではありません。そのようなことはしないという条件で、私たちは命を捧げることに同意しました。あなたが私たちとそう合意したのです」。この発言は、ペルペトゥアが犠牲に同意していたことを認めている点で特に興味深い。殉教者たちは「自分たちの自由意思で」ここに到った。この時、彼女は、犠牲は自発的なものでなければ効果をもたらさないというカルタゴ人の信仰に訴えていた。ここには、皇帝は自発的な供犠の犠牲者を手に入れ、キリスト教徒たちは殉教者を手に入れるという合意が成立していたようである。しかし、衣装をまとうことは、この合意をあまりに異教儀式の方へ傾かせたであろう。明らかに、彼女にとって儀式化の行為は、この時と場所をキリスト教のものとするためのものだったので、彼女はこの点に関して曖昧さを残すことを望まなかったのだ。そして彼女の意見は通った。「不正ですら正義を認めた。軍士官は同意したのだ。彼らはそのままの姿で闘技場に出されることになった[83]」。

士官に対するペルペトゥアの勝利は、この行進がキリスト教にとって神聖なものであることを確実にしたようである。聖なる行進にふさわしく、これにもまた音楽が、ただしキリスト教的な音楽が伴った。「そして、ペルペトゥアは聖歌を歌いだした。彼女はすでにエジプト人の頭を踏みつけていたのである[84]」。

闘技場での勝利を予言した彼女の幻視は現実のものとなろうとしていた。

行進する間、ペルペトゥアは、群集に対する軽蔑を示すため、彼らの視線に真っ向から向き合った。一行の中の男たちはもっと敵対的だった。「レウォカトゥス、サトゥルニヌス、サトゥルスは、見物している群衆に警告を発し始めた。そして、ヒラリアヌスの視界に入るところまで来ると、彼らは身振りと合図で何かを表現した。『お前は私たちに有罪を宣告したが、神はお前に有罪を宣告するだろう』というのが彼らの言っていたことだった」。観衆が闘技場での出来事に参加するのは普通のことだったので、彼らは殉教者たちの傲慢に対して集団で対抗した。「これに対し群集は激怒して、彼らを剣闘士の列の前に並べて鞭打つように要求した」。殉教者たちは、この拷問が加わることで、キリストの受難に比肩できると喜んだ(85)。

殉教者物語の多くは、群集が殉教という出来事に積極的に参加したことを示している。エウセビオスが記述する、リヨンでの群衆の行動は、おそらく最も生々しいものではないか。「(殉教者たちは)押し寄せる群集が投げつけてくるものに英雄的に耐えた。騒々しい罵り、殴打、地面への引きずり回し、略奪、投石、監禁、そして、激怒した暴徒が憎み嫌う敵に普通するようなすべてのことを(86)」。積極的に参加しようと闘技場にやって来た観客たちが失望することはめったになかった。テルトゥリアヌスがキリスト教徒に対し、群集に混じらないよう警告したのも不思議ではない。

最初に野獣と対面することになったのは、男たちだった。サトゥルス、サトゥルニヌス、レウォカトゥスは、野獣と対決するため闘技場へと引き出された。犯罪者を「獣に《アド・ベスティアス》」処刑させるのは、私たちが思うよりずっと複雑であった。動物は、どんなに獰猛であろうと、予期せぬ行動を取ることもあったので、動物が必ず死刑囚を襲うように、手の込んだ準備をしなければならなかった。見世物の前、動物には餌を与えず飢えた状態にし、時には、人間を食べるよう特別な訓練がなされた[87]。動物が犠牲となるべき人間に狙いを絞ることを確実にする方法の一つは、犯罪者と動物をくくりつけることだった。殺害をさらに確実なものとするため、しばしば犠牲者は固定された台や、可動式の台に縛りつけられたりした。［図5・2］は、北アフリカ出土のモザイクであるが、車輪のついた台に縛りつけられた死刑囚が、豹の方に運ばれてゆく様が描かれている。こうした努力のために、闘技場には動物の調教師（もしくは制御係）がいる必要があった。これらの男たちは鞭を使って死刑囚を獣の方へと追い立てたり、猛獣を適切な犠牲者の方へと導いたりした。テルトゥリアヌスが、「人をライオンへと追い立て」ながら、後で自分は殺人者ではないと主張する調教係を嘲笑しているのは、驚くべきことではない[88]。

これらすべての準備にもかかわらず、野生の獣に決まった行動を取らせるのは難しかった。獣が犠牲者を襲うことを拒んだ例はいくつも報告されている。その原型はアンドロクレスとライオンの物語〈訳注：逃亡奴隷であったアンドロクレスに刺を抜いてもらったライオンがその恩を忘れず、闘技場で再会したときにも襲い掛からなかったという、ローマの伝説〉だが、キリスト教の物語にもそのような話がいくつもある。聖テクラはライオンの前に投げ出されたが、ライオンは彼女を襲う代わりに、彼女の無垢な身体を畏れて、その足元に身を横たえた[89]。聖エウフェミアは、ヤマネコがいる穴に投げ込まれたが、やはり獣は彼女を襲うことを拒んだ[90]。ブランディナは、野生の獣の餌となるべく十字架にくくりつけられたが、動物たちは彼女に触れようとしなかったため、牢獄へと戻された[91]。このような出来事を目撃し、記録したキリスト教徒たちは、動物の行動を神の力に帰しているけれども、野獣に人間を殺させることは常に不確実な作業であった。

サトゥルニヌスは、望みがかなって二種類の動物と対峙することになった。最初、彼とレウォカトゥス

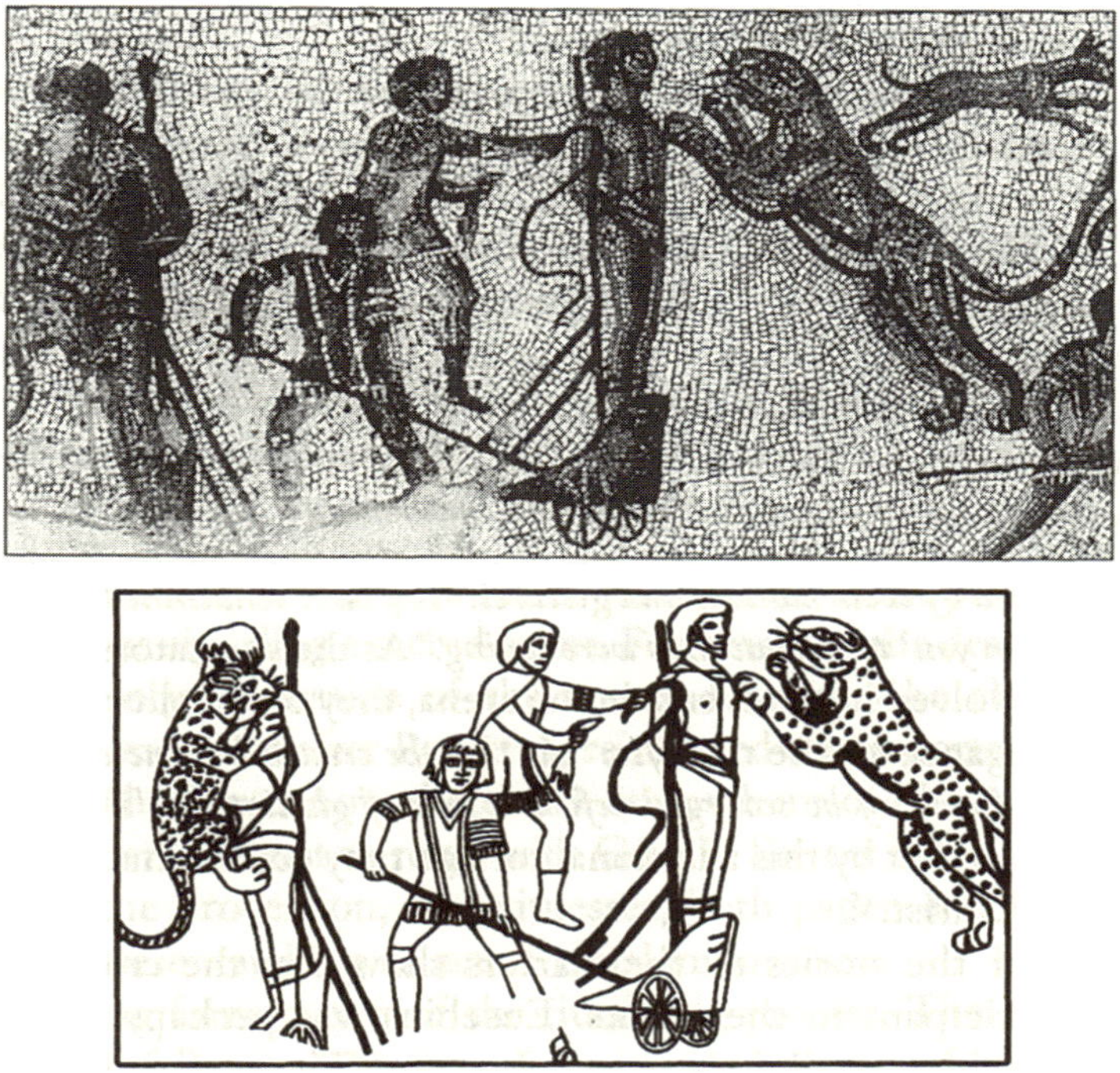

［図 5・2］野獣刑に処される男たち（モザイク画）．リビア，ズリテンのダル・ブク・アメラのヴィラ出土．写真提供はローマのドイツ考古学研究所，図はアリシア・ノーウィッキ．

は「豹と組み合わされた」。殉教者たちはこの戦いでは死なず、他の動物と戦うことになった。サトゥルニヌスは台にくくりつけられて、熊に襲われた。サトゥルスは猪に縛りつけられたが、猪は彼を無視して引きずったまま、彼と猪を縛りつけた剣闘士を牙で突き刺した（この剣闘士は、この傷がもとで数日後死去した）。サトゥルスは次いで、すでに縛られていたサトゥルニヌスとともに縛りつけられて、熊に襲われるのを待った。こうして、熊に襲われるというサトゥルスの最悪の予想が実現するかに見えたが、熊は檻から出てくるのを拒み、サトゥルスは無傷のまま門のところに連れ戻され、女たちが試練を受けるべく闘技場に引き出されるのを待つことになった。(92)

群集を喜ばせるため、見世物の催行者たちは二人の女性のために特別なことを計画していた。語り手はこう書いている。「しかし、若い女たちのため、悪魔は若くて気の荒い雌牛を用意していた。普通は使われない動物だったが、女たちの性別が獣の性別と対応するようにと選ばれたのだった」(93)。女性を処刑することはカルタゴではいくぶん珍しいことだったらしく、彼らはこの新奇さを、雌の動物と彼女たちを対決させることで強調したかったのだ。ブレント・ショー教授はさらに、女性に対して若い雌牛を使うことには象徴的な意味合いもあったという解釈を示している。雄牛を放つことには性的不名誉の意味合いがあり、普通、処刑される女性が姦通者として知られていることを示していた。(94)猛獣の選択と、普通使われていたのとは違う性の動物を使うことは、性的堕落の象徴にさらなる側面を付け加えたであろう。雌牛が選択されたことは、女たちが姦通を犯すに十分なほど性的ではないことを示唆し、もしかすると彼女たちには「別の種類のセクシュアリティー」があることを言外に示していたのかもしれないというのが彼の考えである。(95)目撃者の簡潔な説明からは、処刑の計画者たちが何を思っていたのか、そして、観客たちが雌牛の象徴的な性格をどう見たのか、私たちが確実に知ることはできそうにない。

闘技場の囚人たちは、動物たちがより近づきやすいよう、しばしば何らかの方法で身体を拘束された。犯罪者が雄牛によって殺される場合には、彼らはまず網に巻かれた[96]。網に巻かれて、雄牛に繰り返し突き上げられた、リヨンの殉教者の一人ブランディナがこれに当てはまる[97]。このためペルペトゥアとフェリキタスは、身体に巻かれた網以外は何もまとわず、裸で闘技場に連れ出された。しかし、この若い女性たちを見た観衆は予期せぬ反応を示した。「一人が若く、か弱い女性であり、もう一人がまだ出産したばかりで、乳から母乳の滴るような女性であることを見ると、観衆ですら恐ろしくなった。このため、二人は連れ戻されて、帯のないトゥニカを着せられた[98]」。

この出来事は、闘技場で催しが行なわれている最中ですら、群集にはそこに活発に関与して、影響を与える力があったことを示している。なぜ群集は、若い女性の裸をそれほど恐ろしがったのか。それはおそらく、単に彼女たちが裸だったからではない。アフリカで発見されたテラコッタ陶器には、裸の女性が獣に襲われる姿が描かれており[99]、裸にされるのは前例のないことではなかった。もしかすると群集は、イシス女神のための行列で、神官たちが黄金の乳房から乳を滴らせる様と似ていることに腹を立てたのかもしれない。最もありそうなのは、ペルペトゥアとフェリキタスが表明した、母性と殉教は相容れないものだという信念を群集が共有していたということである。

ペルペトゥアのテクストは、キリスト教徒が殉教を成し遂げようとするとき、母としての社会的な義務を放棄することがどれほど求められていたかを示している[100]。しかし母親たちをしばっていた社会的な紐帯と同じぐらい重要なことに、母であることの生理的な状態もまた殉教とは相容れないものであったようだ。すなわち、母が乳を出すのに対し、殉教者は血を流すということである。

古代の生理学は血と乳を関連づけて理解していた。胎児は子宮の中で、月経の血から栄養を吸収し、分娩後は母体がその血を乳に変えて、幼児に栄養を与えると考えられたのである。[101] 血と乳の中身が関連づけられただけではなく、「月経、妊娠、乳の分泌は、一つの過程の異なった段階であり……女性は一つ以上の段階を一度に経ることはできないし、経てはならない」と考えられた。[102] したがって、授乳期の女性は出血してはならないし、その逆もあってはならなかった。深く根を下ろしたこのような信念は、母親が殉教者になることに対する人々の態度に影響したに違いない。群集は女たちが服を着るように送り返し、そうすることで、授乳期の母親が闘技場で血を流すという矛盾に直面しなくていいようにしたのだった。

群集が求めたとおり女たちに服が着せられると、野生の雌牛が放たれた。野生の雌牛は雄牛と同じぐらい獰猛で、致命的な攻撃をすることがある。現代の闘牛士も、催しに変化を与え、危険度を増すため、野生の雌牛と対戦させられることがある。雌牛は突進の仕方が雄牛とは異なり、また、目を開けて突進してくると言われる（雄牛はそうではない）。雄牛の代わりに野生の若雌牛が放たれたことは、二人の女性の危険を減らすものではなかった。語り手は殉教者と雌牛との対決と、いかに二人が攻撃をしのいだかを詳細にわたって語っている。

まず、若雌牛はペルペトゥアを突き上げ、彼女は背中から落下した。彼女は上体を起こすと、横が裂けたトゥニカを引っ張り、太腿を隠そうとした。痛みよりも慎みを先に考えたのである。次に彼女はピンを求め、乱れた髪をまとめた。それは女性殉教者は、彼女の栄光のときにまるで嘆いているように見えるといけないので、髪を乱して死ぬべきではなかったからである。

そして彼女は立ち上がった。フェリキタスが地面に倒れているのを見ると、ペルペトゥアは彼女のもとに近寄り、手を差し伸べて起き上がらせた。そして、二人は並んで立った。[103]

丹念に記述された詳細と、目撃者によるその解釈は、ペルペトゥアの心よりもむしろ、語り手の心を物語っている可能性が高い。野獣に突き上げられたペルペトゥアが慎みや、勝利である死を迎えるのにふさわしいヘアスタイルのことを考えていたと想像するのは難しい。しかし、これらの詳細からは、語り手がペルペトゥアの完璧さ（彼の目には、彼女の慎み深さがこれを物語っていた）と殉教者の死は喜ばしいものであることを強調しようとしていたことが窺える。二人の女性はおそらく、次に起きることを待ちながら、気が遠くなっていたに違いない。

雌牛の最初の突進だけで群集には十分だったようである。「群衆の残酷さはいまや宥《なだ》められ、二人は『生命の門』へと引き戻された」[104]。二人がこの門に呼び戻されたことは、エジプト人に勝利してこの門へと向かったペルペトゥアの幻視が正しかったことを証明しているかのようであった。それは、彼女たちが野獣によって十分苦しみ、試練を生きてくぐり抜けたことを示していた。しかし、ペルペトゥアの幻視とは異なり、この門に戻ったことは、闘技で最終的に勝利したことを意味しなかった。それは、処刑の時が遅らされただけのことであり、処罰が軽減されたわけではなかった。門のところで殉教者たちは支援のキリスト教徒たちに迎えられ、励ましを受けた。ペルペトゥアはルスティクスという名の洗礼志願者に寄りかかっていたが、この時、恍惚的なトランス状態から覚醒した。「彼女はある種の眠り（彼女はそれほど聖霊に浸り、忘我状態にあったのだ）から目を覚まし、自分の周りを見回し始めた」[105]。

試練を受ける間に示された殉教者たちの強さは、闘技場に神が存在するためだと見なされた。攻撃してくる野生の雌牛に突き上げられたとき、ペルペトゥアは何の痛みも感じなかったようである。トランス状態から回復すると、彼女は「いつ私たちは、あの雌牛か何かの前に投げ出されるのですか」と尋ねた。そして、すでに雌牛と対峙したことを聞かされても、「荒々しい経験の跡を自分の身体と服に認めるまでは、彼女はそれを信じようとしなかった」[106]。ペルペトゥアが牛に突かれてショック状態になったというのはいかにもありそうなことである。自動車事故に遭った人は、しばしば衝突の瞬間のことを覚えていない。ブランディナもまた、雄牛が闘技場で彼女を突き回した衝撃を感じなかったようである。「猛獣は何度も彼女を突き上げたが、今や彼女は自分に起きていることのすべてに無関心だった」[107]。殉教者の状態に関する記述の生理学的な説明がどうであるにせよ、後期ローマの文化的コンテクストでは、恍惚状態は聖霊の存在を示すものだった。フェリキタスは牢の見張りに、闘技場での試練の間は神が自分たちを助けてくれると語ったが、皆、実際それが起きたと信じたのだった。闘技場における聖霊の存在は、これらのことが起きている間、闘技場がキリスト教にとって聖なるものとなったことを裏づけた。

殉教の最終段階を待つため「生命の門」のところに留まっている間、ペルペトゥアはこの機を捉えて、周りに集まって来た、自分の兄弟を含むキリスト教徒たちに話しかけ、信仰を強く保つようにと求めた。「あなた方はみな、信仰を強く守り、互いを愛し、私たちが経験することによって心を弱くしてはなりません」[108]。彼女が心配する必要はなかった。あらゆる証拠は、殉教を見た人の信仰は弱くなるよりも、強くなることを指し示している。聖霊がそこにいて、信仰告白者たちが試練に耐えるのを助けているというのが一般的な信仰であっただけに、それはなおさらであった[109]。

ペルペトゥアとフェリキタスが「生命の門」のところで介抱されている間、群衆の注意は、別の門で待っていたサトゥルスへと向かった。彼は兵士プデンスにこう話しかけて励ました。「これはまさしく私が予期し、預言していたことだ。今までのところ、どの獣も私に触れていない。だから、今やあなたは心の底から私を信じてよい。私はあそこに出て行き、豹の一嚙みで死ぬだろう」[110]。今まで繰り返し見てきたように、恍惚状態でなされる預言は聖霊の存在の印であり、サトゥルスは闘技場での出来事から、豹によって迅速に殺されたいという望みが叶えられると見て取ったのだった。闘技が終わろうとするとき、豹が放され、「一嚙みされたサトゥルスが血まみれになったので、群集は退場する彼に対し、彼の二度目の洗礼を目撃した証として、『申し分なく洗われた。申し分なく洗われた』と叫び声を挙げた(111)」。

群集がこの文句を叫んだときに何を考えていたのか、正確に知るのは難しい。「サルウゥム・ロトゥム（申し分なく洗われた）」というのは、ローマ人が公衆浴場から出てゆく際、幸運を祈るため交わされた挨拶である(112)。この場合、群集はこの挨拶を皮肉に使って、アレーナに近づく際に傲慢にも群集をあざけったこの信仰告白者をあざ笑っていたのかもしれない。もう一つ考えられる説明は北アフリカ特有のものである。つまり、この句は、「サトゥルヌス神に犠牲を捧げる際に挙げられた儀式的な叫び」だったのかもしれない(113)。もしそうなら、群集はカルタゴの伝統に則って、この出来事を古い神々に対する伝統的な人身供犠として見ていたことになる（この解釈は、最初、殉教者たちをサトゥルヌスとケレスの神官に扮装させようとしたことにも合致する）。この叫びが群集にとって何を意味していたにせよ、殉教を記録した目撃者は、殉教の血を洗礼の水と同一視することで、嘲りを賞讃に変えてしまった。「なぜなら、このようなやり方で洗われた彼は、間違いなく救われたのだ(114)」。

［図5・3］は、サトゥルスの試練と同じような出来事を記録する、生々しく恐ろしいモザイクである。驚くべきことに、サトゥルスは豹の攻撃でもすぐには死ななかった。彼はさらに兵士プデンスと言葉を交わし、兵士の指にはまっていた指輪を貸して欲しいと頼んだ。そして殉教者は指輪を自分の傷口に浸し、それを「自分の流血の証と記録として」兵士に返した(115)。その後まもなく、サトゥルスは大量の出血で気を失った。

［図 5・3］男に襲いかかる豹（モザイク画）．テュスドルスのドムス・ソレルティアナ第 14 室．写真はアンナ・ゴノソヴ（*Corpus des Mosaïques de Tunisie*, III, 1 とマーガレット・アレクサンダー博士の提供）．図はアリシア・ノーウィッキ．

この物語からわかるように、野獣に与えるという刑が宣告されたとしても、実際、動物が殉教者を殺すとは限らなかった。そのような処刑方法が宣告された場合、負傷者が「死の門」まで運ばれ、剣闘士に殺されるというのがほとんど不可避だったようである。サトゥルスは「喉を切られるため、意識のないまま他の者たちとともにいつもの場所に放り出された」。しかし群集はここでもまた成り行きに介入した。殉教者たちを見ただけではまだ満足できなかったのである。目撃者である語り手は、群集が信徒の殉教に口を挟むことを非難しながら、彼らが何を要求したかを記述している。「群衆は殉教者たちを中央に運んでくるよう求めた。自らの目が彼らの肉体を突き刺す剣を見る、罪深い目撃者となれるように」。

群集が視野を遮られず、はっきりと死を見ることができるように、処刑のための台が用意されていた。もしかすると彼らは、殉教者たちが野獣の試練に立ち向かったときと同様、死に直面しても勇敢に振舞えるかどうかを見たかったのかもしれない。彼らは失望させられなかった。殉教者たちは怯むことなく堂々と処刑台へと歩いてきた。彼らは、キリスト教の礼拝を思い起こさせる儀式的なやり方で互いに別れの挨拶を交わした。「彼らは互いに接吻を交わして、殉教を平和の儀式で締めくくった」。礼拝の際に接吻が祈りを締めくくるものであるように、ここでは儀式的な接吻が、この小さな集団をまとめて救済に到らせるものだと彼らが信じた試練を締めくくった。

そして一行は再び、不屈のサトゥルスに先導されて処刑台へと進んでいった。彼は最初に台の上に登れるほど十分意識を回復していた。彼が見た夢同様、階段を登る彼の後をペルペトゥアが続いた。他の殉教者たちは皆、ペルペトゥアより前に、「静かに剣を受けた」。殉教者たちは臆することなく死を迎え、ローマ的なやり方で、死に勝利したことを見せつけた。ストア派哲学者のセネカは、このローマ人的な感情を以下のように表現している。「私は恐怖から解放された。故に、処刑台で首を差し出すことをためらわないであろう」[116]。殉教者たちは首を差し出すことをためらわなかった。より良い死後の世界を確信することで、彼らは死への恐怖を克服したのである。

殉教者たちの中で最後に死を迎えたのはペルペトゥアだった。彼女もまた勇敢に首を差し出したが、死はそれほど迅速なものではなかった。語り手が説明しているように、彼女は「まだ、さらなる痛みを経験しなければならなかった」。殉教者たちの処刑を任されていた剣闘士は未熟だった。彼はペルペトゥアに剣を向けたが、的を外して骨（おそらく鎖骨）に当ててしまい、彼女は苦痛に叫び声を挙げた。それでも彼女は死や剣を恐れなかった。ペルペトゥアは「経験の浅い剣闘士の震える手を取り、自分の首へと導いた」。自分の目的よりも大きな大義のために命を捨てたディドー以来のカルタゴ女性たちの立派な伝統に則り、ペルペトゥアもまた闘技場で自害を果たした。自身もカルタゴ人であった語り手は、この犠牲的自殺行為を賞讃している。「それはあたかも、汚れた霊にすら恐れられたほど偉大な女性は、彼女自身が望まなければ、処刑され得ないかのようであった[117]」。

ここ、カルタゴの町はずれに立つ闘技場にはたくさんの強い力と強力な思想が集合し、それは信者の小集団の死という形で表現され、群集によって目撃された。皇帝という人格に体現されるローマの力は、そこに住む多くの人間集団よりも大きな、一国家としてのアイデンティティーを表現していた。この象徴的な原理に犠牲を捧げることを拒んだ信仰告白者たちは、皇帝権力の安寧と継続を確実にするため犠牲に捧げられ、殉教者となった。カルタゴの長い歴史は、都市の安寧を確実なものとするための、個人の自殺と犠牲という理想を賞讃しており、闘技場に流れる血を見た群集は、この伝統を引き継いでいた。彼らはもはや、公の場で子供をサトゥルヌス神の犠牲に捧げることはしなかったが、闘技場での若い人々の死は、生者の一部を犠牲にすることで混乱を遠ざけておくという必要を満たした。

しかし、カルタゴとローマという古い世界の中には、新たな精神的願望や新たな社会的紐帯が形成されつつあった。殉教者たちは、別の世界を求める彼ら自身の希求のために死んでいった。この意味で、人間世界と神的世界をより強く結びつけようという、観客の多くが持っていた精神的な希求を、殉教者たちも共有していたと言える。しかし、殉教者たちの犠牲は単に個人的なものではなかった。彼らの死は、このとき生まれつつあった、そして最終的にはローマの崩壊の後に新たな枠組みを形成することになる、新しい共同体の結びつきを強めるためのものだった。ペルペトゥアによる夢の記録や「生命の門」に集まった人々に対する語りかけから、サトゥルスが兵士に渡した血まみれの指輪に到るまで、殉教者たちの行動の多くが、新たな共同体を強め、そこに継続のための命を吹き込むであろう記憶を作り出すことを意図していた。彼らの犠牲は皇帝の息子の健康を祈るためのものではなく、キリスト教共同体の健やかさのためのものだったのである。これら殉教者たちの血は新たな改宗者を生み出す種となるはずであり、これに続くカルタゴのキリスト教の歴史は、それが実現したことを示している。目撃者である語り手は、殉教者の犠牲を思い出し、そこから学ぶことを共同体に求めることで物語を終えている。

キリストの栄光を称揚し、讃え、崇める者は誰であれ、教会を造りあげるため、古い手本に劣らぬほど重要な、これら新たな手本の記録も読むべきである。なぜなら、これら徳の新たな表現もまた、唯一にして常に変わらぬ聖霊が今でもずっと働いておられることを証明し、また父なる全能の神とその御子なる我らの主イエス・キリストに、あらゆる時代を通じて光輝と計り知れない力があることを証言しているからである。アーメン(118)。

第六章　余波

殉教者行伝は、その性質上、完結した形で話が終わっている。それは、永遠の生へとつながる殉教者の死で終わらざるを得ないからだ。これらの出来事を記録した者たちにとって、これ以上語るべきことはなく、語れることもなかった。しかしもちろん、この世では物事がこのように完結することはない。人々の生活は続いてゆくが、それは何らかの形で過去に起きた出来事により形成されてゆく。この限られた紙幅でローマ時代の北アフリカにおけるキリスト教徒共同体の通史を語ることは不可能であるし、望ましいことですらないけれど、私はカルタゴで起きた、そしてこの小集団の殉教によって形作られたのかもしれないその後の発展の、いくつかの側面を指摘しておきたい。そうすることで私は、殉教者の死で話を締めくくるという、より安易な道を避け、人々の生活がいかに続いていったのかという、より現実的な像で本書を締めくくることができるだろう。

それを述べてゆく中で私は、ペルペトゥアの経験を形作った思想のどれだけ多くが変化し、または、終わりを迎えたかを示せるだろう。未来は、新たにつくり出された、帝国全体を組み入れたキリスト教共同体とともにあった。ペルペトゥアの経験は、帝国自体がキリスト教化する中で起きていた、ある種の知的・感情的な統合を映す小宇宙だった。さらに、現在経験していることはすぐに記憶となって、新たな環境に統合され、適応させられてゆく。したがって私は、彼女の殉教の瞬間よりずっと後まで続いていった、ペルペトゥアに関する「記憶」に何が起きたのかも辿ってみたい。

ローマとカルタゴ

ペルペトゥアと彼女の仲間たちは、セプティミウス・セウェルスの息子であるゲタの誕生日に犠牲に捧げられた。こうした供犠は、ゲタと皇帝家の健康と繁栄を祈るためのものだった。ペルペトゥアらの場合、供犠が効果をもたらすことはなかった。セプティミウスの二人の息子カラカラとゲタの少年時代には、常軌を逸した競争意識がついて回った。セプティミウスの治世について記録したローマの歴史家たちはみな、兄弟の間の敵意を特筆している。ヘロディアノスは二人の少年時代をこう要約している。「兄弟としてもまた、彼らは互いに敵対的だった。それは、二人が鶉の戦いや、闘鶏場での試合、レスリングの取り組みを巡って争っていた子供時代の競争心にまで遡る……一人が好きなものがあれば、もう一人はそれが大嫌いだった[1]」。セプティミウスは二人の敵意が過剰で、危険なことを知っていた。彼は、支配者一族の兄弟の争いが破滅につながった歴史上の逸話を繰り返し息子たちに思い出させた。彼は二人が継承することになる富を見せながら、兄弟間の内戦になればすべてが失われるだろうと警告した。皇帝の伝記作者ヘロディアノスは、これらすべての努力を記述したあと、セプティミウスの努力がいかに水泡に帰したかを書き留めている。「二人は耳を傾けず、あらゆる抑制を投げ捨てるまでに悪化していった[2]」。

二〇八年、老いゆく皇帝（すでに六十歳を越えており、重い痛風を病んでいた）は、ブリタニアでの戦争に赴くことを決めた[3]。ヘロディアノスは、皇帝がこの軍事作戦に従事することを決めた動機の一つは二人の息子を和解させることだったと述べている[4]。ただ、セプティミウスは、二人を協力させてともに戦わせるのはあきらめて、次男であるゲタを南ブリタニアに残して行政的な任務を任せ、カラカラは戦地へと連れて行った[5]。カッシウス・ディオによれば、弟を殺そうと、そしてあわよくば父親をも殺そうと計画していた暴力的な長男カラカラを、皇帝は特に信用していなかった。カラカラは父親の背後から剣を抜いて近づき、軍隊の眼前で殺そうと意図していたようである。しかし、それを見た人たちが警告の叫びを挙げたために実行することができなかった[6]。

セプティミウスは、二人の息子が和解し、協力して統治するよう努力を続けた。軍事作戦の最中であった二〇九年、彼はゲタを兄と同じ正帝《アウグストゥス》の位に上げた。セプティミウスはもう余命が長くないことを知っていたに違いなく、彼は息子たちが帝国をともに支配するよう説得するため、あらゆる手段を尽くしていた[7]。セプティミウスは二一一年、現イギリスのヨークで病死した。死の床で彼は、息子たちにこう最後の助言を残した。「(互いに) 和合せよ、兵を富ませよ、そして他の者はすべて軽視せよ[8]」。これは良い助言であったが、若い二人の皇帝の敵愾心が共同統治の妨げにならないと思う者は誰もいなかったようである。

二人の青年はブリタニアでの戦役を切り上げ、注意深く互いを避けながら、そして互いを暗殺しようと企みながらローマに帰った。カラカラが悪知恵を働かせて遂に目的を遂げたいきさつは、カッシウス・ディオが記述している。厳重な警備に守られた弟に近づくことができなかったため、カラカラは母親を説得して、和解するため、護衛をつけずに母の家に来るようにと、二人の息子を呼び出させた。ゲタはカラカラが召集した百人隊長たちが入って来るのを見ると、母親のもとに走り寄ってしがみつき、自分を救ってくれるよう懇願した。「そして、このように欺かれた彼女は、腕に抱いた息子が不敬虔きわまりない方法で死んでゆくのを見た。そして、死んでゆく息子を、彼が生まれてきた子宮へと受け入れたかのようであった。というのも、彼女は全身、息子の血にまみれていたからである[9]」。彼女は、年上の息子の怒りを恐れて、年下の息子の死を悼むことすらできなかった[10]。カラカラは弟の記憶すらも、計画的に抹消しようと試みた。ゲタの名前はあらゆる碑文から削除され、家族の肖像からは顔を消された。［図6・1］はセプティミウス・セウェルス、妻、二人の息子の集団肖像画であるが、ゲタの顔（父親似だったと言われる）は削り取られている。

夢と前兆はペルペトゥアの経験にもセプティミウスの経験にもきわめて重要な役割を果たしたが、続く世代の歴史家たちにも意味を持ち続けた。この弟殺しを記録したローマ人たちは、ゲタの死を告げる予兆を思い起こしている。一例を挙げると、ゲタが生まれたとき、宮廷の雌鶏の一羽が紫色の卵を産んだという知らせがあった。まだ幼児だったカラカラは卵を摑むと、それを壊してしまった。それを見たユリア・ドムナは冗談交じりに、「呪われた弟殺し！　あなたは弟を殺したのよ」と言ったと伝えられる。また、別の例は、幼児ゲタの誕生日を祝う犠牲が捧げられた際、犠牲獣がアントニヌス（カラカラの本名）という名の少年に屠られたというものである[11]。

迷信深いローマ人にとって、過去に遡って予兆を、つまり出来事に秩序を与える型《パターン》を探すのはいつもの習慣だった。ローマ人のやり方に習えば、私たちも、ゲタの誕生日に起きた血の殉教の前にペルペトゥアとフェリキタスの胸から引き離された二人の幼児を思い起こし、母親の胸に抱かれて死んだ若い皇帝に皮肉な対照を見て取ることができる。しかし、北アフリカで起きた地方的で小さな出来事が、セウェルス朝の大きな出来事を物語るローマの歴史家たちの注意を引くことはなかったので、彼らには以後に起きた出来事の予兆をそこに見ることはできなかった。しかし、この小集団の殉教がローマにとって他の何をなしたにせよ、副帝ゲタの健康と安寧をもたらさなかったことは間違いない。

殉教のような出来事をじっくり見るとき、キリスト教の伝統の中に生きる私たちは、悪者が犯した行為

［図6・1］木版に描かれたユリア・ドムナ，セプティミウス・セウェルス，カラカラ（右下），ゲタ（左下，削られている）．プロイセン文化財団，ベルリン国立博物館，古代コレクション提供．写真はイングリッド・ゲスケ=ハイデン．

に対し正義が下されるのを見たがる傾向にある。ゲタの死とセウェルス朝の命運の凋落がそれに当てはまるかもしれない。しかし、もちろんのこと、そうした正義は必ず訪れるわけではない。カルタゴでのこの出来事で最も目立った「悪者」は、一団の裁判を厳しく裁いた財務管理官《プロクラトル》のヒラリアヌスだろう。一団の殉教後、彼のキャリアは、ローマ人にとって最も満足のゆく上昇をとげた。彼は元老院階級へ昇り、息子のプブリウス・アエリウス・アポロニウスは軍人として昇進し、祖父の名を継ぐ孫プブリウス・アエリウス・ヒラリアヌスの父親となった[12]。処刑を取り仕切った財務管理官《プロクラトル》としての役割は、目に見える害を彼に何一つもたらさなかったようである。

弟を殺害した後、カラカラは五年しか統治することができなかった。少なくとも一部だけは父親の遺言に従い、彼はその時間のほとんどを軍とともに過ごした。宗教的には、北アフリカの宗教に対する父親の関心を引き継いだようである。彼の伝記作家の一人はこう書いている。「彼はイシス崇拝をローマに持ち込み、この女神のため、立派な神殿を至る所に建造し、それまでの祭儀を上まわる崇敬ぶりでその祭儀を祝った[13]」。イシス崇拝をローマに持ち込んだのはカラカラではなかったが、彼がその重要性を高めた可能性は十分あり、アプレイウスがカルタゴで行なわれていたものとして記述している洗練された儀式が、ローマでも行なわれたであろう。

カラカラはキリスト教徒を無視していたようだが、キリスト教徒迫害に重大な結果をもたらす（当時はそう予想されていなかったのだが）、ある重要な立法を行なった。カッシウス・ディオは、大きな影響をもたらすことになるこの行為を、ほとんど何かのついでのように記録している。「彼は、自分の帝国に住むすべての人々をローマ市民とした[14]」。研究者たちは、この立法の波及効果は、実はそれほど大きなものではなかったことを指摘してきた。しかし、ローマ時代のカルタゴにおける宗教と権威に関する詳細な研究を行なったJ・B・リーヴス教授は、ローマの宗教的なアイデンティティーと、まだ新しいキリスト教共同体に、この立法が重大な意味を持ったことを、説得力をもって示した。

すでに見てきたように、空間に捕らわれるというローマ宗教の性質は、忠誠心をそれぞれの地方と地方的な神々に分散させてしまうため、帝国にとって都合のよいものではなかった。カラカラは、帝国住民全員をローマ市民であると宣言することで、多様性を持つ帝国から一つの国民を作り出し、帝国の政策もこの普遍性を反映させようと、帝国民に一つの普遍的宗教を押しつけようとする方へと変化した。[15]皇帝崇拝はこれまでも、集団としての帝国の焦点として役立つ理論的な祭儀であったが、カラカラの新しい政策は皇帝崇拝にさらなるはずみを与えた。

カルタゴや他の地域のキリスト教徒共同体にとって、この政策の最も直接的な影響は、迫害の性格が劇的に変わったことである。カラカラの勅令以前には、迫害は散発的なものであり、キリスト教徒を迫害するかどうかは、司法権も持つ地方行政官の意向にかかっていた。告発されるのはたいてい、執拗に当局の注意を引きつけた人物だった。ペルペトゥアと彼女の仲間たちが殉教したのは、この政策の下でである。三世紀の半ばから四世紀初めの迫害終了までの間の状況はそれとは異なっていた。皇帝デキウスは二五〇年、すべての市民が神々に犠牲を捧げることを求める勅令を公布した。リーヴスの考察によれば、「その動機は、必要なら力を使ってでも帝国の全住民を一つの宗教的な行動でまとめ上げたいという欲望にあったようである」[16]。供犠を行なった個人は、本質的に宗教的服従を宣言する証書を受け取った。「私は常に怠ることなく神々に犠牲を捧げてきた。そして今、あなたの前で、勅令の規定に従い、私は神酒を注ぎ、犠牲を捧げ、犠牲〈獣の肉〉をともに食べた」[17]。この証書は個人をローマ的祭儀の遵守へと縛りつけ、その人を、カラカラが公布したけれど強制はしなかった市民権と結びつけるものだった。

一律的な祭儀の実施を求めるこれらの勅令は、キリスト教共同体に厳しく降りかかった。供犠を行なうことができなかったペルペトゥアと少数の仲間たちが殉教したように、デキウスの迫害（二五〇年頃）とディオクレティアヌスの迫害（三〇三―三〇四年）では、より多人数からなる諸集団が殉教した。ディオクレティアヌスの迫害は、皇帝崇拝を押しつけることで宗教的な統一を図ろうとした一連の皇帝たちの試みの最後をなすものとなった。宗教的な統一がローマ帝国に生まれるのは、四世紀の半ば、キリスト教がローマ帝国の公的宗教となったときであるが、その時点に到るまでには、さらに多くの殉教者が生まれた。

市民権付与の勅令を発布したとき、カラカラには、普遍的な宗教を創造しようとか、キリスト教徒の殉教者をさらに増やそうとかいう意図はもちろんなかった。彼について記述した歴史家が言っているように、彼はただ、軍隊の忠誠を確保するため、さらなる財源を求めていただけだった。しかし、この残酷な若者の治世を続かせることのできるものは何もなかった。カラカラは二一七年に暗殺された。

カルタゴはセウェルス朝の皇帝たちの下で繁栄を続け、皇帝たちは彼らの故郷の経済的重要性から利益を得続けた。ペルペトゥアの死から三〇年ほど後、あるローマの歴史家は、カルタゴの若者たちがひたっていた安逸な生活をこう記述している。「彼らは、完全に平和な状況の中で育てられ、武器や戦争の道具とはまったく縁を断ち、祭りと安楽な生活にいつものんびりと時を費やしていた[18]」。こうした平和な状況のため、カルタゴの住民は、セプティミウスの妻ユリア・ドムナの姉の孫にあたる皇帝アレクサンデルが二三五年に死んで、セウェルス朝が絶えたときに直面することになる政治的な変化に用意ができていなかった。

次の皇帝マクシミヌスの治下で、北アフリカはあまり良い目を見なかった。地方の政策では、属州の財務管理官《プロクラトル》の裁量が大きな役割を果たしたことは既に見てきたが、ヘロディアノスによれば、マクシミヌスの財務管理官《プロクラトル》は、カルタゴとその近隣で厳しい課税と没収を行なうことで皇帝の注意を引こうとしたようである。北アフリカでは反乱が起き、北アフリカ生まれで齢八十歳のゴルディアヌスが皇帝として祭り上げられた。ゴルディアヌスはカルタゴではなく、東部の港湾都市ハドルメトゥムの近くにあるテュスドルス出身だった。反乱が起きる数年前、テュスドルス（現在のエル・ジェム）では巨大な円形闘技場の建築が始まったが、その地方の名士であるゴルディアヌスは、建設資金の出資者だったのかもしれない[19]。しかし、ゴルディアヌスの反乱は長続きしなかった。新帝として歓呼された彼はカルタゴに赴き、そこを権力の拠点にしようとした。しかし、ヘロディアノスが語っているように、三世紀カルタゴの住民には、戦争に従事する用意ができていなかった。一年も経たないうちにゴルディアヌスの息子（ゴルディアヌス二世）が死に、ゴルディアヌス自身も絶望のうちに自殺した。彼の死は、カルタゴの歴史の転換点を印づけてきた供犠的自殺の記憶にもう一つの自殺を付け加えた。カルタゴの指導的な市民たちは殺害され、周辺の農村は略奪を受けた[20]。

政治的難局だけでは十分ではないというかのように、二五二年と二五四年の間には北アフリカ全土で疫病が猛威を振るった。この災難の時にあって、北アフリカの人々は伝統的な対処法である人身供犠に頼ろうとしたとオロシウス〈訳注：五世紀前半の歴史家〉が伝えている。「彼らは人間を犠牲に捧げ、敵の慈悲を請う方法として、まだ思春期に達していない若者を祭壇に運んだ[21]」。

人身供犠にもかかわらず、疫病は多くの死者を出した。それに加え、強力なセウェルス朝に続き、北アフリカにさらなる力と繁栄をもたらしてくれそうな別の皇帝を据えようという試みは、北アフリカにとって高くついた。農村の一部は大きな被害を受けて生産力が弱まり、増加する税の重みにもはや耐えることができなかった。二世紀にはあれほど盛んに行なわれた、個人の寄進者による公共建築物の建造は、三世紀の半ば、事実上停止する。エル・ジェムの巨大な円形闘技場も、完成しなかったか、使用されなかった可能性がある。[22]それはおそらく、ローマ時代の北アフリカの命運と気概がいかに衰退したかを他の何よりも雄弁に物語っていよう。迷信深いローマ人は常に、自分たちの運命を闘技場で力を行使する能力と結びつけていた。簒奪皇帝ゴルディアヌスの破滅の後、テュスドルス一帯には、闘技場で誇示できるような力は、実際のものであれ、象徴的なものであれ、残っていなかった。

カルタゴは、四三九年ヴァンダル人の手に落ちるまで、ローマ帝国の富裕で重要な都市であり続けた。そこで行なわれた見世物は全盛期ほど豪華なものではなかったとは言え、カルタゴの円形闘技場は共同体の諸活動の焦点であり続けた。[23]しかし三世紀以降、カルタゴの真の影響力は政治以外のところで発揮された。その時期以降、歴史に残り、西欧文化の流れに重要な影響を与えたカルタゴ市民は、キリスト教徒共同体のメンバーだった。カルタゴの政治的な命運は、ペルペトゥアと彼女の仲間たちを闘技場で処刑した、あの輝かしい権力行使の時より長続きすることはなかった。次の世代には、殉教者の小さな集団の中にはっきりと見えていたキリスト教共同体の力が前面に現れてくる。

キリスト教共同体

殉教の前日、サトゥルスが幻視を見た際、彼が最も気にかけていたことの一つは、キリスト教共同体内部の平和と和合だった。彼の心配が根拠のないものではなかったことは後に明らかになる。殉教者行伝に見られるように、〈初期キリスト教時代における〉キリスト教の儀式は明瞭で純粋なものだった。ペルペトゥアが「私はキリスト教徒です」と言い、その発言のために死ぬ覚悟であったとき、それは、信徒が絶えず直面する多くの選択肢によって混乱させられることのない、キリスト教の姿を示していた。より平和な時代に人々がキリスト教徒として生きようとしたとき、しばしば表に現れてきたのは、異議を唱えたがる、人間の性向だった。

カラカラの治世下で、彼の残虐さがキリスト教徒に向けられることはなかった。カルタゴやその他の場所のキリスト教徒共同体は、個人の英雄的な努力を要求する迫害期の激烈さから、後退してゆくに任されていた。キリスト教共同体は新たな改宗者によって急速に成長した。新たな改宗者の中に、殉教者の例に触発された者が多くいたことは間違いないにせよ、平和な時代には常に殉教者のように激しい者たちよりも、より穏健な者たちが歓迎された。(24)それでも、これら成長しつつある共同体が成功を収め、会衆の多様性が増大したこと自体が、内部での意見の不一致につながった。

雄弁で影響力のあったテルトゥリアヌスのように、一部のキリスト教徒たちは、迫害終結後わずか数年ですでに静まってしまったように見える殉教者時代の情熱を渇望した。信仰のために命を捨てられるような人の数が減ったように見えただけではなく、殉教者たちに力という贈り物を与えたと信じられていた聖霊も、信徒集団から遠ざかってしまったように思えたのである。預言の霊が教会での礼拝を支配することはもはやなかった。異言の研究は、複数言語での発言が数年のうちに鎮まることを示しており、また、礼拝においてはもはや聖霊が目に見えるような形で存在していると思えなくなったことは間違いない。実際、三世紀前半にオリゲネスは、典礼が「ゴシップと些事」に包まれた雰囲気の中で行なわれていると不満を述べている。(25)

正統派キリスト教徒の多くはこの変化を気に留めなかった。実際、一部の教会指導者は、信徒の間での平和と意見の一致を守る方法として、霊感よりも権威の方を歓迎した。しかし、初期教会の激しさを希求する者たちもいた。小宗派が成功を収める過程で避け得ない一つの問題が浮上する。つまり、いかにして、改宗者を引きつけた力強さを維持しつつ、「さほど英雄的ではない」メンバーを引きつけるかという問題である。[26] ほとんどの宗教では、自派の精神を再生させるような動きが定期的に起きるが、これはキリスト教最初の数世紀にも当てはまった。

ペルペトゥアが死ぬよりも前の二世紀の半ば、フリュギア（現在はトルコの一部）の村で、「新預言」として知られる運動が起き、キリスト教徒の集団を活性化させようとした。[27] 四世紀以降にはモンタノス主義の名で知られることになるこの運動は、キリスト教に改宗したばかりで、恍惚状態を経験をしたり、預言を発したりしたモンタノスという人物によって創始された。彼は、プリスキッラとマクシミッラという二人の女性を引きつけた。彼女たちは夫を捨て、恍惚状態と預言という賜物にあずかった。彼らの預言を記録したものは支持者の間に流布し、尊重された。

「新預言」は、キリスト教徒の預言的な言葉の中に聖霊は引き続き見える形で存在しているという信仰を強調していた。また、攻囲されている教会の厳格さを支持し、断食と、殉教への準備を奨励した。この思想は北アフリカに広まり、二〇七年以降、テルトゥリアヌスの著作はこの運動との強い類似を見せている。ただそれは、テルトゥリアヌスがこの運動に参加したからというよりは、彼がこれら三人の預言者の感性を共有していたからであろう。[28] テルトゥリアヌスは、初期教会の力強さと情熱から離れないよう信徒に働きかける際、彼らの預言を引用している。[29] 異教世界との妥協を拒むという点で、テルトゥリアヌスが次第に極端な方向に向かったのだとすれば、[30] それはカルタゴのキリスト教徒共同体の活動に不満があったからだけではなく、モンタノス主義の預言に触れたからだという可能性は高い。

テルトゥリアヌスがモンタノス主義から影響を受けていた時期の作品の一つ、『兵士の花冠について』

は、彼のジレンマと、カルタゴのキリスト教徒たちの雰囲気を伝えている。二一一年セプティミウス・セウェルスが死去すると、二人の息子は伝統に従って、軍隊の兵士一人一人に賜金を与えた。下賜金が分配される際、兵士は月桂冠をかぶるのが慣例だったが、北アフリカの兵士の一人はこの慣例が彼のキリスト教信仰に反するからと、これを拒否した。彼は逮捕され、殉教を覚悟した[31]。テルトゥリアヌスはこの例を挙げながら、異教徒よりもむしろ、衣装といった一見些細に見えるものについて異教世界と平気で妥協するキリスト教徒を強く批判している。彼は、この兵士のことを次のように言う者たちは、「まるで異教徒のように」話していると非難する。「なぜ彼は、衣装のように些細なことで、私たち他のキリスト教徒にこれほど大きな迷惑をかけなければならないのか。なぜ彼はこれほど無思慮でせっかちに、まるで死にたがっているかのように振る舞うのか。仲間の兵士たちの中で彼だけが唯一の勇気ある男で、唯一のキリスト教徒だというのか[32]」。

実際のところ、テルトゥリアヌスはキリスト教徒が軍役に就くことを望まず[33]、それさえもローマとの妥協だとして、非現実的にもそれを禁じた。彼はまた、彼にとってキリスト教の優れた特質である、殉教と預言（二一一年までには、彼はこれをモンタノス派の「新預言」と同一視するようになっていた）を認めないキリスト教徒を痛烈に批判している。「そのような人々が、いかに自分たちが聖霊の預言を拒否したのと同様に殉教も廃止しうるかを理解していないとしても、私は驚くべきではないのだろう[34]」。

テルトゥリアヌスが言っているように、一部の――おそらくはほとんどの――キリスト教徒が迫害の終息を歓迎したであろうことは間違いない。アレクサンドリアのクレメンスのようなキリスト教徒思想家は、キリスト教徒は信仰のために死ぬ必要はないと主張し、むしろ信仰は、信徒が日々キリスト者としての生活を送れるよう導くものだと主張した[35]。しかしテルトゥリアヌスは、彼と他の人々が闘技場におけるキリスト教徒の試練に、「すべての忍耐の源[36]」である聖霊の働きを見ることのできる時代を希求した。この二極化はテルトゥリアヌスの死やモンタノス主義に対する異端宣告で終わることなく、北アフリカでは厳格派と現実派と呼びうる二派の対立として続いていった。

ペルペトゥアの殉教の物語も、正統派とモンタノス派の間の論争を免れなかった。この物語の中には、モンタノス派の信仰と類似した要素が数多くある。このテクスト自体、殉教と、聖霊が信仰告白者に与えた力に関するものである。サトゥルスの夢では、司教が殉教者に指導を求めることで[37]、象徴的に、殉教者を確立された教会のヒエラルキーよりも上に置いている。夢の中でペルペトゥアは、死んだ弟のため、祈りによって健康と安らぎを取り戻してやる力を持っていた。さらにテクストは、預言や幻視的な夢を聖霊の賜物として讃えている。殉教の目撃者である語り手は、「新預言」的な感情を思わせるような聖書からの引用を自分の語りにはめこんでいる。「最後の日々……私〈＝神〉は私の霊を注ぐ。すると若者たちは幻を見、老人たちは夢を見る[38]」。

これらの類似点は、ペルペトゥアや語り手がモンタノス派だったことを示しているのだろうか。カルタゴの教会はまだ、それほどはっきりした諸派に分かれていなかった[39]。キリスト教徒共同体は預言に対する強い信仰を共有しており、殉教を前にしたキリスト教徒は、間違いなく、世界の終末が近づいたと感じていただろう[40]。しかし、ペルペトゥアの殉教物語を記し、殉教者を出したのが「新預言」の支持者たちだったわけではないとしても、殉教者たちの幻視は後の世代のモンタノス主義者に影響を及ぼしたようである。例えば、四世紀の人物エピファニオス〈訳注：異端諸派に関する著作のあるサラミス司教〉は、モンタノス派の典礼では、儀式的な食事の際、参加者にパンとチーズが与えられると書いている[41]。研究者ダグラス・パウエルは鋭敏にも、二〇三年以前にモンタノス主義者が儀式でチーズを使っている例がないことから、彼らは、庭園で乳を与えられたというペルペトゥアの夢から影響を受けている可能性を指摘した。(42)ペルペトゥアの夢は、この非正統派の儀式を形作る記憶となったかもしれないのだ。

正統派と異端派の両方が同じテクストを高く評価することができたということは、二〇三年には両グループの宗教的感性が非常に似通ったものだったことを示している。平和が訪れ、教会が繁栄し、キリスト教徒が警戒を少し弱める頃になって、両者の違いは広がった。原則に忠実で厳格なテルトゥリアヌスを見ていると、ほとんど同情のようなものを感じずにはいられない。信仰告白者に対し心を強くもって究極の試練に備えるようにと激励していたときの彼は、本領を発揮することができた。世界が変わったとき、テルトゥリアヌスは世界とともに変わるのではなく、より過激になり、さらに憤慨して、聖霊が働く唯一の場であると彼が信じた、より純粋な形の信仰に戻るようにとカルタゴのキリスト教徒を威嚇した。テルトゥリアヌスは八十五歳ぐらいまで生き、二四〇年頃死去した。純粋なキリスト教共同体への探求は止むことなく、晩年になって、モンタノス派よりもさらに厳格な彼自身の分派、テルトゥリアヌス派を創設したかもしれない。(43)彼は間違いなく、教会と俗世は相容れないものだという厳格な立場を崩すことがないまま この世を去った。

三世紀、キリスト教徒共同体のほとんどがテルトゥリアヌスの立場から離れ、権威も、彼とは異なる見解を持つ指導者たちへと移った。(44)しかし分裂は続いた。教会内の対立に警鐘を鳴らしたサトゥルスの幻視は預言的なものだったことが明らかになる。北アフリカにおいて最も重要かつ破壊的だった分裂の本質は、殉教者たちの純粋な教会を志向する者たちと、信仰はあるけれど勇気のないキリスト教徒たちに対して、より寛容な者たちとの間の対立にあった。

この二派の間の緊張は、教会が再び迫害に直面する時まで浮上してこなかった。その間、すなわち二〇三年から二五〇年まで続いた平和の時、教会は目を見張るような拡大を遂げた。ゴルディアヌスの反乱が失敗し、地域の政治的命運が尽きた後の北アフリカで、全般に楽観主義が失われたことは、希望を提供する集団に人々の関心を向けさせる一因になったに違いない。そうした改宗者の一人がキュプリアヌスだった。彼はカルタゴのエリート層に属する、富裕で高い教養を持った人物だったので、都市共同体の指導者の一人として活躍し続けることを期待できた。しかし、テルトゥリアヌスの著作で殉教の物語を読んだ後、そして自身の絶望との戦いの後、キュプリアヌスはキリスト教に改宗した。彼は、ペルペトゥアと彼女の同時代人たちの経験を形作った、神的なものに対する強烈な渇望を引き継いでいた。キュプリアヌスは、受洗後の著作の中で、異教徒の生活を、闘技場や劇場の見世物から、フォルムでの公的生活、私的な家族生活に到るまで、すべて空しいものとして描いている(45)。こうしたものの中に満足を得ようとして失望したキュプリアヌスは、キリスト教の教えの中に平和と慰めを見出した。「平和で信頼できるただ一つの平静さが、そして、堅固で頑強なただ一つの安全がある。……一度、天の食べ物が胸を満たせば、欠乏はもうありえない(46)」。キリスト教は、混乱の三世紀にあって、この種の確実さと平和を提供できる唯一の団体であり、多くの人が改宗した。しかし、そのほとんどは、キュプリアヌスが最後に見せることになるような強さを持ち合わせてはいなかった。

新たな改宗者には、キュプリアヌス同様、富裕な人物が多くいた。教会も豊かになり、世俗的な目的のための建築活動が衰退した三世紀にあっても、教会建築は増大していった。(［図2・2］にある、旧来のローマ的な格子状街路の外れにあるキリスト教建造物を見よ)。キュプリアヌスのものだったと言われるカルタゴのバシリカは、古い市街の外れ、海を見下ろす美しい断崖の上に立っている。これは最高級の立地であり、信徒数と権力を増しつつある教会にふさわしいものだった。キュプリアヌスが、この立地の美しさを意識していたであろうことは、彼が視覚的な美の効用について書いた感動的な文章から見て間違いなかろう。「私たちは美しい光景によって目を喜ばせる。同様に、私たちは、耳にするものによって魂に教示を与え、目にするものによって魂に栄養を与える」[47]。美や快楽に慣れたカルタゴの上流市民たちは、こうした価値観をキリスト教の礼拝の中に持ち込んだ。

改宗者が増え、富が増すにつれ、教会のヒエラルキーも拡大していった。二四五年までには、北アフリカの司教は九〇人を数えるまでになっており[48]、それぞれの下には、司祭、助祭、読師の、よく発達したヒエラルキーがあった。これら教会の指導者たちは、もはや信徒の一団を率いる長老ではなく、その職にともなう俸給を受け取る職業人だった[49]。

二四八年、キュプリアヌスが司教に選ばれたとき（改宗からまだ二年しかたっていなかった）、彼は上流ローマ人としての経験に基づいた、ヒエラルキーと組織の明確な感覚をこの職に持ち込んだ。彼は司教が果たすべき役割を属州総督の職務を思わせる言葉で記述し、総督同様に大人数のスタッフを指揮した[50]。この新たな教会組織は、意味と平和を探求する多くの改宗者たちからなっていた。新たな迫害が勃発したとき、彼らは厳しい試練に直面することになる。

二五〇年、皇帝デキウスが新たな迫害を開始したとき、カルタゴのキリスト教徒共同体で、テルトゥリアヌスの警告を無視していた多くの者たちは、新たな「最後の日々」への備えができていなかった。この迫害は、衝撃の大きさが非常に恣意的だった以前の迫害とは異なり、帝国のすべての市民を一つの儀式で統一しようという試みだった。すべての市民は儀式的な供犠を行ない、その行為を証言する文書を獲得することで、それを証明しなければならなかった。逮捕され、拷問を受けても、そのような供犠を行なうことを拒んだ、一部のキリスト教徒たちの英雄的な抵抗の例が記録されている[51]。しかし、このような人々は絶対的な少数派だった。

儀式的な供犠のため、キリスト教徒たちは定められた日にフォルムに集められた。殉教者ピオニウスとその仲間たちのように、何人かの者たちはビュルサの丘の頂近くにあるフォルムまで鎖に繋がれて連行された。そして、「ギリシア人〈訳注：異教徒のこと〉、ユダヤ人、女たち」からなる群集は、周囲の建物の上階からその様子を見物した。[52] 非キリスト教徒たちは殉教を見ようと集まってきたが、ピオニウスが雄弁に語ると、彼らは沈黙した。[53] 最後にピオニウスは火あぶりで殉教を遂げた[54]〈訳注：ピオニウスが殉教を遂げたのは、カルタゴではなくスミュルナ〉。

しかしキリスト教徒の中には、逮捕されるのを待たない者たちもいた。ピオニウスを尋問した神殿の番人は、多くのキリスト教徒は何の圧力がなくても自ら進んで犠牲を捧げにやって来たことを彼に思い出させている。[55] これは単なる詭弁ではなかった。ビュルサの丘の頂にあるフォルムの市場にはあまりに多くの人が押し寄せたので、一日ではすべての人をさばききれないほどだった。夕方には、政務官たちが供犠を先送りにしたため、キリスト教徒たちは、〈別の日に〉戻って来なければならなくなった。[56] 他のキリスト教徒たちは賄賂を払って別の人に供犠を行なわせ、自分の名前の入った証明書を取ってこさせることで、供犠を免れた。[57] 多くの富裕なキリスト教徒にとっては、投獄への恐怖ではなく、財産没収への恐れが動機だった。[58] キリスト教徒のこの大規模な脱落は、教会にとって、少数の者の命を奪う迫害よりも大きな脅威となった。

キュプリアヌスは、強制的な供犠を避けるため、迫害の間カルタゴを離れた（この行為のため、彼は多くの人から非難を受けた）。彼が戻ったとき、キリスト教徒共同体は混乱状態にあった。共同体を再びまとめ上げるのに成功したのは、彼の不朽の功績である。主要な問題は、試練の時に背教した者たちをどう扱うかであった。キュプリアヌスがテルトゥリアヌスと同じぐらい厳格であったなら、カルタゴ教会は立ち直ることができなかったかもしれない。

キュプリアヌスは、その厳格さを同情心で緩和させ、背教した者は一定の悔悛期間を経た後、教会に戻ることができると述べた。[59] さらにキュプリアヌスは、背教したキリスト教徒を再び教会に受け入れる権限を、教会会議の決定に沿ってそれを行使する、司教と司祭の手に委ねた。この方法により、キュプリアヌスは証聖者〈訳注：殉教はしなかったが、迫害に屈せず信仰を守り通した者〉の霊的な力の価値を低下させた。証聖者たちは、迫害に直面した際に発揮した勇気によって獲得した力を根拠にして、落伍した友人たちに許しを与えていたのだ。[60] 証聖者たちは、前例に完全に従って、かつて殉教者たちが与えられた力を行使していた。ペルペトゥアが、夢の中で死んだ弟を癒し、サトゥルスがキリスト教徒同士の対立を癒す幻視を得ることができたのも、この力のおかげだった。しかし、それから五〇年後、状況は変わっていた。教会が救われるとすれば、それは聖職者のヒエラルキーによってであり、カリスマを持つ証聖者によってではなかった。

この信仰の危機の中、キュプリアヌスは、キリスト教共同体を救うのは信徒の団結であることをはっきりと見抜いていた。この点で彼は、平和と調和を尊重し、脆い集団を引き裂いてしまうかもしれない意見の不一致を大いに恐れた初期キリスト教共同体の伝統に従っている。有名な著作『普遍的《カトリック》教会の一致について』でキュプリアヌスは、キリスト教徒共同体内の争いは外からの迫害よりも大きな脅威であると警告している。[61] 彼が理想とするキリスト教徒共同体は「心を一つにした者たちが住まい、和合と純真さを持ち続ける」ようなものだった。キリスト教徒は「……愛情の中で和合し、総意の一致という絆の中で忠実に互いに寄り添う[62]」べきだった。この意見の一致は、司教の導きの下、初期の殉教者たちほどは強くないかもしれないキリスト教徒に司牧的配慮をしながら達成されるはずのものだった。

二五八年、次の迫害の波が押し寄せたときには、より多くのキリスト教徒が圧力に耐え、司教たちは背教した者たちをどう扱えば良いのかわかっていた。同年にはキュプリアヌス自身も殉教した。このときには、ほとんどの殉教者は、闘技場に引き出されて、彼らの死に歓声を上げる群衆の前に立つことはなかった。それには共同体内のキリスト教徒の数が多すぎたのである。キリスト教徒たちはさまざまな場所で処刑された。キュプリアヌスは、総督《プロコンスル》が休養していた、セクストゥスという人物のウィラで斬首された。(63)

多くの人は、意見の一致と和合を求めたキュプリアヌスの声を受け入れた。殉教者モンタヌスとユリアヌスは二五九年に処刑された際、最後の数時間を、調和の中で結束する共同体というキュプリアヌスの教えを心に留めながら過ごした。この二人の殉教者の間で争いが起こったとき、モンタヌスは和解を促す幻視を得た。その後、キュプリアヌスの教えをこだまさせながら、彼はこう言った。「故に、親愛なる兄弟たちよ、私たち皆が、あらゆる徳において、調和、平和、そして一致を守ろうではないか(64)」。だが、キュプリアヌスらの偉大な神学者の業績と励まし、そしてサトゥルスからモンタヌスに到る殉教者たちの夢にもかかわらず、カルタゴと北アフリカにおいて、キリスト教徒共同体内の和合は長続きしなかった。

キュプリアヌスが理想として描いたような総意の一致は、おそらく、均質的な小集団の中にのみ存在しうるもので、普遍的教会においては不可能だったのだろう。キュプリアヌスの時代にはすでに、寛容派と厳格派の間の分裂が生じていた。続く四〇年の間、教会は急速な成長を遂げる。北アフリカだけでも、二六〇年から三〇三年の間に司教の数は倍増したようだ。新しく司教が立てられた場所のほとんどが農村地帯であり(65)、そのような場所では、カルタゴのような大都市とは感覚がかなり異なっていた。三〇三年、ディオクレティアヌス帝が、これで最後となる迫害を開始する勅令に署名したとき、多様な者たちを抱えるキリスト教徒共同体は、二五〇年のときと同様、ともに立ち向かう用意ができていなかった。

ディオクレティアヌスの迫害は、デキウスによって始められた政策を継続することを意図していた。一つの宗教行為を行なうことで帝国の統一を確立しようという政策である。キリスト教会の建物は破壊され、聖典は当局に引き渡されて焼かれねばならなかった。この第二の規定は、北アフリカに新たな論争を巻き起こした。もしあるキリスト教徒が聖書を当局に引き渡しても、供犠は行なわなかった場合、その人はキリスト教の法を犯したことになるのか。これは、司教の間ですらもしばしば起きたことだった。カルタゴの司教ですらキリスト教の書物を（異端派のものだけだと主張して）、当局に引き渡した。[66]厳格派のキリスト教徒は、この程度の当局への妥協でも受け入れがたいと感じた。いかなる妥協も受け入れることを拒んで殉教を遂げたティビウカ司教フェリクスら少数の人々の例と比べたからである。[67]こうして、妥協を厳格に拒むのが真のキリスト教徒であると信じる一派と、変化する風向きの中で、教会全体がより平穏な時期が来るまで生き延びられるよう、多少の揺れは受け入れられると信じる一派との間に衝突が生まれる舞台が再びできあがった。

この問題には、さらなる社会的問題が加わったため、キュプリアヌスが五〇年前に直面した同じような状況よりもさらに複雑になっていた。当局に引き渡す聖書を所有するような地位にあるのは司教と司祭だったが、殉教する可能性がより高いのは一般の信徒だった。数年後に迫害が終わったとき、聖書を引き渡した司教が信徒たちを導き続けることができるのだろうか。このジレンマは、殉教者を聖職者の上に置いたサトゥルスの夢を思い起こさせる。厳格派はサトゥルスに同意したであろう。

この論争は、三一一年、カエキリアヌスがカルタゴで司教に叙階されたとき頂点に達した。厳格派は彼が、聖書を当局に引き渡した司教によって叙階されたと信じた。このため、この叙階を無効だと信じる数人の司教たちが、ドナトゥスという別の人物を同じ職に叙階した。彼の名に因んでドナティズムと呼ばれる論争は北アフリカの教会を分裂させ、それは数世紀にもわたって続いた[68]。ドナティストたちは別の教会を持ち、別の聖職者団、そして別のキリスト教徒共同体を形成していた。彼らは自分たちを、ペルペトゥアら初期の殉教者の伝統に従う者だと見なし、テルトゥリアヌスら、妥協ない厳格さを示した人々を支持した。彼らは自分たちが選ばれた者の教会であると信じ、腐敗した世界が差し迫ったものとしている殉教に希望をつなぐことができた。ローマ世界は腐敗していたかもしれないが、ディオクレティアヌスによる最後の迫害の後は、キリスト教徒を殉教させることはもはやなかった。しかし、ドナトゥスの支持者たちは、まだ殉教者を出し続けた。

正統派の殉教者と、キリスト教共同体への攻撃の時代は、三一三年、皇帝コンスタンティヌスがキリスト教を受け入れることで終わった。このとき以降、教会はローマの権力機構からの支持（物質的な意味でも、精神的な意味でも）を次第に多く獲得していった。四世紀の神学者たちにとっての挑戦は、迫害の中でどうやって共同体を存続させてゆくかではなく、次第にキリスト教化されてゆく帝国の中で、キリスト教徒がいかに生きるかというものだった。この新しいキリスト教共同体の思想の多くを形作り、のちの西ヨーロッパ世界に広く伝えたのは、一人の北アフリカ人だった。ドナティストたちの分離主義との戦いに十年以上を費やした司教で、多作な著述家でもあるアウグスティヌスである。

アウグスティヌスは三五四年、カルタゴからは二四〇キロほど離れたタガステ（現在のアルジェリアのスーク・アフラース）で生まれた。彼はキリスト教徒の母親と異教徒の父親によって育てられ、属州出身で有望な多くのローマ人の若者同様、後期ローマ帝国の行政組織で出世しようと懸命に勉強した。十七歳になったとき、彼は勉学を続けるためカルタゴに移り、小さな町から大都会に出てくる多くの若者同様、彼もまたその場所のさまざまな情熱に捕らわれた。『告白』の中でアウグスティヌスはこう書いている。「私はカルタゴに行き、シュシュウと音を立てている肉欲の大釜の中にいる自分を発見した」。そして彼は自分が劇場や、それが生み出す情熱をいかに楽しんだかを語っている。[69]

アウグスティヌスが罪深い生活を送っていた年月の間も、有名な母モニカは、息子がキリスト教に改宗する運命にあることを疑わなかったと彼は想起している。セプティミウスが、自分の見た夢は皇帝になる運命を予言していると信じたように、そして、ペルペトゥアの夢が彼女の救済を約束したように、モニカの夢は息子の救済を約束するものであった。[70] 三八七年、モニカの予言が実現する。アウグスティヌスが洗礼を受けたのだ。そして彼は、生まれ故郷からは北に離れた、海沿いの町ヒッポ・レギウスの司教となった。四三〇年に死去するまで、アウグスティヌスは甚大な影響力を行使し、それは北アフリカ出身の皇帝セプティミウス・セウェルスの影響よりも長く継続した。数多い彼の貢献の一つは、キリスト教共同体と俗世との関係に対する見解である。この点で、彼はドナティストたちの厳格さを退け、キリスト教共同体の理想を殉教ではなく、平和な生活に据えた。彼は、キリスト教が迫害されていた情熱的な最初の数世紀の間にテルトゥリアヌスやペルペトゥア、そして他の多くの者たちを駆り立てた理想像を、変化させたのである。

四〇一年以降、正統派教会はドナティストたちの立場を繰り返し非難した。アウグスティヌスが参加した数回のカルタゴ教会会議で正統派教会はその立場を明確にし、また著作の中でも彼は、結局勝利を収めることになる正統派の見解を提示した。キリスト教徒は純粋な者も、そうでない者も、普遍的教会に属しており、この教会は（そしてすべての成員は）社会の一部、すなわち、ローマ帝国の従順で忠実な一員だった。皇帝コンスタンティヌスはキリスト教を支持することで、デキウスとディオクレティアヌスが迫害で達成できなかったことを達成した。すなわち、共通する宗教的アイデンティティーによって統一される帝国の基礎を築いたのだった。(71)救済ですら、キリスト教徒の集まりで聖霊が目に見える形で出現することや、闘技場での殉教からもたらされるものではなく、教会ヒエラルキーへの恭順によって得られるものとなった。(72)アウグスティヌスはドナティストたちを、彼らの「過ち」にもかかわらず、普遍的教会に歓迎する用意ができていたのだが、彼らの頑固さのため、初期キリスト教徒たちを裁いた総督《プロコンスル》たちが感じたのと同じフラストレーションを感じることとなった。「彼らは過ちに固執することで、教会の統一に対して反乱と敵意を掻き立てている」(73)と、アウグスティヌスは不満を述べている。

この見解は、ペルペトゥアと彼女の仲間たちに訴えかけ、テルトゥリアヌスの妥協することない情熱を引きつけたキリスト教徒共同体の理想像と衝撃的なほど異なっている。ドナティストたちは古い理想像に導かれ、キリスト教共同体を穢れた世間から分離させようという、達成できる見込みのない目的のために戦ううち、次第に狂信的になっていった。(74)純粋な教会と不浄な世間とのあるべき関係に関する彼らの見解が色褪せてゆくにつれ、彼らは、不浄な教会と自分たちを分かつ中心的な要素として、殉教の理想にしがみついた。アウグスティヌスは彼らの自殺的行動を、いつもの彼らしくない同情心のない書き方で、ドナティストたちは異教の祭典に偶像を破壊するためではなく、「殺されるためだけに」やって来たと記述している。中には、当局に殺されることで殉教を達成するという目的で武装集団に加わる者すらいた。他にもアウグスティヌスは、「崖から飛び降りたり、火や水で自殺したりするのもまた、彼らの日常的な慰みである」と言っている。(75)

アウグスティヌスは、この自殺的な殉教を求める態度と、俗世と調和して暮らす新たなキリスト教共同体の像を対照させている。

もし、あなたがキリストの平和の効果を見るとすれば、それは歓喜に満ちた群集、賛美歌を聴き、歌うことへの、そして神の言葉を受け入れることへの彼らの熱意、たくさんの人が列席する幸福な集会である……あなたはそれが、どのような判断基準をもってしても、自分たちで火をつけた炎の中で自らを焼き滅ぼす（べきだと信じる）数知れない人々と並べられるものではないと言うことだろう。[76]

北アフリカのキリスト教徒がどちらの教会に従うかを選ぶよう言われたときに呈示された選択肢がこれだった。アウグスティヌスの説得は、国家からの強制によって加勢を受け、例えば、四一二年以降、正統派教会に加わらないドナティストに重い罰金が科せられた。[77]

このような努力があれば、人々のドナティスト運動に対する忠誠心は急速にしぼんだと思われるかもしれないが、古代地中海世界のどこよりも人身供犠の理想が長く生き延びた北アフリカではそうはいかなかった。殉教の時代が終わっても、新たな殉教者たちの自殺を志願するような激しさは文化的・政治的な怒りとあいまって、[78]ヴァンダル人の侵入に到るまで和解を妨げ、最終的にはイスラム教徒の到来がこの論争を無意味なものとした。

四世紀後半までには、ペルペトゥアの経験を形作った知的な潮流のいくつかは干上がってしまっていた。神格を特定の場所に縛りつけようとするローマ人の傾向は、超越的なキリスト教の神を受け入れることで解消された。神的なものの存在に対する希求は、受肉したキリストと、継続して存在している聖霊への信仰で満足させられた。キリスト教共同体に加わるために、自分の家族を捨てる必要性ももはやなくなった。

しばらくの間、地下に沈潜しただけの知的潮流もあった。アウグスティヌスのような教会指導者たちは自殺を批判したけれども、カルタゴの伝統であった犠牲的自殺の理想は、ヴァンダル人やアラブ人がこの地域を侵略した際、繰り返し戻ってきた。カルタゴの歴史にとっての大きな転換点は、女性の自殺によって印づけられ続けた。パウロからサトゥルスに到るキリスト教徒たちが警告し続けた、共同体内での不和は、司教の権威の下で一時静まったが、ドナティスト論争とともにさらに激しく噴出した。

他方、ペルペトゥアにとっては比較的新しい思想だった殉教の理想は、重要な文化的記憶の一つとなった。だが、この理想は俗世から分離するのではなく、俗世の一部を形成する新たなキリスト教共同体に役立つよう変化しなければならなかった。殉教者の時代は終わったかもしれないが、信者たちが示した勇敢な信仰の証は教会とその神学に大きなインパクトを残した。しかし、どの歴史的出来事でもそうであるように、実際に何が起きたかよりも、それがどう記憶されるかが重要であり、殉教者が残したインパクトを理解するためには、彼らの記憶がどのように保持されたのかに目をやる必要がある。このことを踏まえて私たちは、ペルペトゥアに関する記憶の焦点となった、人の心に訴えかける彼女の日記に立ち返ってみよう。

記憶とテクスト

ペルペトゥアとサトゥルスの夢の記録を分析することでわかったように、彼らの犠牲は自分たちの救済のためだけではなく、地上に残る信者たちのためでもあり、彼らが自分たちの幻視と経験を記録したのもそのためだった。キュプリアヌスが命を落としたのと同じ迫害で、二五九年にカルタゴ〈訳注：正しくはスミュルナ〉で殉教したピオニウスの物語は、この問題に直接触れている。「(私たちは)……聖人たちの記憶を共有すべきである。賢明にも全霊を傾けて信仰の中で人生を貫いた人々を思い起こすことは、より良いものを模倣しようと苦闘する人たちに強さを与えることを私たちは十分に認識しているのだから」[79]。

自分たちの行動を記憶するように求めた殉教者たちは、自分たちが示した手本が同信者たちに、将来起きるであろう迫害に立ち向かう勇気を与えると想像していたのだろう。実際、こうした手本がユスティノスをはじめ、ペルペトゥア、キュプリアヌスや、他の多くの殉教者を励ました。テルトゥリアヌスの有名な言葉を引けば、「殉教者の血は種」[80]であり、そこからより多くの改宗者と殉教者が育つはずのものであった。しかし、迫害が終わると、殉教の記憶は別の役目を果たさねばならなくなる。

四世紀〈初頭の迫害終了〉以降、殉教の記憶は、殉教者たちが信仰告白によって獲得した力を思い起こし、その力を現世にあるキリスト教徒共同体のために使うための手段となった。ピーター・ブラウンが、古代末期における聖人崇拝に関する古典となったその著作の中で示しているように、殉教者は強力な「目に見えぬ伴侶」となり、古代世界で有力な庇護者たちが果たしたのと同じような機能の多くを果たすようになった[81]。証聖者たちがその力を使って教会内の背信者たちを許したのと同様に、天界の力は殉教者の仲介によって地上の儚い存在である人間と結びつけられた。

殉教者（そしてその他の聖人たち）の記憶が共同体のために最良の効果をもたらすためには、二つのものが必要だった。何らかの形見と、文章による記録である。そのどちらかだけでも記憶を保持することは可能だったが、両方がある場合に最も有効な結果が得られた。

聖人の形見――遺骨やその他の聖遺物――の保存とそれらに対する崇敬は、現代の多くの読者にとって奇異であり、悪趣味にすら見える。それは、キリスト教がもたらした革新であって、古代ローマの異教徒にとってですら不愉快なものだった。ローマ人にとって、死体は穢れをもたらすものだった。ローマ人は伝統的に、その穢れを避けるため、死体を火葬して市壁の外に埋葬した。二世紀の人ケルソスは、異教徒たちが強く感じていたこの立場をはっきりと述べている。「人間の腐った死体が、一体どのような人間の魂の役に立つというのか……死体は家畜の糞同様、処分されるべきである。それは糞に等しいものなのだから[82]」。ある三世紀のキリスト教テクストは、死体に対する異なった見解を誇らしげに主張している。「私たちキリスト教徒は、死んだ人を嫌悪することをしない。それは、その人が再び生き返ると知っているからだ。私たちは墓場に集まり、墓の上で聖体拝領をささげる。聖体は……キリストの身体であるだけではなく、天にある私たちの肉体の似姿でもある[83]」。

この文章は死体への敬意を復活信仰に結びつけているが、この関連づけは必然的なものではなかった。古代のユダヤ教徒は復活を信じていたけれども、死体から発する汚染からは身を遠ざけていた。キャロライン・ウォーカー・バイナムは、三世紀が、魂の復活だけではなく、肉体そのものの復活に対する信仰の重要な転換点であることを示した[84]。テルトゥリアヌスは復活を「部品の再組み立て」と見る上で決定的な役割を果たしたが、バイナムが強調するのは、復活神学を表現する上でテルトゥリアヌスが見せた正義観である。この厳格な神学者は、人はその全体として報いを受けるか処罰を受けるかするべきだと信じていた。つまり肉体もまた、地上での行ないに対し恩恵か処罰かに与かるべきだと考えたのである[85]。四世紀に書かれた『殉教者フィレアス行伝』で、フィレアスが、魂と肉体の両方が「神に対してなした善き行ないの報酬」を受けるべきだと主張するとき、彼は明らかにこの思想を継承している[86]。

しかし、このように死者の肉体を評価することの背景には、亡骸も復活するという信仰以上のものがある。殉教の経験とその記憶は、殉教者が試練を乗り越える強さを得ることができたのは彼らの強い信仰や固い意志の故だけではないと人々に確信させた[87]。肉体そのものが、拷問に耐える強さを持てるような力の注入を受けたと考えられたのである。『ペルペトゥアの殉教』でペルペトゥアが闘技場に立つとき、彼女は恍惚状態にあったため、牝牛に攻撃されても彼女の肉体は苦しまなかった。霊的な力が肉体を支えているという概念は、殉教伝のほとんどで繰り返し表現されている。やはり三世紀北アフリカの殉教者であるマリアヌスは、拷問を受けた際、恩寵を受け取り、「彼は激しい拷問を受けたが、痛みそのものが彼に喜びを与えた……マリアヌスは、神を信じつつ、魂においてと同様、肉体においても成長していった」と彼の殉教伝は記している。[88]試練を前にした殉教者モンタヌスには、既にこの世の人ではなかったキュプリアヌスが幻視の中に現れ、「心が完全に神に向けられているとき、肉体は試練をまったく感じない」と言って彼を安心させた。[89]

キリスト教徒たちは、殉教者の魂は報賞を受け取るべく、すばやくこの世を後にするけれど、殉教者の遺骸にも聖霊の力が具体的な形で残っていると信じた。当時書かれた文書によれば、この力は信者たちが直《じか》に目にできるものだった。ピオニウスの殉教伝は、ピオニウスが火に焼かれて死んだ後でもその肉体が無傷だったのを見て信者たちが大いに驚嘆したと伝えている。「(それはまるで)……力の盛りにある運動選手の肉体のように完全だった。彼の耳は曲がっておらず、髪は頭の表面に整い、髭もまた初めて生え始めたかのようにすべて揃っていた。彼の顔は再び輝いた。驚くべき恩寵によって[90]」。火に焼かれた肉体が無傷だったどころか以前よりもよくなったという話を信じるにせよ信じないにせよ、このテクストが隠喩として意味しているのは、肉体そのものが聖霊の力を受け取ったということである。

殉教者の肉体そのものが聖性を宿す容器に変化した。息子が信仰のために断頭されるのを見たマリアヌスの母親は、息子の肉体の強さに満足し、「深い信仰心から、彼の首の傷に何度も唇を押し当てた[91]」。死体に残された霊的な力は、それに触れる者に恩恵をもたらすと信じられた。サトゥルスが自分の血に浸した指輪を見張りの兵士に渡したとき、彼は非常に強力なものと見なされたであろう贈り物を与えたのだった。この信仰は、肉体の復活の神学に力を与えると同時に、聖遺物崇敬に最も明白な形で現れる死者崇拝の成長へとつながった。

生者が聖なる死者を崇め、死者の記憶を崇敬することは、死者が残した遺骸やその一部に対する崇敬を意味した。四世紀末、ウィクトリキウスは書いている。「私は遺物に触れるが、その聖遺物の中には完全な恩寵と徳が含まれているとはっきり断言できる……彼は生者を癒す。彼は生きており、その聖遺物の中に存在している」[92]。聖遺物の神学すべてがウィクトリキウスの言葉の中に現れている。すなわち、殉教者が生きている間に与った恩寵は、その遺物の中に存在し続けた。さらに、聖遺物が存在する場所で起きる奇跡的な治癒は、殉教者の不死を証明するものであり、彼がまだ生きているとすれば、地上に残っている骨の中で生きているのだ、ということである。

こうした信仰により、古代末期の世界に劇的な変化が起こった。穢れをもたらすものとして死体を避けていたローマ人が、死体の一部を宝のように取り扱い始めたのである。例えば、富裕なカルタゴの婦人ルキッラは、殉教者の骨を購入した。彼女はこれを教会に持って行き、聖体拝領を受ける前に口づけしていた[93]。これは聖遺物を焦点とした、公的でほとんど見せびらかしとも言える、富と敬虔さの顕示である。

ピーター・ブラウンは人々の心におけるこの変化が古代都市のトポグラフィーをも変えたことに注目した。敬虔なローマ人たちに無視されてきた、市壁外にある墓地は、敬虔なキリスト教徒にとって教会生活の中心となった[94]。殉教者の遺体は盛大な儀式とともに埋葬され、崇拝の中心となった[95]。人々は自分たちの墓の近くに聖なる遺骸を葬ろうと競い合った[96]。生者はこうした埋葬場所に巡礼を行ない、精神的な希求を、聖霊に満ちた殉教者の遺骨へと集中させた。

カルタゴのもう一人の敬虔な貴族女性メゲティアは、人々がこうした祠堂に向けた情熱の良い例を提供してくれる。カルタゴの近くにある聖ステファヌス祠堂は鉄格子で守られた小さな一室からなり、そこに聖遺物が収蔵されていた。このため、人々は貴重な骨を見ることができたが、触ることはできなかった。そこを訪れたメゲティアは、「おのれの心……（と）身体の熱望」に突き動かされた。鉄格子が倒れるまで体を叩きつけて、彼女は「頭を中に入れ、そこに安置されていた聖遺物の上に頭をおいて、涙でそれを濡らした」(97)。メゲティアのようなキリスト教徒にとって、聖遺物は神聖なるものを、その場、つまり地上にもたらしてくれるものであり、以前の異教時代に書かれたローマのテクストにはっきりと見られたあの神的なものへの希求を満足させる役割を果たした。

祠堂は個人的な信仰の場であるだけではなく、公的な崇拝の場でもあった。迫害が行なわれていた間、ローマ当局は、こうした埋葬の場がキリスト教徒にとっていかに大切であるかを認識し、それが崇拝の場となることを妨げようとした。ローマ当局は肉体の復活に疑念を投げかけるため、そして、キリスト教徒が聖遺物を崇めるのを防ぐため、処刑の後、死体を破壊しようとした。一七〇年〈訳注：一七七年頃との説が有力〉のリヨンでの殉教の後、当局は、殉教者たちの灰を川に流した(98)。聖ウィンケンティウスの殉教の後、総督《プロコンスル》はその死体を野獣に食べさせようとし、それに失敗すると、海に沈めようとした(99)。ウァレリアヌス帝の迫害の際、キリスト教徒はキリスト教徒の埋葬地に入ることを禁じられた(100)。迫害が終わると、当然の成り行きだが、聖遺物のある場所を中心とした殉教者崇敬が盛んになった。

殉教者の具体的な遺物は彼らの記憶を強く留めるのに役立ち、その霊的な力を共同体に役立てたが、遺骨だけでは不十分だった。遺物が提供するのはややはかない思い出であり、それは失われやすいものだった。七世紀のサラゴサ司教ブラウリオは、聖遺物の混乱した状態を的確に描写している。聖遺物を別の教会に送って欲しいという要請に対する答えとして、彼は、自分はたくさんの貴重な聖遺物を持っているけれど、「殉教者の遺物の一つとして、誰のものなのかわかる状態で保管されているものはない」と言っている。ブラウリオの前任者たちは、盗難の危険性を減らすため、すべてのラベルを外してしまったのだ[101]。そうした行為により、たしかに貴重な聖遺物は盗賊にとってあまり興味のないものとなったが、記憶を呼び覚ますものとしての有用性も減少してしまったのである。

聖遺物への崇敬は、遺物をきわめて強力なものとした言行の記憶を保存する文書が伴うときに、より強くなった。ペルペトゥアの物語の語り手は、書かれた言葉の力を知っており、「書かれた言葉を通して過去を思い出すこと」の重要性に触れている。この認識を持っていたのは彼一人ではない。トゥールのグレゴリウスによれば、トロワの聖パトロクルスの崇拝者たちは、彼に対する信仰を維持するのに苦労した。「その地域の人々はこの殉教者にほとんど崇敬の念を持っていなかった。それは彼の苦難の物語が手に入らなかったからである。その戦い〈についての記録〉が朗読される神の聖人たちの方に、より丁重な崇敬を捧げるのは巷の人々の常だからである[102]」。殉教伝を読むことは、その聖人を即座に思い出させた。人々は殉教者の力と存在を感じ、病人は癒され、霊的な渇望を持つ者は満たされた[103]。

聖アウグスティヌスは聖人の力の記憶を保持する上で、書かれた言葉が持つ効力を知っていた。彼は、四世紀の北アフリカでは聖なる死者の周りで、聖書時代のパレスティナと同じくらい多くの奇跡が起きていると書いている。唯一の違いは、これらの奇跡は「その名声を広めたであろう、大きな宣伝に与らなかったことである[104]」。ペルペトゥアの殉教の記憶が、彼女の骨が葬られた祠堂で生き生きと保持されたのは、彼女の強力な記録が読まれるたびに、そのテクストが彼女の経験を生き返らせたからである。

二世紀までには、殉教者の祠堂で、毎年その殉教者の命日に記念祝典を行なうことが習慣となっていた。[105]ペルペトゥアが死ぬ以前に、既に前例ができあがっていたのである。彼女が死んだ後、彼女と彼女の仲間たちはすぐに崇敬を集めたであろう。キリスト教が自由に繁栄することができるようになった、コンスタンティヌス帝治世の三一三年までには、ペルペトゥアの殉教記念日がすでにローマ教会公認の暦に含まれるようになっていた。[106]ペルペトゥアらは、信者に見えるように、カルタゴ北郊の高地の上に立つマイオルム教会に葬られた[107]（［図2・2］を見よ）。この場所は埋葬碑文によって印づけられ、[108]記憶が聖性を獲得するのに必要な要件の一つである具体的遺物の存在を満たした。ここは毎年、殉教者たちの「誕生日」、つまり、永遠の生命へと「生まれ」変わった殉教の日に盛大な式典が祝われる場となった。

アウグスティヌスの時代までに、ペルペトゥアの殉教の日はカルタゴにおける祝祭サイクルの一部として確立していた。人々は彼女の殉教の物語を聞き、そのテクストをまるで聖書であるかのように崇めていた。[109]しかし、ペルペトゥアが彼女の夢を残した、三世紀の圧迫されたキリスト教共同体は、司教によって救済へと導かれる四世紀の共同体とは異なったものだった。教会人たちは、ペルペトゥアの力強く個人的な叙述によって示された幻視に枠をはめようと、そのテクストに説明、修正を加えていった。

ペルペトゥアの殉教伝の注釈者たちは、キリスト教信仰の強い倫理、救済、そして聖霊の存在に、引き続き重点を置いている。しかし、四世紀以降、二つの重要な点が注釈者たちを悩ませたらしい。一つは、殉教者と証聖者を司祭や司教と同等か上位においている厄介なヒエラルキーの問題だった。これは、教会人がテクストそのものを管理することでいとも簡単に解決された。これから見てゆくように、司教たちはこの人気のあるテクストの朗読を、説教による注釈で塗り固めていった。こうして、テクストが直接、信徒の共同体に話しかけるのを許すのではなく、その言葉の理解を誘導し、独立独歩の若い殉教者のメッセージを微妙に変化させ、おそらくさらに重要なことには、その伝播を管理した。キュプリアヌスが証聖者たちを司祭にすることでその力を取り込んだように、アウグスティヌスはペルペトゥアのテクストを説教の主題にすることで、その力を自らのものとした。

ペルペトゥアの殉教伝に潜在する第二の、そしてより厄介な問題は、ジェンダーに関するものだった。ペルペトゥアは、自らの足で立つことで、そして小集団の指導権を握る（もしくは、少なくともサトゥルスとそれを共有する）ことで、ローマ帝国の社会秩序を覆した。殉教者たちの埋葬場所に置かれた石碑は、この集団の名前をすべて記録しているが、サトゥルス、サトゥルニヌス、レウォカトゥス、セクンドゥルスら男たちの名前で始まり、二人の女性フェリキタスとペルペトゥアのそれで終わっている。しかし人々の想像力を捕らえたのは二人の女性であり、四世紀までには彼女たちのために祭日が祝われるようになっていた。この女性たちは殉教者崇敬において指導権を握ることで、社会秩序を覆し続けた。四世紀の教会は社会秩序の外にあるのではなく、その一部をなすものだった。社会に対して保守的な、アウグスティヌスの時代の教会は、カルタゴで多くの崇敬を集めたこの強力な若い女性たちとどう折り合いをつけたのだろうか。

殉教者が伝えたメッセージを再成形する最も容易な方法は、テクストを書き直して、殉教の記憶は保持しつつ、あまり直接的でも個人的なものでもなくしてしまうことだった。殉教伝の多くが書き直されて、その時々の教会で主流だった教義に、より適合するようにされた。別の言い方をするなら、時代に適応し、その時代のキリスト教徒の経験により、深い関連をもつようにされたとも言える。[110] 四世紀のある改訂者がペルペトゥアの殉教伝を書き直して短縮したとき、ジェンダーの問題がひどく彼の心にかかっていたことは間違いない。[111] 裁判を記述した部分で、彼は男たちを女たちと引き離し、そうすることで、女性二人の尋問の部分では彼女たちの社会的な役割に焦点を当てることができた。彼は、裁判官がフェリキタスに夫のことを尋ねたことにし、ペルペトゥアには夫を創作して、裁判の際には夫が彼女の家族とともに居合わせたことにしている。こうすることで、この改訂者は、女たちの家族における位置を強調し、また、ペルペトゥアが彼女の家族を捨てた際には、若き女性殉教者の決意からあらゆる葛藤を取り除くことで、読者が感じたかもしれない同情を減少させている。ペルペトゥアは彼女の赤ん坊と家族を邪悪なものと呼んで遠ざけたことにされているのである。[112] この物語では、女性たちは殉教者のままではあるものの、役割モデルとしての魅力は減少しており、したがって社会秩序にとっての脅威も減じられている。

殉教者伝によっては、書き直されたものの方が一般に普及し、聖人の祝日に読まれるテクストとして選ばれた。しかしペルペトゥアの殉教伝の場合には、四世紀に至るまでに既に非常によく知られた著作となっていたので、他のもので置き換えられることはなかった。このため、アウグスティヌスはこのテクストの教訓となる部分は強調するとともに、問題の多い部分には説明を加えるような説教をした。人々のテクスト理解を形作る努力により、司教はペルペトゥアに対する崇敬を管理していたのである。聖ペルペトゥアとフェリキタスの祝日のためにアウグスティヌスが書いた説教がいくつか残っており、[113] また、その少し後にカルタゴで書かれた、五世紀半ばのカルタゴ司教クオドウルトデウス作であるかもしれない説教が一つ残っている。[114]

ペルペトゥアの殉教物語には、司教たちが受け入れ、強調できるようないくつもの教訓が含まれている。アウグスティヌスは、殉教者の勝利を預言するペルペトゥアの幻視が正しいものであることを受け入れた。[115] 彼は殉教者たちが死や痛みへの恐怖を乗り越えたことや、ペルペトゥアが恍惚状態という賜物を与えられたため、「荒れ狂う牝牛との戦いを感じることがなかった」ことを強調している。彼は殉教者たちが救済されたこと、また、殉教者たちには共同体の成員たちのために祈る能力があることについても、確信をもって語った[116]。これらの教訓は、殉教者の身体が〈神の〉力を受けており、その力が信徒たちの共同体の役に立つのだという聖人崇敬の核心をなしていた。ペルペトゥアの殉教伝があれほどの人気を博した大きな理由は、これらの中心的な教訓がテクストの中にはっきりと読み取れたからだという可能性はきわめて高い。

しかし、ここまでに見てきたように、四世紀の状況は三世紀初めのそれとは異なっていた。アウグスティヌスはペルペトゥアの殉教伝の中に最初からあったいくつかの点を強調するのみならず、この殉教伝を利用して四、五世紀の教会にかかわるいくつかの新しい教訓を引き出してもいる。殉教者の時代は、肉体の復活に対する神学的な興味を呼び起こしていたが、この復活という約束はアウグスティヌスによって強調された。彼は殉教者たちの魂は、「不当な苦痛を受けたときにまとっていたのと同じ肉体」を受け取るであろうと言っている。さらにこの教訓は他の者たちにも当てはまるものだった。「あらゆる肉体が復活し、一個の全体としての人間がそれぞれに見合ったものを受け取ることになろう」[117]。ペルペトゥアのテクストには、肉体の復活についてはっきりと触れた部分はないが、殉教という経験そのものがこの種の道徳的教訓を許していると思われたのだった。

アウグスティヌスは、ペルペトゥアの殉教の状況を四世紀の教会がおかれていた全体的な状況に当てはめようとさらなる労力を費やしている。ペルペトゥアのテクストは、迫害を受けている教会によって、迫害を受けている教会のために書かれたのであり、それは勝利を収めた教会とは異なるものだった。アウグスティヌスは殉教者の時代は終わっただけではなく、覆されたのだと注意深く説明している。彼は、闘技場で「殉教者の肉体に対して猛り狂った」人々の子供たちが、いまや殉教者たちの栄光を賞讃していると言う。闘技場に集まった人々の子孫たちは、いまや教会に集まっていた。「〈殉教者への侮辱は、〉当時は不信心ゆえのものであったが、いまや無と化している」とアウグスティヌスは要約する。この教会は脅威を受けている教会ではない。アウグスティヌスにとってこれは、かつて同情の余地がなかったところに、その余地が生じていることを意味した。闘技場でサトゥルスがしたように苦難を加える者たちに挑み、復讐で脅す代わりに、アウグスティヌスは彼らの無知に「憐れみ」をかける。[118] 殉教者たちを殺したのは悪ではなく無知だったという考え方は、外からの脅威よりも中からの分裂に苦しむ時代の教会に必要とされた根本的な変化だった。以上の例は、強力なテクストを同時代の問題に関係するよう変化させることが可能であり、そして実際それが行なわれたことを示している。

復活と同情の教訓は、もとのテクストに必ずしもはっきりと読み取れるものではなかったにせよ、矛盾するものでもなかった。アウグスティヌスとクオドウルトデウスが時間のほとんどを費やしたのは、このテクストから生じるジェンダー問題の説明と解釈であった。これは、ジェンダーの役割という扱いにくい問題が四、五世紀の司教にとって最も厄介なものだったことを示している。

ペルペトゥアらの殉教伝における女性像で厄介だったものの一つは、彼女たちと家族との関係だった。二世紀のキリスト教共同体に中心的な特徴の一つは、キリスト教徒は聖書が命じるところに従い、家族を捨ててキリストに従わなければならないという考え方だった。したがって、四世紀の注釈者たちは一方では、歴史や聖書に先例が豊富にある、この行為を支持しなければならなかった。アウグスティヌスは、夫を捨ててキリストに従ったフェリキタスの能力を賞讃し、キリストへの愛と引き換えに自分の子供を諦めた二人の女性を讃えている。[119]

他方で、四、五世紀の教会は世俗社会の一部であり、社会に存在する家族的絆にあらゆる必要な支持を与えていた。アウグスティヌスは、司牧的責務の一環として、人々（特に女性たち）の間にあった、霊的生活への召命と家族的義務の求めの間に生じる緊張を解決するよう求められた。例えば、禁欲への召命に従い、夫に従うことを拒否した貴婦人エクディキアに対し、アウグスティヌスは、霊性への希求は家族に対する社会的な義務から彼女を解放するものではないと諭している[120]。家族との絆を完全に断ち切ることを教えるペルペトゥアの物語は、魂の独立と家族の義務との間の微妙な境界を歩む司教にとって問題となったようである。

アウグスティヌスは彼女のテクストを題材にした第二の説教の中で、これらの出来事に対する聴衆の理解を形作ることにより、問題を解決しようとした。第一に彼は、このテクストが書かれて以降、今日に至るまで注釈者たちを悩ませてきた問題、すなわちこの有徳の婦人の夫はどこにいたのかという問題に向き合った。アウグスティヌスは、後から振り返るとあらゆる殉教がそう見えるのと同様に、夫の不在は神の計画の一部であると見た。ペルペトゥアの裁判は、悪魔による誘惑として描かれ、そしてアウグスティヌスの解釈によれば、悪魔はペルペトゥアが、夫が体現するところの「肉体の愛」の誘惑に負けない強さを持っていることを知っていた。だから悪魔は夫の存在によって彼女を誘惑してみようともしなかったのだ。アウグスティヌスによれば、その代わり、悪魔は娘と父親の絆の強さを知っていたので、父親をペルペトゥアの元に送って、この若い女性にキリストを捨てるようにと迫らせた[121]。これらの出来事を形而上的なレベルで論じることで、アウグスティヌスはペルペトゥアを、後の世代の信者に道徳的な教訓を与えるべく計画された劇における、有徳ではあるが受動的な参加者の地位へと押し下げたのだった。

アウグスティヌスはさらに、「子が親に抱く愛情からの攻撃」に彼女が耐えなければならないような場面においてですら、ペルペトゥアの孝行娘としての役割を強調した。ペルペトゥアは試練に耐えたけれど、アウグスティヌスは彼女が「親を敬うべしという命令に逆らう」ことはなかったと強調している。彼は聴衆に、娘は父に逆らわなければならなかったけれど、父に対して同情心を持ち、父の「本質」や「彼女自身の生まれ」を拒絶することはなかったと説明している[122]。アウグスティヌスが説教の中で強調することれらの教えは一つとしてテクストの表面には現れていないが、この強調はペルペトゥアを孝行娘として描き続けるのに役立った。アウグスティヌスにとってキリスト教は家族の絆と相容れないものではなく、それどころか、そのような対立はあってはならないものだった。したがって、殉教物語から引き出される教訓も社会的な義務と対立することがあってはならなかった。ペルペトゥアの思い出を再形成する上でアウグスティヌスは、彼女が家族を捨てたこと、そして新たな仮想家族を作ったことを忘れなければならなかった。彼女の思い出は四世紀の教会にふさわしいように鋳直されたのである。

アウグスティヌスにとってそれよりさらに重大な問題は、テクストの中で二人の女性、特にペルペトゥアが中心的な人物として描かれていることだった。これは、男が導き、女が従うという、アウグスティヌスが強く信じていたあるべき序列と相容れなかった[123]。テクストそのものを読む人は誰でも、ペルペトゥアの強さや、一連の出来事で彼女が発揮した指導力に感銘を受けずにはいられない[124]。囚人のためにより良い待遇を実現したのは彼女であり、殉教の際、異教の衣装を身につけなくてよいようにしたのも彼女だった。この物語で二人の女性に敬意が払われていたことの最大の証明は、一団の中には四人の男性がいたにもかかわらず、祝日がペルペトゥアとフェリキタスの名で呼ばれたことである。アウグスティヌスは説教の中で、この非凡な女性の思い出を、自分が既婚女性によりふさわしいと思うものへと再形成した。

ペルペトゥアの独立性を和らげるためにアウグスティヌスが取った方法の一つは、彼女の偉業をイブの堕罪というコンテクストの中に繰り返し当てはめることだった。彼によれば、ペルペトゥアが幻視の中で頭を踏みつけた蛇は、人類最初の女性を堕落させた蛇と同じものだった。悪魔はペルペトゥアとフェリキタスを、イブをうまく誘惑したのと同じやり方で誘惑し、フェリキタスは単に産みの苦しみに耐えただけではなく、「イブの痛みに苦しんだ」のだった[125]。アウグスティヌスはペルペトゥアとイブを繰り返し対比することで（これは、殉教伝のテクスト自体には見られない）、これら二人の徳高き女性が、「より弱い性」である女〈＝イブ〉の行動によって堕落した世界における例外であることを、聴衆に思い出させたのだった[126]。

女性の弱さは、アウグスティヌスが、男性に変身するというペルペトゥアの幻視を論じる際の繋ぎの役割を果たした。アウグスティヌスは『神の国』で、復活した女性の身体は、性器も含め、女の外見を維持すると明言している。つまり、女が男として復活することはないということである[127]。したがって、ペルペトゥアの幻視は来世を予見するものではなかった。アウグスティヌスはむしろ、ペルペトゥアが変身したのは、女性は弱いものであり、したがって「男性的な」者だけが、殉教者たちが直面したような試練に耐えられるのだということを神が証明しているからだと見なした。「身体が女である者たちにおいても、魂の男らしさが肉体の性別を隠す」と彼は言っている。そしてまた、神は「これらの女たちを男らしく、信仰に忠実なやり方で死なせた」とも言っている[128]。

アウグスティヌスは、魂の本質と起源について論じた著作の中でも、ペルペトゥアの変身に立ち戻った。彼は、ペルペトゥアが男に変身したことは、女性的な内面が男性のそれに完全に変わったことを反映しているのだと強調する。彼女の心は肉体同様、変化したのだと彼は言う。彼女に女性としての痕跡が残されていてはならなかった。なぜなら、夢の中で彼女の肉体は「その女性器の形をとどめていなかった。女のその肉〈＝女性器〉の中に、男の性器があるはずはなかったからである[129]」。この世において男性と女性は劇的に異なったものであり、アウグスティヌスの説明でも異なったままに留まっていた。司教アウグスティヌスの手で、二人の女性の偉業、そしてペルペトゥアの夢は、もともとのテクストにはまったく存在しない、女の弱さと不完全さという教訓を明示するものにされてしまった。

最後に、アウグスティヌスは、なぜ祝日が二人の女性の名で呼ばれるのかという問題に繰り返し立ち戻った。なぜサトゥルス、サトゥルニヌス、レウォカトゥスやセクンドゥルスではなく、彼女たちが殉教の記憶に最も鮮明に残ったのか。自明の答えは、テクストの中で最も劇的な部分を書いたのがペルペトゥアだったからというものだろう。しかしそのような説明は女性に大きな栄誉と力を与えてしまうであろうから、アウグスティヌスはそうは説明しなかった。むしろ彼は、祝日が彼女たちの名で呼ばれるようになったのは、後の世代に教訓を与えるために神が計画したことの一環であると見た。アウグスティヌスは複数の説教を通じ、二人の女性の名前で繰り返し語呂合わせをしている[130]。すべての殉教者たちが試練に耐えたのは、「彼らが永遠《ペルペトゥア》の幸福《フェリキタス》を享受するためだった……そして、それ故に、この試練には立派な仲間がいたにもかかわらず、これら二人の名前で全員の永遠の生が意味されているのだ」。彼らの祝日が二人の女性にちなんで名づけられたのは、殉教が永遠《ペルペトゥア》の幸福《フェリキタス》をもたらしたことを、そしてさらには、すべてのキリスト教徒が同じ報賞を受け取れることをあらゆる人が思い出すためであった[131]。ここでもまた、アウグスティヌスは二人の女性の功績から栄誉の多くを取り除き、彼女たちの名声は名前から生じる道徳的教訓によるものであるとした。彼は、その日が二人の女にちなんで名づけられたのは、「女たちが男たちよりも好まれたからではなく」、男らしい振る舞いによって「永遠の幸福」が得られることを示すためだとはっきり言っている[132]。このように繰り返し語呂合わせを強調するのは、雄弁な弁論家アウグスティヌスらしからぬことだったが、それは彼が二人の女性殉教者の祝日を、二人が死んだ三世紀初めのそれとは相容れない、彼の時代の教会と社会の見解に合致させるためにどれほど苦労したかを示している。

五世紀半ばのカルタゴ司教クオドウルトデウスは、ジェンダーの不相応を説明するためにアウグスティヌスが確立したのと同じテーマを続けている。クオドウルトデウスもまた、なぜ女性の名前が男性の名前よりも優先されたのかを理解することができなかった。彼にとって、「より弱い」女が勇敢さで男に勝ることがあり得るはずはなかった。彼は、弱い女性が神の恩寵（それは、ペルペトゥアが幻視の中で牧人から受け取った「乳」として与えられた）に助けられて、女としての本質に打ち勝ったのだと説明することで、このジレンマを解消した。アウグスティヌスと同様に彼もまた、イブの末裔である弱い女性が、殉教を達成するため、「肉体の情熱」、出産の痛み、そして母性の要求を克服できたことに驚嘆した。[133] 彼にとってこのテクストは女性の強さを示すものではなく、逆に彼が女性の弱さと見るものを明白に示すものであり、彼がこのテクストを聞いたばかりの聴衆に説明する際に強調したのもこの点だった。

カルタゴのキリスト教徒たちは何世紀にもわたって、ペルペトゥアの殉教を想起し続けた。この回想は、記憶の聖なる空間を形成した教会《バシリカ》に保存されていた、彼女の聖遺物によって強められた。日記が公衆の前で読み上げられることで、聴衆は毎年彼女の言行を想起し、また、テクストに注釈をつける教会人たちによって（私たちがその解釈を好むにせよ、好まないにせよ）常に時代と関連づけられていった。しかし、帝国末期の混乱の中で、ペルペトゥア崇拝の空間的中心地は失われた。ヴァンダル人は、自分たちの礼拝のために教会《バシリカ》を取り上げ、[134] 七世紀のアラブ人による征服の後には聖遺物も失われた。しかし彼女の記憶が失われることはなかった。本書カバーのイラストは、五世紀の終わり、彼女の殉教を想起してラヴェンナで作られたペルペトゥアのモザイク画である。

十九世紀にカルタゴを発掘したフランスの考古学者たちは、殉教者たちの記憶の物理的な空間を復元した。殉教者たちの墓所を示していた石碑が発見され、（ともすると過剰に）復元された。最も顕著なのは、

［図6・2］カルタゴ，円形闘技場遺跡とペルペトゥアとフェリキタスに捧げられた礼拝堂．写真はボブ・バルスリー．

キリスト教時代の北アフリカの遺跡を回復しようとしたホワイト・ファーザーズ〈訳註：アフリカでキリスト教の布教に努めた、一八六八年設立のカトリック宣教師団〉が円形闘技場で行なった作業である。カルタゴ円形闘技場の巨大建造物は何世紀もの間に瓦礫と化しており、残ったのは一階部分と、殉教者たちがそこを通って闘技場へと向かった地下通路だけだった。ホワイト・ファーザーズはこの闘技場が殉教の場であることを示すため、地下通路内にペルペトゥアに捧げた小さな礼拝堂を作り、殉教した小集団の思い出に再び物理的な空間を与えた（[図6・2] は、アレーナの廃墟の写真であるが、地下通路から少し飛び出している礼拝堂の屋根が見えている）。ホワイト・ファーザーズは正しかった。円形闘技場の遺跡はここで起きた殉教を思い出させる強力な物的力となっている。記憶にはテクストだけではなく物的残存物も必要だとしたアウグスティヌスが正しければ、ホワイト・ファーザーズが回復しようとしたのも記憶だったのかもしれない。

ペルペトゥアの殉教を記憶に留める物的な記念物は一時的に姿を消していたかもしれないが、彼女が殉教を待つ間に自分の経験、感情、夢を記録した日記が忘れ去られることはなかった。事実上、書かれたその時から、それは公的財産となり、単に読まれるだけではなく、解釈や、説明を施されてきた。それは最初、彼女の殉教を目撃した証人によって、次に、このテクストに関する説教をした教会人によって、そして、長い時代を通じ、殉教者ペルペトゥアの明快で直接的な言葉を分析してきた（私自身を含む）著述家たちによってである。ペルペトゥアの言葉は時にジェンダーというレンズに屈折させられ、アウグスティヌスのような男性著述家がこの若く聡明で情熱的なローマの既婚婦人とは何の関係もない意味をテクストに付け加える結果になった。「実に初期の段階から（このテクストは）、男性による解釈、再読、歪曲の雪崩の下に埋もれてしまった」という、ブレント・ショーの考察は的を射ている。[135]

このテクストはまた、時代というレンズによっても屈折させられた。当然のことながら、三世紀以来、世界、教会、人々の感受性は変化してきた。アウグスティヌスはテクストを説明、再解釈して、四、五世紀の聴衆に意義あるものとする必要を感じた。こうした再解釈は古代末期で終わったわけではない。現代のフロイト派研究者たちは、このテクストの中に精神分析的な意味を発見してきた[136]。現代の神学者の中には、このテクストの中に、初期教会では女性が聖職者として仕えていた証拠を見出す者もいる。マーガレット・マイルズが記しているように、「『聖ペルペトゥアと聖フェリキタスの殉教』は、一人の女性が書いたものが、そのテクスト自体によれば彼女自身のものではない神学的・教会的な関心事を裏づけるために流用されてきた、希に見るほど生き生きとした一例である[137]」。

こうしてテクストを常に再解釈するのは必ずしも悪いことではない。この点で私は、ペルペトゥアの記憶の歴史に注釈を施してきたほとんどの人々と意見を異にする。私たちは偉大な文学が「時代を超越」していると言うが、それは、そのような文学が時の枠の外にあると言っているのではなくて、多くの時代を通じて人間の経験に語りかけることができると言いたいのであり、それこそ、直接的で力強いペルペトゥアのテクストがしていることである。彼女のテクストは非常に人間的なものであるため、時代や、男女を問わず、人間の経験に寄与できるのだ。だからといって、彼女のテクストを、ペルペトゥアという若い殉教者の声で語るのを止めてしまうほど変えてよいということにはならない。それでは記憶ではなく、創作になってしまうだろう。

ペルペトゥアの日記では、彼女がどのようにカルタゴ人としての、そしてローマ人としての過去の記憶を、殉教という自分の直接的な経験に役立て、自分にとっての現在に関連づけたかを見ることができる。これは、私たちが彼女のテクストを読むときにするのとほぼ同じことである。私たちは彼女の行動と言葉の記憶を、私たち自身の経験の意味を高めるために用いる。歴史を通じ、それこそが偉大な人間、偉大な文学の定義であり、それ故にその人も文学も記憶に残るのである。

訳者あとがき

イエス・キリストの教えに基づく宗教、キリスト教は、古代ローマ人の宗教観に大きな衝撃をもたらしたに違いない。古代ローマ人が知っていた宗教のほとんどは多神教であり、しかも排他性がなかった。つまり、ある特定の神のみに帰依して、他の神は否定するという態度は、ギリシア・ローマの伝統的な宗教観には異質なものだった。ユダヤ教は排他的な一神教であるが、それを信仰していたのが主として特定の一民族であり、キリスト教ほどの伝播性はなかったため、社会に与える危機感もそれほどは大きくなかったのかもしれない。

本書でも説明されているように、キリスト教徒はその宗教的排他性のゆえに、伝統的な宗教に従うことはできなかったし、他の忠実なローマ帝国住民と同じように、皇帝を神もしくは神に等しいものとして崇敬することもできなかった。この態度が、ローマ帝国の支配者・支配階層から疑惑を呼び、それが迫害へと繋がったのは、ある程度自明の成り行きであったと言えよう。

キリスト教に改宗した人々の中には、命に代えてでも、他の宗教や神々は否定して、キリストの教えを守ることに固執しようとする者も現れた。複数の神を、時には複数の宗教にまたがって崇拝することに慣れている古代ローマ人にとって、このようなキリスト教徒の態度はきわめて頑迷に映り、理解し難いものだったのだろう。

『ペルペトゥアの殉教』、より正確には『ペルペトゥアとフェリキタスの殉教』は、女性が主人公であるというだけではなく、女性が自らの言葉で語っているという点で、古代ギリシア・ローマの文学としてはきわめて希少な例である。古代の著述家の圧倒的大多数は男性であり、女性の著作は、特に韻文を除いてしまうと、数が少ない。古代の殉教者の中に少なからぬ女性が含まれていたことは知られているけれど、その言葉が残っていたり、手記が残っているというのは類例がない。聖人伝というのは偽典の多い文学ジャンルではあるけれど、『ペルペトゥアの殉教』に関しては、研究者からも一般に真正であると受け入れられており、私たちがこのテクストを読むことができるのはきわめて幸運である。

ペルペトゥアがその二十二年という短い生涯を生きた二世紀と三世紀の変わり目は、いわゆる五賢帝による安定した治世（九六—一八〇年）が終わり、次々に皇帝が入れ替わる動乱の三世紀とのちょうど境目である。北アフリカ出身の皇帝セプティミウス・セウェルス（在位一九三—二一一年）は、コンモドゥス帝の治世以降に生じた混乱を収拾し、一時的にではあるけれど、帝国に安定と繁栄を取り戻した。とは言え、帝国には既にある種の不安感・不安定感が広まっており、これは人々を精神的な探求に駆り立てたようである。一部の人々は哲学の探求へと向かい、一部の人々は宗教に、もしくは本書でも取り上げられているアプレイウスのように、その両方へと向かった。ペルペトゥアの行動と決断を理解する上で、こうした社会背景を欠くことはできない。

本書の特徴は、ペルペトゥアとその仲間たちの殉教を、キリスト教の伝統の中のみならず、ギリシア・ローマの伝統、そして、北アフリカ、特にカルタゴの歴史的伝統の中にも位置付けようと試みていることである。彼女は当然、自分に先立つキリスト教徒殉教者のことを聞き知っていたので、これに触発され、勇気づけられたことは間違いない。しかし、著者は、ペルペトゥアを殉教に導いたものは、それだけではないと論じる。ペルペトゥアは、ローマ帝国の伝統的な上層社会の中で育ち、高い教育を受け、また、当時の人々になじみがあった文学や演劇にも触れていた。著者は、ペルペトゥアの行動が、彼女が知っていたに違いないヘレニズム小説に典型的な、若き女性主人公の決断力や試練に触発された可能性を指摘する。また、それと並んで、彼女の殉教に対する考え方は、女王ディドーに遡る古代カルタゴ女性の供犠的自殺の伝統の中に位置づけられると考える。ペルペトゥアの決断は、こうした様々な潮流の統合なのである。

本書での考察が及ぶ時代の範囲は、カルタゴ市を創建した女王ディドーの時代である紀元前八世紀頃から聖アウグスティヌスが生きた五世紀の初めにまで及んでいる。このような時間的に幅の広い研究の場合にはほとんど不可避であるのだが、いくつか事実の間違いや取違いが見られた。単純な入力ミスではないかと思われるものに関してはそのまま改変、説明が必要かと思われる場合には文中に訳注を挿入した。この面で、数々の重要な指摘をいただいた後藤篤子先生には特に感謝したい。しかし、本書が扱う時代には、訳者になじみのない部分も多く、間違いはまだ残っているものと思われる。修正・指摘しきれなかったのは、当然、訳者の責任である。

また、『ペルペトゥアの殉教』には、土岐正策氏による優れた邦訳があるが、本書では、著者がムスリッロによる英訳に拠っているため、翻訳も英語から行った。その他の、邦訳がある史料・文献に関しても同様である。

本書の著者についても簡略に紹介しておく。ジョイス・E・ソールズベリはアメリカ、ウィスコンシン大学、グリーン・ベイ校の人文学名誉教授で、歴史と宗教を教えた。ラトガース大学で中世史の博士号を取得している。本書の他に、『殉教者の血』と題された、キリスト教最初の三世紀の殉教を扱った研究や、五世紀のローマ帝国皇妃ガッラ・プラキディアを扱った著書などがある。

最後となったが、監修をお引き受けいただいた後藤篤子先生には多大な感謝を捧げる。先生の御助力なしには、この翻訳が完成することはなかったであろう。また、編集担当の芝山博氏には、辛抱強くお待ちいただき、校正でも大変お世話になった。本書の翻訳とその校正には、作業を開始した時から私の周囲の環境が大きく変わったことにより、十年もの期間が経過してしまった。このことでは、御両方に多大な迷惑をおかけしたことをお詫びしなければならない。本書の刊行にまでようやくたどり着いたことで、多少なりとも埋め合わせができればと思う次第である。

二〇一八年五月五日

田畑賀世子

白水社の本

聖書の成り立ちを語る都市

フェニキアからローマまで　　ロバート・R・カーギル
真田由美子　訳

聖書から浮かび上がる古代オリエント・地中海世界、一方で歴史は聖書本文にどんな影響を与えたか。聖書の成り立ちを都市ごとに見る。

古代末期のローマ帝国

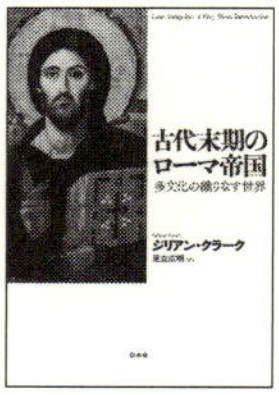

多文化の織りなす世界　　ジリアン・クラーク
足立広明 訳

2世紀～8世紀、地中海と西アジアで気候が変動し宗教・民族・社会編成の大きな変容をみた時代を、蛮族とローマ人などの対立でなく、ハイブリッドな文化と社会という継続性から捉えて概説する。

キリスト教一千年史（上下）

地域とテーマで読む　　ロバート・ルイス・ウィルケン
大谷 哲、小坂俊介、津田拓郎、青柳寛俊　訳

イエスの誕生と死から西暦1000年までのキリスト教世界を、章ごとに人物、地域、重要な概念をテーマとして、広大な地域・長大な時間軸を対象にわかりやすくまとめる。

監修者略歴
後藤篤子（ごとう・あつこ）
東京大学大学院人文科学研究科西洋史学専門課程第１種博士課程単位取得満期退学。法政大学文学部教授。
著訳書:『世界歴史大系・フランス史１』（共著、山川出版社）、『岩波講座・世界歴史７』（共著、岩波書店）、『西洋古代史研究入門』（共著、東京大学出版会）、『西洋古代史料集』（共編訳、東京大学出版会）、エドワード・ギボン著『図説ローマ帝国衰亡史』（共訳、東京書籍）、ピーター・ブラウン『古代から中世へ』（編訳、山川出版社）など。

訳者略歴
田畑賀世子（たばた・かよこ）
早稲田大学第一文学部西洋史学科卒業の後、早稲田大学修士課程（西洋史）修了、同博士課程（西洋史）単位取得退学。イタリア、ピサ大学に留学し、ピサ、パヴィアおよびペルージャ大学共催古代史博士課程にて博士号取得。
博士論文 *Città dell'Italia nel VI secolo D.C.*（紀元六世紀イタリアの都市）は、Atti della Accademia Nazionale dei Lincei, Anno CDIV-2007, classe di scienze morali, storiche e filologiche, Memorie. Serie IX, vol. XXIII, fasc., Roma: Bardi Editore, 2009 として刊行。

ペルペトゥアの殉教
ローマ帝国に生きた若き女性の死とその記憶

2018 年 8 月 1 日 印刷
2018 年 8 月 15 日 発行

著　者　ジョイス・E・ソールズベリ
監修者 © 後藤篤子
訳　者 © 田畑賀世子
発行者　及川直志
印刷所　株式会社理想社

発行所　〒101-0052 東京都千代田区神田小川町 3の24
電話 03-3291-7811（営業部）, 7821（編集部）
www.hakusuisha.co.jp
株式会社 白水社

乱丁・落丁本は，送料小社負担にてお取り替えいたします．

振替　00190-5-33228
株式会社 松岳社

ISBN978-4-560-09648-2

Printed in Japan

人名索引

サ行

タ行

ナ行

ハ行

マ行

ヤ行

ラ行

原注

はじめに

(1) Eusebius, *The History of the Church*, trans. G.A. Williamson, (Harmondsworth, 1984), 341-42.〈邦訳：『エウセビオス「教会史」』上・下、秦剛平訳、講談社学術文庫、2010 年〉。

(2) Ibid., 342.

第１章　ローマ

(1) T. Barnes, *Tertullian. A Historical and Literary Study* (Oxford, 1971), 70 は、ペルペトゥアの家族が元老院階級に属していたと論じている。より説得力があるのは B. Shaw, "The Passion of Perpetua," *Past and Present* 139 (1993): 11 の、都市参事会員階級だったとの説である。

(2) E. Cantarella, *Pandra's Daughters: The Role and Status of Women in Greek and Roman Antiquity* (Baltimore, 1987), 11 を見よ。

(3) この絆の重要性に関しては、J. Hallett, *Fathers and Daughters in Roman Society* (Princeton, 1984) の秀逸な議論を見よ。

(4) Pliny the Younger, in *Women's Lives in Greece and Rome,* ed. M.R. Lefkowitz, et al., (Baltimore, 1982), 144.〈邦訳（抄訳）：『プリニウス書簡集——ローマ帝国一貴紳の生活と信条』、國原吉之助訳、講談社学術文庫、1999 年〉。

(5) 例えば、Jerome, "To Eustochium," in *Jerome: Letters and Select Works*, trans. W.H. Fremantle (Peabody, Mass., 1995), 22 を見よ。

(6) B. Rawson, ed., *The Family in Ancient Rome: New Perspectives* (Ithaca, 1986), 8 を見よ。

(7) 同書、40 頁、および S.B. Pomeroy, *Goddesses, Whores, Wives and Slaves: Women in Classical Antiquity* (New York, 1975), 170 を見よ。両者とも、ローマにおける子女の教育の重要性を強調している。

(8) Quintilian, "Institutes of Oratory," in Lefkowitz et al., *Women's Lives,* 235.〈邦訳：クインティリアヌス『弁論家の教育』全３巻、森谷宇一他訳、西洋古典叢書、京都大学学術出版会、2005・2009・2013 年〉。

(9) Ibid.

(10) Rawson, 22 および Pomeroy, 164. しかし、若い女性が結婚するのにより普通の年齢は 10 代末であったと論じる B. Shaw, “The Age of Roman Girls at Marriage: Some Reconsiderations,” *Journal of Roman Studies* 77 (1987): 30-46 も見よ。

(11) Rawson, 22.

(12) “Passion of Perpetua,” in *The Acts of the Christian Martyrs*, comp. and trans. H. Musurillo (Oxford, 1972), 109.〈邦訳：「聖なるペルペトゥアとフェリキタスの殉教」、土岐正策訳、『殉教者行伝』(キリスト教教父著作集 22、教文館、1990 年) 所収〉。Shaw, “Passion of Perpetua,” 11-12 は、彼女が 18 か 19 歳で結婚したと計算している。情報が不十分なため確実なことは言えないが、私はこの計算が 1 年か 2 年は間違っていると考えている。

(13) Peter Dronke, *Women Writers of the Middle Ages* (Cambridge, 1984), 282-83 はペルペトゥアの夫がテクストの中に現れない理由として挙げられたいくつかの説を要約している。

(14) Shaw, “Passion of Perpetua,” 25.

(15) M.A. Tilley, “One Woman’s Body: Repression and Expression in the *Passio Perpetuae*,” in *Ethnicity, Nationality and Religious Experience*, ed. P.C. Phan (New York, 1991), 62.

(16) Ibid., 58.

(17) S. Dixon, *The Roman Mother* (Norman, Ok., 1988), 24, 233. Cantarella, 134 も見よ。

(18) W.H.C. Frend, *Martyrdom and Persecution in the Early Church: A Study of Conflict from the Maccabees to Donatus* (Oxford, 1965), 104-5.

(19) Cicero, *De Natura Deorum*, trans. H. Rackham (Cambrdige, 1967), 131.〈邦訳：キケロ「神々の本性について」、山下太郎訳、『キケロ――選集 11』(岩波書店、2000 年) 所収〉。

(20) Augustine, *City of God*, trans. H. Bettenson (Harmondsworth, 1972), 155.〈邦訳：アウグスティヌス『神の国 (1)』(アウグスティヌス著作集 11)、赤木晴勇訳、教文館、1980 年〉。

(21) Ibid., 144.

(22) Celsus, *Celsus: On the True Doctrine*, trans. R.J. Hoffmann (Oxford, 1987), 87.

(23) Ibid., 118.

(24) Apuleius, “Florida,” in *The Apologia and Florida of Apuleius of Madaura*, trans. H.E. Butler (Westport, Conn., 1970), 193.

（25） F. Dupont, *Daily Life in Ancient Rome*, trans. C. Woodall（Oxford, 1993）, 75.

（26） Symmachus, “Third Relation,” in *Ancient Roman Religion*, ed. F.C. Grant（New York, 1957）, 249.

（27） Livy, “History of Rome,” in Grant, 49.〈邦訳：リウィウス『ローマ建国以来の歴史2：伝承から歴史へ（2）』、岩谷智訳、西洋古典叢書、京都大学学術出版会、2016 年〉。

（28） Augustine, 145.

（29） Celsus, 118.

（30） M. Lyttleton and W. Forman, *The Romans: Their Gods and Their Beliefs*（London, 1984）, 37.

（31） Livy, *Livy*, vol. 5. trans. B.O. Foster（Cambridge, 1963）, 235.

（32） Symmachus, “Third Relation,” in Grant, 249.

（33） Pomeroy, 206.

（34） Ibid., 207-8.

（35） Ibid., 207、およびR.S. Kraemer, *Her Share of the Blessings*（Oxford, 1992）, 62.

（36） Tertullian, “On Monogamy,” in *Disciplinary, Moral and Ascetical Works*, trans. R. Arbesmann et al.（New York, 1959）, 17.〈邦訳：「結婚の一回性について」、『テルトゥリアヌス 4　倫理論文集』、木寺廉太訳（キリスト教教父著作集 16、教文館、2002 年）所収〉。

（37） ローマ社会における叔母・伯母の重要性については、Kraemer, 62-70 を見よ。

（38） D.W. Amundsen and C.J. Diers, “The Age of Menarche in Classical Greece and Rome,” *Human Biology* 41（1969）: 125-32.

（39） Pomeroy, 206.

（40） Kraemer, 54.

（41） Livy, “History of Rome,” in Grant, 51-53. また、S. Perowne, *Caesars and Saints: The Rise of the Christian State, A.D. 180-313*（New York, 1962）, 54 を見よ。

（42） N. Lewis et al., *Roman Civilization Sourcebook*, vol. 2, *The Empire*（New York, 1966）, 64.

（43） Virgil, *Aeneid*, trans. A. Mandelbaum（New York, 1981）, 158.〈邦訳：ウェルギリウス『アエネーイス』、岡道男・高橋宏幸訳、西洋古典叢書、京都大学学術出版会、2001 年。及び、ウェルギリウス『アエネーイス』上・下、泉井久之助訳、岩波文庫、1976 年〉。

（44） F. Millar, *The Emperor in the Roman World*（Ithaca, 1977), 542-43. また、このような形式の請願に関する議論については、同書 517-49 頁を見よ。

（45） J.H.W.G. Liebeschuetz, *Continuity and Change in Roman Religion*（Oxford, 1979), 198.

（46） Lyttleton and Forman, 77.

（47） A. Momigliano, "Roman Religion of the Imperial Period," in *Religions of Antiquity*, ed. R. Seltzer（New York, 1989), 220.

（48） P. Veyne, *Bread and Circuses*（London, 1990), 308-9.

（49） 皇帝という存在が、いかに帝国を結合させる唯一の存在だったかの明瞭な説明は、J.B. Rives, *Religion and Authority in Roman Carthage from Augustus to Constantine*（Oxford, 1995), 98 が提供している。

（50） "Acts of the Scillitan Martyrs," in Musurillo, 87.〈邦訳：「聖なるスキッリウム人の殉教」、土岐正策訳、『殉教者行伝』（キリスト教教父著作集 22、教文館、1990 年）所収〉。

（51） Rives, 51. リーヴスは、カルタゴにおける皇帝崇拝に関して秀逸な分析を示しており、その理論的洞察は、より広い領域に当てはまる。

（52） Ibid., 59-60.

（53） セプティミウス・セウェルスに関しては良質な研究が多くある。全般的な伝記として最良なのは今でも、A. Birley, *Septimius Severus: The African Emperor*（London, 1971）と M. Platnauer, *The Life and Reign of the Emperor Lucius Septimius Severus*（1918, repr. Westport, Conn., 1970）である。彼の生涯は、ローマの歴史家たち、特にヘロディアノス、カッシウス・ディオ、そして『ヒストリア・アウグスタ』と呼ばれる皇帝伝記集によっても詳しく扱われている。

（54） Scriptores Historiae Augustae, "Septimius Severus," in *Historia Augusta*, trans. D. Magie（Cambridge, 1967), 1: 407, 419.〈邦訳：アエリウス・スパルティアヌス「セウェルスの生涯」南川高志訳、アエリウス・スパルティアヌス他『ローマ皇帝群像 2』（西洋古典叢書、京都大学学術出版会、2006 年）所収〉。

（55） Ibid., 419.

（56） Perowne, 52 は、世俗権力における、この「東方の再興」は、「精神的な力」における再興も表しており、それは、最終的には、東方宗教の一つであったキリスト教の勝利を容易にしたと論じている。

（57） Birley, 117-118.

（58） Scriptores Historiae Augustae, "Septimius Severus," 37.

(59) カラカラがいつ生まれたのかをめぐる論争に関しては、Platnauer, 48-53 を見よ。

(60) Birley, 272.

(61) Herodian, *History*, trans. C.R. Whittaker (Cambridge, 1969), III, 8, 313. カッシウス・ディオはまた、洗練され、高額の出費を要した競技についても書いている。*Dio's Roman History*, trans. E. Cary (Cambrdige, 1961), 239-41.

(62) Lewis, *Ecstatic Religion* (New York, 1989), 559.

(63) Dio Cassius, 157.

(64) Scriptores Historiae Augustae, "Septimius Severus," 373.

(65) Dio Cassius, 167-71.

(66) Scriptores Historiae Augustae, "Septimius Severus," 411.

(67) セプティミウスの肖像のスタイルの変化を描写しているのは、J.G. Davies, "Was the Devotion of Septimius Severus to Serapis the Cause of the Persecution of 202-3?," *Journal of Theological Studies*, n.s. 6, 1954, 73-76.

(68) Frend, 327.

(69) R.E. Witt, *Isis in the Graeco-Roman World* (Ithaca, 1971), 53.

(70) Plutarch, "Isis and Osiris," in *Moralia*, trans. F.C. Babbitt (Cambrdige, 1962), 5: 69.〈邦訳:「イシスとオシリスについて」、プルタルコス『モラリア 5』、丸橋裕訳(西洋古典叢書、京都大学学術出版会、2009 年)所収。及び、プルタルコス『エジプト神イシスとオシリスの伝説について』、柳沼重剛訳、岩波文庫、1996 年〉。

(71) Scriptores Historiae Augustae, "Septimius Severus," 409.

(72) Davies, 73-76 はそう論じている。

(73) Frend, 320 はそう論じている。

(74) Eusebius, *The History of the Church*, trans. G.A. Williamson (Harmondsworth, 1984), 239.〈邦訳:エウセビオス『教会史』、「はじめに」の原注(1)参照〉。

(75) Lytton and Forman, 78.

(76) E.R. Dodds, *Pagan and Christian in an Age of Anxiety* (Cambridge, 1985).

(77) Platnauer, 156.

(78) R. MacMullen, *Paganism in the Roman Empire* (New Haven, 1981), 115.

(79) Dodds, 7.

(80) Lucian of Samosata, *Lucian*, trans. M.D. Macleod, Cambridge, 1967), 3: 165.〈邦訳:ルキアノス「供犠について」、丹下和高訳、『食客—全集 3』(西洋古典叢書、京都大学学術出版会、2014 年)所収〉。

(81) Ibid., 155.
(82) Plutarch, 9.
(83) Liebeschuetz, 200.
(84) Luttleton and Forman, 91, and Liebeschuetz, 198-200.
(85) Scriptores Historiae Augustae, “Septimius Severus,” 37.
(86) Lewis, 570.
(87) Liebeschuetz, 217 がこの考え方を表明している。「彼の哲学は、力の源としての神格に関するものであり、魔術的なものを含む、多くの方法で、神格と個人との関係を確立するのが目的だった」。
(88) Apuleius, “Florida,” 193-94.
(89) Ibid., 186.
(90) Augustine, 318-30.
(91) Apuleius, “Apology,” 41
(92) Ibid., 62.
(93) Ibid., 77, 87.
(94) Ibid., 76.
(95) Dio Cassius, 233. Pomeroy, 174 は、ユリア・ドムナの活動について、この時代の女性が知的な探求を行なっていたことを示すものであると見ている。この見解の方が、カッシウス・ディオの、単純に政治的な説明よりも説得力がある。
(96) R.M. Seltzer, ed., *Religions of Antiquity* (New York, 1989), 255.
(97) Apuleius, “Apology,” 41.
(98) Celsus, 98.
(99) Liebeschuetz, 198-200.
(100) Seneca, “Epistle XLI,” in Grant, 273.〈邦訳：セネカ『道徳書簡集——倫理の手紙集——（全）』、茂手木元蔵訳、東海大学出版部、1992 年〉。
(101) Apuleius, “Apology,” 87.
(102) Augustine, 318.
(103) Celsus, 92-93.
(104) Ibid., 54.
(105) Plotinus, “The Six Enneads,” in *Great Books of the Western World*, ed. M.J. Adler (Chicago, 1991), 11: 519.〈邦訳：『プロティノス全集　第四巻』、田中美知太郎・水地宗明・田之頭安彦訳、中央公論社、1987 年〉。
(106) Ibid., 298.

（107） Apuleius, “Apology,” 96-97.

（108） Dio Cassius, 225.

（109） Herodian, 313.

（110） Seltzer, 274.

（111） Apuleius, *Golden Ass*, trans. Jack Lindsay（Bloomington, 1960）, 239.〈邦訳：アープレーイユス『黄金の驢馬』、呉茂一・国原吉之助訳、岩波文庫、2013年〉。

（112） L.H. Martin, *Hellenistic Relgions*（Oxford, 1987）, 62.

（113） 密儀宗教やイシス崇拝が女性に広くアピールしたことについては、Kraemer, 74, 78を見よ。

（114） Pomeroy, 218.

（115） Apuleius, *Golden Ass*, 237.

（116） Martin, 77.

（117） Ibid.

（118） Ibid. 78.

（119） Pomeroy, 222.

（120） Apuleius, *Golden Ass*, 239-42.

（121） R. Stark, *The Rise of Christianity*（Princeton, 1996）, 199.

（122） Apuleius, “Apology,” 77.

（123） Ibid., 79.

（124） Plotinus, 298.

（125） Martin, 97.

（126） Augustine, 249.

（127） Witt, 94.

（128） J. Ferguson, *Greek and Roman Religion*（London, 1980）, 252.

（129） Apuleius, *Golden Ass*, 236, 246.

（130） Scriptores Historiae Augustae, “Septimius Severus,” 335. セプティミウスが夢を重視したことについては、同書373とDio Cassius, 167, 253を見よ。

（131） Apuleius, “Apology,” 79.

（132） Lucian, “Alexander the False Prophet,” in *Lucian*, trans. M.D. MacLeod（Cambridge, 1967）, vol. 4.〈邦訳：ルキアノス「偽預言者アレクサンドロス」、内田次信訳、『偽預言者アレクサンドロス―全集4』（西洋古典叢書、京都大学学術出版会、2013年）所収〉。また、A.D. Nock, “Alexander of Abonuteichos,” *Classical Quarterly* 22（1928）: 160-62も見よ。

(133) Lucian, 225.

第2章　カルタゴ

(1) B.H. Warmington, *Carthage: A History* (New York, 1993), 25.

(2) Appian, *Appian's Roman History*, trans. H. White (Cambridge, 1964), 565-67. また、David Soren et al., *Carthage* (New York, 1990), 148 を見よ。

(3) Soren, 150. S. Lance et al., "Town Planning and Domestic Architecture of the Early Second Century B.C. on the Byrsa, Carthage," in *New Light on Ancient Carthage*, ed. J.G. Pedley (Ann Arbor, 1980), 13-23 は、前2世紀カルタゴの家屋および街路の発掘に関する素晴らしい描写である。

(4) Warmington, 133-34.

(5) Ibid., 152-53 で、ワーミントンは簡潔にこう書いている。「近隣に住んでいた人々から彼らは常に変わり者と見られていた」。

(6) Herodotus, *The History*, trans. D. Grene (Chicago, 1987), 352-53.〈邦訳：ヘロドトス『歴史』上・中・下、松平千秋訳、岩波文庫、1971-1972年〉。

(7) Polybius, "Histories," in *Ancient Roman Religion*, ed. F.C. Grant (New York, 1957), 157-58.

(8) Livy, trans. B.O. Foster (Cambridge, 1963), 5: 221.

(9) Plutarch, *Moralia*, trans. F.C. Babbitt (Cambridge, 1962), 10: 165.

(10) Plutarch, "Marcus Cato," in *Lives of the Noble Grecians and Romans*, trans. J. Dryden (New York, n.d.), 431.〈邦訳：プルタルコス「カトー」、村川堅太郎訳、同編『プルタルコス英雄伝 中』(ちくま文庫、1987年) 所収。及び、柳沼重剛訳、『英雄伝 3』(西洋古典叢書、京都大学学術出版会、2011年) 所収〉。

(11) Ibid., 431.

(12) Soren, 148.

(13) Appian, 633-35 は、要塞陥落の前に、安全に脱出することを求め、それを認められた人々の人数としてこの数を挙げている。

(14) Ibid.

(15) Ibid., 637.

(16) Livy, 385-87.

(17) O. Kiefer, *Sexual Life in Ancient Rome* (New York, 1993), 42 が引用するウェッレイウス・パテルクルスの一節。

(18) J.H.W.G. Liebeschuetz, *Continuity and Change in Roman Religion* (Oxford,

1979), 169.

(19)　Appian, 643.

(20)　このことを指摘してくれた考古学者スーザン・スティーヴンズに感謝したい。

(21)　属州支配の組織については、Soren, 166 を見よ。

(22)　Appian, 645.

(23)　Soren, 171.

(24)　カルタゴで何年にもわたって働き、この町の石を熟知している考古学者、スーザン・スティーヴンズ、ジョアン・フリード、コリン・ウェルズと会話できたことに感謝する。

(25)　J.B. Rives, *Religion and Authority in Roman Carthage from Augustus to Constantine* (Oxford, 1995), 23.

(26)　この情報を与えてくれた、ウィスコンシン大学グリーン・ベイ校のグレゴリー・アルドリート教授に感謝する〈当然、ローマ時代には、アラビア数字ではなく、ローマ数字だったが〉。

(27)　Apuleius, "Florida," *The Apologia and Florida of Apuleius of Madaura*, trans. H.E. Butler (Westport, Conn. 1970), 200-201.

(28)　Rives, 27.

(29)　Ibid.

(30)　Ibid., 161 を見よ。

(31)　Ibid., 162.

(32)　Ibid., 65-66, 162.

(33)　Rives, 155 の引用する Tertullian、*De Pallio*, 1. 2.〈邦訳：偽テルトゥリアヌス「パッリウムについて」、土岐正策訳、『テルトゥリアヌス 1』（キリスト教教父著作集 13、教文館、1987 年）所収〉。

(34)　Soren, 174.

(35)　J.K. Evans, "Wheat Production and Its Social Consequences in the Roman World," *Classical Quarterly* 31 (1981): 434.

(36)　北アフリカにおける農耕のパターンと 1 世紀末の多極化については S. Raven, *Rome in Africa* (New York, 1993), 79-96 を見よ。

(37)　Pliny, *Natural History*, transl. H. Rackham (Cambridge, 1960), 4: 301.〈邦訳：『プリニウスの博物誌』1-3、中野定雄・中野里美・中尾美代訳、雄山閣、1986 年〉。

(38)　Raven, 101.

(39) K.M.D. Dunbabin, *The Mosaics of Roman North Africa* (Oxford, 1978), 10, 21, 24.

(40) Ibid., 47.

(41) Soren, 189

(42) Ibid., 191-92.

(43) B. Shaw, "The Passion of Perpetua," *Past and Present* 139 (1993): 10.

(44) この情報を受け入れる研究者もいる。Shaw, 10 を見よ。これに反対する者としてしては、T. Barnes, *Tertullian. A Historical and Literary Study* (Oxford, 1971), 72.

(45) Raven, 55.

(46) Apuleius, "Florida," in *The Apologia and Florida of Apuleius of Madaura*, trans. H.E. Butler (Westport, Conn., 1970), 201-2.

(47) Augustine, *Confessions*, trans. R.S. Pine-Coffin (New York, 1980), 45.〈邦訳：アウグスティヌス『告白』、服部英次郎訳、岩波文庫（上・下）、1976 年。山田晶訳、中公文庫（I・II・III）、2014 年。『告白録（上・下）』、宮谷宣史訳、『アウグスティヌス著作集』第 5 巻 1・2、教文館、1993・2007 年〉。

(48) Rives, 27 は、荘厳な建築物が、いかに「生きいきとした知的、文化的生活と肩を並べていたか」を描写している。

(49) Apuleius, "Florida," in *The Apologia and Florida of Apuleius of Madaura*, trans. H.E. Butler (Westport, Conn., 1970), 199.

(50) Ibid., 210.

(51) Ibid., 200. Soren, 221-22 も見よ。

(52) Augustine, *Confessions*, 55.

(53) Apuleius, "Florida," 202.

(54) Heliodorus, *Ethiopian Story,* trans. W. Lamb (London, 1961), x.〈邦訳：ヘリオドロス『エティオピア物語』、下田立行訳、叢書アレクサンドリア図書館 XII、国文社、2003 年〉。

(55) S.A. Stephens and J.J. Winkler, eds., *Ancient Greek Novels: The Fragments* (Princeton, 1995), 19.

(56) P. Dronke, *Women Writers of the Middle Ages: A Critical Study of Texts from Perpetua to Marguerite Porete* (Cambridge, 1984), 285.

(57) Stephens and Winkler, 80

(58) Ibid., 39.

(59) Ibid., 78.

(60)　Heliodorus, 5-24.

(61)　Stephens and Winkler, 25.

(62)　Ibid., 75.

(63)　Heliodorus, 272.

(64)　Ibid., 277.

(65)　Apuleius, *Golden Ass*, trans. Jack Lindsay (Bloomington, 1960), 105-42.

(66)　P.G. Walsh, *The Roman Novel* (Cambridge, 1979), 218-19.

(67)　古代都市の恐怖とそれがキリスト教の興隆にもたらしたインパクトを簡潔に、そしておそらく最もよく描写しているのは R. Stark, *The Rise of Christianity* (Princeton, 1996), 147-62 である。

(68)　A. Rouselle, *Porneia: On Desire and the Body in Antiquity*, trans. F. Pheasant (New York, 1988), 128.

(69)「列王記下」3: 26-27.

(70)「申命記」12:31.

(71)「出エジプト記」22: 28b.

(72)　J.D. Levenson, *The Death and Resurrection of the Beloved Son* (New Haven, 1993) は、ユダヤ教とキリスト教における、犠牲理念の存在と変容をきわめてよく提示している。

(73)「列王記上」16: 31-33.

(74)　Levenson, 20.

(75)　Ibid., 4, 36.

(76)「エレミヤ書」19: 5-6.

(77)　Warmington, 148 は、テュロスのフェニキア人が人身供犠を行なっていたという証拠は残っていないと記している。

(78)　L.E. Stager and S.R. Wolff, "Child Sacrifice at Carthage – Religious Rite or Population Control?" *Biblical Archeology Review* 10, no. 1 (January-February 1984), 44.

(79)　Levenson, 20.

(80)　Stager and Wolff, 44.

(81)　Ibid., 39.

(82)　Levenson, 22.

(83)　Ibid., 26.

(84)　Augustine, *City of God*, trans. H. Bettenson (Harmondsworth, 1972), 277.

(85)　Diodorus, *Diodorus of Sicily*, trans. R.M. Geer (Cambrdige, 1962), 179-81.〈邦

訳：ディオドロス『神代地誌』、飯尾都人訳、龍渓書舎、1999 年〉。

（86） Plutarch, *Moralia*, 2: 493.〈邦訳：「迷信について」、プルタルコス『モラリア 2』、瀬口昌久訳（西洋古典叢書、京都大学学術出版会、2001 年）所収〉。

（87） Tertullian, “Apology,” in *Apologetical Works and Minucius Felix*, trans. R. Arbesmann et al.（New York, 1950), 29.31.〈邦訳：テルトゥリアヌス『護教論（アポロゲティクス）』、鈴木一郎訳、キリスト教教父著作集 14、教文館、1987 年〉。供犠の際、笑いがいかに重要だったかについては、Rousselle, 120-21 の秀逸な議論を見よ。

（88） Minucius Felix, “Octavius,” in *Apologetical Works and Minucius Felix*, trans. R. Abesmann et al.（New York, 1950), 388.

（89） Plutarch, *Moralia*, 2: 493.

（90） アウグスティヌス（*City of God*, 32-33）は、こうした考え方を要約している。この問題をきわめてよくまとめているのは、A.J. Droge and J.D. Tabot, *A Noble Death: Suicide and Martyrdom among Christians and Jews in Antiquity*（San Francisco, 1992).

（91） Virgil, *Aeneid*, trans. A. Mandelbaum（New York, 1981), 103-4.

（92） Augustine, *City of God*, 32.

（93） Augustine, *Confessions*, 34.

（94） Herodotus, 528.

（95） Appian, 635-37.

（96） S. Brown, *Late Carthaginian Child Sacrifice*（Sheffield, 1991), 156.

（97） Minucius Felix, “Octavius,” 388.

（98） Tertullian, “Apology,” 30.

（99） Rousselle, 109.

（100） Ibid., 115.

（101） Tertullian, “Spectacles,” in *Disciplinary, Moral and Ascetical Works*, trans. R. Arbesmann et al.（New York, 1959), 79.

（102） Wiedemann, *Emperors and Gladiators*（New York, 1992), 107.

（103） Raven, 64.

（104） Ibid., 225.

（105） Stephens and Winkler, 187.

（106） Apuleius, *Golden Ass*, 173.

（107） Tertullian, “To the Martyrs,” in *Disciplinary, Moral and Ascetical Works*, trans. R. Arbesmann et al.（New York, 1959), 25-28.〈邦訳：テルトゥリアヌス

「殉教者たちへ」、佐藤吉昭訳、『中世思想原典集成4　初期ラテン教父』（平凡社、1999年）所収〉。

（108）　Tertullian, “Spectacles,” 104.

第3章　キリスト教共同体

（1）　J.B. Rives, *Religion and Authority in Roman Carthage from Augustus to Constantine*（Oxford, 1995）, 225が、この説得力のある議論をしている。

（2）　W.T. Faversham, “The Origins of Christianity in Africa,” *Studia Patristica* 4（1961）: 512-17.

（3）　Rives, 217.

（4）　Ibid., 215.

（5）　Ibid., 221.

（6）　W.H.C. Frend, “The Seniores Laici and the Origins of the Church in North Africa,” *Journal of Theological Studies*, n.s., 12（1961）: 280-85 と Frend, *Martyrdom and Persecution in the Early Church: A Study of Conflict from the Maccabees to Donatus*（Oxford, 1965）, 361-62は、カルタゴのキリスト教共同体には、ユダヤ的な起源の影響が強かったと論じている。他方、T. Barnes, *Tertullian. A Historical and Literary Study*（Oxford, 1971）, 273-76は、この発展を示す根拠の弱さを指摘する。しかし、反証がない限りは、前者の立場は論理的である。

（7）　W.H.C. Frend, *The Rise of Christianity*（Philadelphia, 1984）, 257.

（8）　例えば、H. Musurillo, comp. and trans., *The Acts of the Christian Martyrs*（Oxford, 1972）の ”Pionius,” 139を見よ。〈邦訳：「聖なる長老ピオニウスとその仲間の殉教」、土岐健治訳、『殉教者行伝』（キリスト教教父著作集22、教文館、1990年）所収〉。

（9）　A.F. Segal, *Rebecca's Children: Judaism and Christianity in the Roman World*（Cambridge, 1986）, 142. E. Pagels, *The Origin of Satan*（New York, 1995）は、キリスト教徒である私たちが、私たちに最も近い者であるユダヤ教徒を悪者としたやり方を、明晰かつ繊細に論じている。

（10）　特に説得力があり、独創性があるのはR. Stark, *The Rise of Christianity: A Sociologist Reconsiders History*（Princeton, 1996）, 49-71. 特に、この論争に関する研究史について優れているのは、J.T. Burtchaell, *From Synagogue to Church: Public Services and Offices*（Cambridge, 1992）.

（11）　J.G Gager, *Kingdom and Community: The Social World of Early Christianity*

(Englewood Cliffs, N.J., 1975), 129.

(12) Stark, 18.

(13) Ibid., 19, 37.

(14) Segal, 43.

(15) Ibid., 180.

(16) Frend, *Rise of Christianity*, 100.

(17) Ibid., 39.「テモテへの手紙 二」3:15 を見よ。

(18) Stark, 7.

(19) Tertullian, "To Scapula," in *Apologetical Works and Minucius Felix*, trans. R. Arbesmann et al. (New York, 1950), 160.

(20) これらの数字は、絶対的なデータではなく、カルタゴにおける状況を理解するための、一般的な概算に過ぎないことを強調しておきたい。

(21) Stark, 88-91.

(22) Tertullian, "To Scapula," 160.

(23) 「第三の種族」が意味するものついての議論は、D.M. Olster, "Classical Ethnography and Early Christianity," in *The Formulation of Christianity by Conflict through the Ages*, ed. K.B. Free, (Lewinston, N.Y., 1995), 9-32 を見よ。

(24) E.R. Dodds, *Pagan and Christian in an Age of Anxiety* (Cambridge, 1985), 136-38.

(25) Ibid., 135.

(26) R. MacMullen, "The Types of Conversion to Early Christianity," in *Conversion, Catechumenate, and Baptism in the Early Church*, ed. E. Ferguson (New York, 1993), 37.

(27) Augustine, "On the Cathechising of the Uninstructed," in *Augustine: On the Holy Trinity, Doctrinal Treatises, Moral Treatises*, vol. 3 of *Nicene and Post-Nicene Fathers* (Peabody, Mass., 1995), 288.

(28) Eusebius, *The History of the Church*, trans. G.A. Williamson (Harmondsworth, 1984), 210.〈邦訳は「はじめに」の原注(1)参照〉。

(29) J.D.C. Dunn, *Jesus and the Spirit* (London, 1985), 302-4 を見よ。

(30) R.P. Vande Kappelle, "Prophets and Mantics," in *Pagan and Christian Anxiety: A Response to E.R. Dodds*, ed. R.C. Smith and L. Lounibos (New York, 1984), 92-93.

(31) Burtchaell, 191.

(32) Eusebius, 210. Dunn, 172 は、預言者は、警告、聖霊からの導き、そして

共同体への励ましを提供するとして、預言者の両方の機能を記している。

(33)「使徒言行録」11: 5.

(34) 私は一般に、秀逸な議論を展開している D.E. Aune, *Prophecy in Early Christianity and the Ancient Mediterranean World*（Grand Rapids, Mich., 1983）, 23-79 に従った。

(35) Eusebius, 210.

(36) Dunn, 189 は、異言が、聖霊が臨在することの特別な印と見なされていたことを、説得力をもって論じている。P. Esler, *The First Christians in Their Social Worlds*（New York, 1994）と T.W. Gillespie, *The First Theologians: A Study in Early Christian Prophecy*（Grand Rapids, Mich., 1994）は、異言を含む預言の重要性と性質の理解について、きわめてうまく論じ、要約している。

(37)「使徒言行録」2:1-13.

(38)「使徒言行録」10:45-47.

(39)「使徒言行録」19:6.

(40) Dunn, 6.

(41)「コリントの信徒への手紙 一」14:18.

(42)「コリントの信徒への手紙 一」14:2.

(43) Gillespie, 130-39.

(44) Esler, 43.

(45) Eusebius, 180.

(46) Irenaeus, "Against Heresies," in *Ante-Nicene Fathers*, vol. 1, ed. A. Roberts et al.（Peabody, Mass., 1995）, 334.〈邦訳：エイレナイオス『異端反駁 I ～ V』、I・IV・V：大貫隆訳、II・III：小林稔訳、キリスト教教父著作集第 2 巻 I・II、第 3 巻 I・II・III、教文館、2000・2003-2007 年〉。

(47) 例えば、Tertullian, "On the soul," in *Apologetical Works*, 197 を見よ。Rives, 283 は、テルトゥリアヌスが概して、教会の権威をカリスマ的な意味で捉えていたと論じている。

(48) Celsus, *Celsus: On the True Doctrine*, trans. R.J. Hoffmann（Oxford, 1987）, 106.

(49) Tertullian, "On the soul," 197.

(50) Cyprian, *Saint Cyprian: Letters*, trans. Rose Bernard Donna（Washington, D.C., 1964）, 48-49, 302.

(51) Dunn, 188, 238.

(52) Ibid., 182. R.S. Kraemer, *Her Share of the Blessings*（Oxford, 1992）147 も見

よ。

（53）「コリントの信徒への手紙 一」12: 28.

（54） E.S. Fiorenza, *In Memory of Her: A Feminist Theological Reconstruction of Christian Origins*（New York, 1983）は、最良の文献の 1 つである。Kraemer, 174-209 には、より短い記述がある。

（55）「コリントの信徒への手紙 一」11:2-16. Kraemer, 146 を見よ。

（56） Kraemer, 181-83.

（57） Ibid., 179.

（58） M.A. Rossi, "The Passion of Perpetua, Everywoman of Late Antiquity," in *Pagan and Christian Anxiety: A Reponse to E.R. Dodds*, ed. R.C. Smith and J. Lounibos（New York, 1984）, 68.

（59） Esler, 37-51 は、現代の異言研究と、パウロの共同体の相関を明瞭に記述している。

（60） この分析は、共同体という社会性のある世界から逃れた隠遁者たちによる、聖なるものの探求を省略していることを断っておかねばならない。しかし、キリスト教で、隠遁生活を送る聖人・聖女が現れるのは、3 世紀半ば以降のことである。初期キリスト教徒は、社会的な存在だった。

（61）「コリントの信徒への手紙 一」14:5.

（62）「テサロニケの信徒への手紙 一」5:19-20 にある「"霊" の火を消してはいけません。預言を軽んじてはいけません」という言葉を見よ。

（63）「コリントの信徒への手紙 一」12.27-31. また、Dunn, 265 を見よ。R. Banks, *Paul's Idea of Community*（Peabody, Mass., 1994）は、より総体的に論じている。

（64） Burtchaell, 349 は、教会の聖職者は伝統的秩序の一部として存在していたが、若い教会のバイタリティーは、カリスマを持った者たちの方にあったと、説得力のある議論をしている。

（65） Dunn, 348.

（66） Tertullian, "Apology," in *Apologetical Works*, 98.〈邦訳は第 2 章注(87)参照〉。

（67） Tertullian, "On Baptism," in *Latin Christianity: Its Founder, Tertullian*, vol. 3 of *Ante-Nicene Fathers*（Peabody, Mass., 1995）, 677.〈邦訳：テルトゥリアヌス「洗礼について」、佐藤吉昭訳、『中世思想原典集成 4 初期ラテン教父』（平凡社、1999 年）所収〉。

（68） R.A. Campbell, *The Elders: Seniority within Earliest Christianity*（Edinburgh,

1994）は、この発展を、たくみに論じている。

（69） この文書の年代と背景については、A. Milavec, “Distinguishing True and False Prophets: the Protective Wisdom of the *Didache*,” *Journal of Early Christian Studies* 2, no. 2（1994）: 117-36.

（70） “Didache,” in M. Staniforth, trans., *Early Christian Writtings: the Apostolic Fathers*（New York, 1968）, 232-34.〈邦訳：「十二使徒の教訓《ディダケー》」、佐竹明訳、荒井献編『使徒教父文書』（講談社文芸文庫、1998 年）所収〉。

（71）「ペトロの手紙 二」2:3, 2:10.

（72） “Shepherd of Hermas,” in *The Apostolic Fathers*, trans. F.X Glimm et al.（New York, 1948）, 281.〈邦訳：「ヘルマスの牧者」、荒井献訳、荒井献編『使徒教父文書』（講談社文芸文庫、1998 年）所収〉。

（73） Dunn, 234.

（74）「テサロニケの信徒への手紙 一」5:19.

（75）「コリントの信徒への手紙 一」1:11.

（76）「コリントの信徒への手紙 一」13: 8.

（77） Clemens, “First Epistle to the Corinthians,” in Staniforth, 51.〈邦訳：「クレメンスの手紙——コリントのキリスト者へ（I）」、小河陽訳、荒井献編『使徒教父文書』（講談社文芸文庫、1998 年）所収〉。

（78） Ignatius of Antioch, “Epistle to the Magnesians,” in Staniforth, 88.〈邦訳：「イグナティオスの手紙——マグネシアのキリスト者へ」、八木誠一訳、荒井献編『使徒教父文書』（講談社文芸文庫、1998 年）所収〉。

（79） Ibid., 76, 113.

（80） See J.E. Salisbury, “The Bond of a Common Mind: a Study of Collective Salvation from Cyprian to Augustine,” *Journal of Religious History*, 11（1985）235-47.

（81）「この直接的な自己認識、彼女（ペルペトゥア）の現実が、後に、男性の編者によって利用され、さらに後の男性解釈者たちによって大幅に捻じ曲げられた方法」を論じた B. Shaw, “The Passion of Perpetua,” *Past and Present* 139（1993）: 20-21 の優れた議論を見よ。

（82） “Perpetua,” in Musurillo, 106-9. © Oxford University Press 1972. この、そして以降のすべての引用は、Oxford University Press の許可を得て、ハーバート・ムスリッロ訳の *The Acts of the Christian Martyrs* から引用した。〈邦訳：『殉教者行伝』、第 1 章の原注（12）参照〉。

（83） W. Meeks, *The Origins of Christian Morality: The First Two Centuries*（New

Haven, 1993), 26.

(84) Augustine, *City of God*, trans. H. Bettenson (Harmondsworth, 1972), 171.

(85) Tertullian, "Apology," 106.

(86) "Epistle to Diognetus," in Staniforth, 176ff.〈邦訳:「ディオグネートスへの手紙」、佐竹明訳、荒井献編『使徒教父文書』(講談社文芸文庫、1998年)所収〉。

(87) Justin Martyr, "Apology," in *Writings of Saint Justin Martyr*, trans. T.B. Falls (New York, 1948) 43.〈邦訳:ユスティノス『第一弁明、第二弁明、ユダヤ人トリュフォンとの対話「序論」』、柴田有訳、キリスト教教父著作集1(教文館、1992年)所収〉。

(88) Tertullian, "To His Wife," in *Fathers of the Third Century: Tertullian*, Part Fourth, vol. 4 of *Ante-Nicene Fathers* (Peabody, Mass.: 1995), 46.〈邦訳:「妻へ」、木寺廉太訳、『テルトゥリアヌス4 倫理論文集』(キリスト教教父著作集16、教文館、2002年)所収〉。

(89) 「テサロニケの信徒への手紙」4:9. また Meeks, 12 を見よ。

(90) Tertullian, "Apology," 99.

(91) M.A. Tilley, "One Woman's Body: Repression and Expression in the *Passio Perpetuae*," in *Ethnicity, Nationality and Religious Experience*, ed. Peter C. Phan (New York, 1991) はこのテクストの言語を分析し、いかにペルペトゥアが共同体メンバーを仮想家族として叙述するようになっていったかを示している。

(92) Rives, 278.

(93) Meeks, 2.

(94) Tertullian, "Apology," 111.

(95) Tertullian, "Spectacles," in *Disciplinary, Moral and Ascetical Works*, trans. R. Arbesmann et al. (New York, 1959, 83-84), and Justin Martyr, "Discourse," 436.

(96) Justin Martyr, "Apology," 47.

(97) Tertullian, "Apology," 99-100, 106.

(98) Ibid., 99.

(99) Justin Martyr, "Apology," 107.

(100) Meeks, 108.

(101) Justin Martyr, "Apology," 63. また、Minucius Felix, "Octavius," in *Apologetical Works and Minucius Felix*, 385 を見よ。

(102) Stark, 127.

（103） Tertullian, "Apology," 94.

（104） Justin Martyr, "Apology," 75.

（105） Ferguson, 244-45, 276.

（106） Ignatius of Antioch, in Staniforth, 79.〈邦訳：「イグナティオスの手紙」、八木誠一訳、荒井献編『使徒教父文書』（講談社文芸文庫、1998年）所収〉。

（107） Justin Martyr, "Apology," 107.

（108） Ibid., 106-7.

（109） Tertullian, "Prayer," in *Disciplinary, Moral and Ascetical Works*, trans. R. Arbesmann et al.（New York, 1959）, 168.

（110） Justin Martyr, "Apology," 106-7.

（111） W.H.C Frend, "Blandina and Perpetua: Two Early Christian Heroines," in *Women in Early Christianity*, ed. D.M. Scholer（New York, 1993）, 172-73; Frend, *Rise of Christianity*, 291; T.J. Heffernan, *Sacred Biography: Saints and Their Biographers in the Middle Ages*（Oxford, 1988）201. また、「さまざまな書物と、パウルスという名の義人の書簡」を持っていると主張する、"Scillitan Martyrs," in Musurillo, 89を見よ。〈邦訳：「聖なるスキッリウム人の殉教」、第1章の原注（50）参照〉。

（112） Tertullian, "Apology," 101.

（113） 「コリントの信徒への手紙 一」14:26.

（114） Tertullian, "Prayer," 186-87.

（115） Ibid., 172-74, 182-88.

（116） Tertullian, "The Chaplet," in *Disciplinary, Moral and Ascetical Works*, 237.〈邦訳：「兵士の冠について」、木寺廉太訳、『テルトゥリアヌス 4 倫理論文集』（キリスト教教父著作集16、教文館、2002年）所収〉。

（117） "Didache," 178-79. この初期の儀式について私たちが知る限られた知識の要約は、Frend, *Rise of Christianity*, 141-42にある。

（118） P. Cramer, *Baptism and Change in the Early Middle Ages, c. 200-c. 1150*（Cambridge, 1993）, 11-14. この本の洗礼に関する議論より優れたものが現れることは、近い将来にはないだろう。

（119） Ibid., 9.「生きた水」については、"Didache," 177も見よ。

（120） このコンテクストにおける、裸体の儀式的な意味をたくみに論じる、M.R. Miles, *Carnal Knowing*（Boston, 1989）, 33-34を見よ。

（121） Ibid., 28.

（122） O. Kiefer, *Sexual Life in Ancient Rome*（New York, 1993）, 148-49を見よ。

(123) "Constitutions of the Holy Apostles," in *Ante-Nicene Fathers*, vol. 7 (Peabody, Mass., 1995), 477.〈邦訳:『聖ヒッポリュトスの使徒伝承』、土屋吉正訳、オリエンス宗教研究所、1987年。また、小高毅編『原典古代キリスト教思想史(1)初期キリスト教思想家』(教文館、1999年)、155-157頁に該当箇所の抄訳〉。また、5世紀のテクストに描写される、男性による女性の塗油に関する問題についてはCramer, 13、Miles, 45-46を見よ。

(124) Tertullian, "The Chaplet," in *Disciplinary, Moral and Ascetical Works*, trans. R. Arbesmann et al. (New York, 1959), 237.

(125) Cramer, 75.

(126) Heffernan, 209.

(127) Minicius Felix, "Octavius," 334-39.

(128) 例えば、殉教者ユスティノスJustin Martyrの"Apology," 63、およびテルトゥリアヌスTertulian, "Apology," 11.

(129) Tertullian, "Ad nationes," in *Latin Christianity: Its Founder, Tertullian*, vol. 3 of *Ante-Nicene Fathers* (Peabody, Mass., 1995), 115.

(130) Ibid.

(131) G.E.M. de St. Croix, "Why Were the Early Christians Persecuted?" *Past and Present* 26 (1963): 15は、平和が脅かされていると人々が感じたことが、迫害の主要な要因の一つだったと示唆している。

(132) Tertullian, "Apology," 10-12.

(133) de St. Croix, 24は、この「一神教的な排他性」がキリスト教徒が迫害された理由だと論じている。Rives, 249も見よ。

(134) Tertullian, "Apology," 10.

(135) "Scillitan Martyrs," in Musurillo, 86-89.

(136) Rives, 243およびde St. Croix, 15.

(137) Tertullian, "To Scapula," 157.

(138) Tertullian, "Flight in Time of Persecution," in *Disciplinary, Moral and Ascetical Works*, 276-77を見よ。

(139) Tertullian, "Flight," 306.

(140) Ibid., 299, 305.

(141) Tertullian, "To Scapula," 151.

(142) A.J. Droge and James D. Tabor, *A Noble Death: Suicide and Martyrdom among Christians and Jews in Antiquity* (Harper, 1992), 156. William Tabbernee, "Early Montanism and Voluntary Martyrdom," *Colloquium: The Australian and*

New Zealand Theological Review（1985）: 33-44. W.H.C. Frend, *Martyrdom and Persecution in the Early Church: A Study of Conflict from the Maccabees to Donatus*（Oxford, 1965）. は、今なおこの問題に関する基本的研究である。

（143） Frend, *Martyrdom*, 258.

（144） Tertullian, "Ad nationes," 115.

（145） Shaw, 14.

（146） T. Barnes, *Tertullian. A Historical and Literary Study*（Oxford, 1971）, 88.

（147） Scriptores Historiae Augustae, *Historia Augusta*, trans. D. Magie（Cambridge, 1967）, 1:409. K.H. Schwarte, "Das angebliche Christengesetz des Sep. Sev.," *Historia* 12（1963）: 185-208 はこの勅令に関する記述が歴史的に正しいものであるかどうかを疑っているが、私は、この勅令に関する史料は十分に説得力のあるものだとする Frend に同意する。W.H.C. Frend, "A Severan Persecution? Evidence of the 'Historia Augusta'," in *Forma futuri: studi in onore del cardinale Michele Pellegrino*（Turin, 1975）, 470-80.

（148） J.G. Davies, "Was the Devotion of Septimius Severus to Serapis the Cause of the Persecution of 202-23?" *Journal of Theological Studies*（1954）: 73-76.

（149） Eusebius, 239.

（150） J.B. Rives, "The Piety of a Persecutor," *Journal of Early Christian Studies* 4.1（1996）: 1-26.

（151） Tertullian, "To Scapula," 154.

（152） "Perpetua," in Musurillo, 108-9.

（153） Cramer, 48. Ferguson, 358, 360 も見よ。

（154） Tertullian, "On Baptism," 677.

第４章　牢獄

（1） T. Barnes, *Tertullian. A Historical and Literary Study*（Oxford, 1971）, 72.

（2） "Pionius," in H. Musurillo, comp. and trans., *The Acts of the Christian Martyrs*（Oxford, 1972）, 139.〈邦訳：土岐健治訳「聖なる長老ピオニウスとその仲間の殉教」、『殉教者行伝』（キリスト教教父著作集 22、教文館、1990 年）所収〉。

（3） "Passion of Perpetua," in Musurillo, 109.

（4） "Montanus," in Musurillo, 217.〈邦訳：土岐正策訳「聖なるモンタヌスとルキウスの殉教」、『殉教者行伝』（前注(2)参照）所収〉。

（5） Ibid., 221.

（6） “Perpetua,” in Musurillo, 109.〈邦訳：「聖なるペルペトゥアとフェリキタスの殉教」、第 1 章の原注（12）参照〉。

（7） Tertullian “To the Martyrs,” in *Disciplinary, Moral and Ascetical Works*, transl. R. Arbesmann et al.（New York, 1959）, 17.〈邦訳：テルトゥリアヌス「殉教者たちへ」、佐藤吉昭訳、『中世思想原典集成 4 初期ラテン教父』（平凡社、1999 年）所収〉。後にテルトゥリアヌスは、獄中のキリスト教徒に食事を与えることを非難している。それは、それで殉教に向かう人々の決意が揺らぐことを彼が恐れたからである（*Ante-Nicene Fathers* [Peabody, Mass., 1995], vol. 4, *Fathers of the Third Century: Tertullian, Part Fourth*, 102-115 に収められた、テルトゥリアヌスの論考『断食について』を見よ）。しかし、ペルペトゥアが収監されていた頃には、テルトゥリアヌスはまだこの習慣を支持していた。

（8） Tertullian, “To the Martyrs,” 17-18.

（9） G.D. Schlegel, “The Ad Martyras of Tertullian and the Circumstances of its Composition,” *Downside Reivew* 63（1945）: 127 が、この年代であると論じている。

（10） Barnes, Tertullian, 55 は 197 年であるという説を論じている。

（11） Tertullian, “To the Martyrs,” 24-25.

（12） “Perpetua,” in Musurillo, 109, 111.

（13） Ibid., 111.

（14） ペルペトゥアの物語に「マカベア家の母の考え方が反映している」という観察は、T.J. Heffernan, *Sacred Biography: Saints and their Biographers in the Middle Ages*（Oxford, 1988）, 210。

（15） このテクストがもたらした影響の、説得力ある証明については、W.H.C. Frend, *Martyrdom and Persecution in the Early Church: A Study of Conflict from the Maccabees to Donatus*（Oxford, 1965）。

（16） 『第四マカベア書』14: 13、15: 6-7.〈邦訳：土岐健治訳、日本聖書学研究所編『聖書外典偽典 3――旧約偽典 I』（教文館、1995 年）所収〉。

（17） 『第四マカベア書』15: 10、15: 12.

（18） 『第二マカベア書』7: 21.〈訳注：ただし『第二マカベア書』と『第四マカベア書』は同一著者の手によるものではない。邦訳は、土岐健治訳、日本聖書学研究所編『聖書外典偽典 1――旧約外典 I』（教文館、1995 年）所収〉。

（19） 『第四マカベア書』15: 29.

（20） Tertullian, “To the Martyrs,” 20.

(21) "Perpetua," in Musurillo, 113.

(22) Tertullian, "To the Martyrs," 19.

(23) "Perpetua," in Musurillo, 113.

(24) Tertullian, "Patience," in Disciplinary, *Moral and Ascetical Works* (New York, 1959), 208-9.

(25) B. Shaw, "The Passion of Perpetua," *Past and Present* 139 (1993): 25 は、彼女の家族の中で父親だけが嘆くというこの一節に異なった解釈を加えている。Shaw は、ここの「家族」は、ペルペトゥアの夫の家族を指しており、彼らは皆、ペルペトゥアの死を喜んだのだろうと示唆する。ペルペトゥアの言いたかったことがどちらに近いのか、私たちにはわからない。

(26) "Montanus," in Musurillo, 219.

(27) "Perpetua," in Musurillo, 113.

(28) "Scillitan Martyrs," in Musurillo, 89.〈邦訳：土岐正策訳「聖なるスキッリウム人の殉教」、『殉教者行伝』(キリスト教教父著作集 22、教文館、1990 年) 所収〉。

(29) ペルペトゥアの、この改名の重要性については Patricia Cox Miller, "The Devil's Gateway: An Eros of Difference in the Dreams of Perpetua," *Dreaming* 2, no. 1 (1992), 48 を見よ。また、Peter Dronke, *Women Writers of the Middle Ages: A Critical Study of Texts from Perpetua to Marguerite Porete* (Cambridge, 1984), 5 を見よ。

(30) "Perpetua," in Musurillo, 113, 115.

(31) J.B. Rives, "The Piety of A Persecutor," *Journal of Early Christian Studies* 4. 1 (1996): 22.

(32) "Perpetua," in Musurillo, 115.

(33) Barbara Newman, *From Virile Woman to Woman Christ* (Philadelphia, 1995), 81:「母性愛は、信仰の足の下で踏み砕かれなければならなかった」。

(34) Shaw, "Passion," 35.

(35) Jacobus de Voragine, *The Golden Legend*, trans. G. Ryan (New York, 1969), 736.〈邦訳：ヤコブス・デ・ウォラギネ『黄金伝説』1 ～ 4、前田敬作訳、平凡社ライブラリー、2006 年〉。

(36) Tertullian, "On the Soul," in *Apologetical Works and Minucius Felix*, trans. R. Arbesmann et al. (New York, 1950), 197.

(37) 現代の夢理論の優れた要約としては以下のものを見よ。Kelly Bulkeley, *The Wilderness of Dream: Exploring the Religious Meanings of Dreams in Modern*

Western Culture (Alberny, 1994), Gayle Delaney, ed., *New Directions in Dream Interpretation* (Albany, 1993).

(38) Sigmund Freud, *Interpretation of Dreams*, trans. J. Strachey (New York, 1965), 659-60.

(39) Bulkeley, 43-44.

(40) Ibid., 20.

(41) ハリー・ハントは、夢に複数の種類があると仮定しながら、予言的な夢を一つの可能性として主張する。しかし、そのような夢は現実になることもあると言うに留めている。Bulkeley, 73.

(42) Virgil, *Aeneid*, trans. A. Mandelbaum (New York, 1981), 162.〈邦訳既出、第1章の原注(43)参照〉。

(43) S.R.F. Price, "The Future of Dreams: from Freud to Artemidorus," in *Before Sexuality: The Construction of Erotic Experience in the Ancient Greek World*, ed. D.M. Halperin et al. (Princeton, 1990), 372.

(44) Ibid., 377.

(45) J. Le Goff, "Christianity and Dreams," in *The Medieval Imagination*, trans. A. Goldhammer (Chicago, 1988), 199.

(46) L.H. Martin, *Hellenistic Religions* (Oxford, 1987), 80.

(47) Apuleius, *Golden Ass*, trans. J. Lindsay (Bloomington, 1960), 236.〈邦訳既出、第1章の原注(111)〉。

(48) 「創世記」28: 12.

(49) 「ヨブ記」33: 14-18.

(50) 「創世記」41.

(51) 聖書における夢の例については、Le Goff, 193-94, 229-31 を見よ。

(52) キリスト教徒が夢に抱いていた不信についてうまく要約しているのは、ibid., 212-14。

(53) Steven F. Kruger, *Dreaming in the Middle Ages* (Cambridge, 1992)は、中世の夢物語や、夢に対する態度について、詳細な要約を提供している。

(54) Tertullian, "On the Soul," 280.

(55) Ibid., 285-86.

(56) Delayney は、現代の夢解釈のさまざまなテクニックを説明し、現代では夢の解釈に重点が置かれていることを示している。Bulkeley, 81-132 は、夢解釈のモデルを一つ挙げている。

(57) 「創世記」41.

（58） Le Goff, 200.

（59） Ibid., 201.

（60） T.J. Heffernan, *Sacred Biography: Saints and Their Biographers in the Middle Ages*（Oxford, 1988), 201.

（61） 2 Esdras, in *New Oxford Annotated Bible*（1977).〈邦訳：「第四エズラ書（3-14章)、新見宏訳、関根正雄編『旧約聖書外典（下)』（講談社文芸文庫、1999年）所収〉。

（62） "Shepherd of Hermas," in The Apostolic Fathers. trans. F.X. Glimm et al.（New York, 1948), 230.〈邦訳：「ヘルマスの牧者」、荒井献訳、荒井献編『使徒教父文書』（講談社文芸文庫、1998年）所収〉。

（63） ヘルマスが夢で辿る旅の分析については、Patricia Cox Miller, "'All the Words Were Frightful': Salvation by Dreams in the Shepherd of Hermas," *Vigilae Christianae* 42（1988): 327-38. ヘルマスの経験は、夢を見ている人が夢を見ていることを自覚している、「意識清明な夢見」現象と似ている。この種の夢に関する説明については、Stephen LaBerge, *Lucid Dreaming*（Los Angeles, 1985)を見よ。

（64） "Shepherd of Hermas," 259.

（65） Miller, "'All the Words Were Frightful,'" 335.

（66） "Shepherd of Hermas," 280.

（67） Augustine, *Confessions*, trans. R.S. Pine-Coffin（New York, 1980), 68-69.〈邦訳既出、第2章の原注（47)〉。

（68） 受難と聖霊の介在との関係については、W.C. Weinrich, *Spirit and Martyrdom: A Study of the Work of the Holy Spirit in Contexts of Persecution and Martyrdom in the New Testament and Early Christianity*（Washington, D.C., 1981), 43-63を見よ。これが、殉教者と預言の霊を自然に結びつけることになった。

（69） Weinrich, xi:「殉教者に不可視の世界が見えるようにする、聖霊からの特別な賜物のおかげで、殉教者は預言者となった」。

（70） Eusebius, *The Histor of the Church*, trans. G.A. Williamson（Harmondsworth, 1984), 170.〈邦訳既出、「はじめに」の原注(1)〉。

（71） "Montanus," in Musurillo, 217.

（72） Musurillo, 219, 221, 223, 235を見よ。

（73） R. Rousselle, "The Dream of Vibia Perpetua: Analysis of a Female Christian Martyr," *Journal of Psychohistory* 14（1987): 193-206はこのような解釈の、もしかすると最も極端な形かもしれない。

（74） このテクストに対するユング的アプローチについては、Marie-Louise von Franz, *The Passion of Perpetua*, Jungian Classics Series, 2（Irving, Tex., 1980）を見よ。また、Mary Ann Rossi, "The Passion of Perpetua, Everywoman of Late Antiquity," in *Pagan and Christian Anxiety: A Response to E.R. Dodds*, ed. R.C. Smith and J. Lounibos（New York, 1984）, 53-86 を見よ。

（75） これは本質的に、20 世紀の重要な心理学者で、夢を研究したカルヴィン・ホールが取ったアプローチである。彼はこう書いている。「夢は起きている時の生活から続いている。夢の世界と起きている時の世界は一つのものなのである」。Bulkeley, 51.

（76） Cicero, "Dream of Scipio," in *Ancient Roman Religion*, ed. F.C. Grant（New York, 1957）, 148.〈邦訳：キケロ「スキピオの夢」、水野有庸訳、『キケロ、エピクテトス、マルクス・アウレリウス』（中央公論社、世界の名著 13、1968 年）所収〉。

（77） "Perpetua," in Musurillo, 111. M.A. Tilley, "One Woman's Body: Repression and Expression in the *Passio Perpetuae*," in *Ethnicity, Nationality and Religious Experience*, ed. P.C. Phan（New York, 1991）, 59 は、この「兄弟」が血の繋がった兄弟ではなく、「キリストの名の下の兄弟」だろうと正当に述べている。

（78） "Perpetua," in Musurillo, 111.

（79） Tertullian, "To the Martyrs," 21.

（80） "Perpetua," in Musurillo, 111-13.

（81） 「創世記」3:15.

（82） Tertullian, "To the Martyrs," 18.

（83） Artemidorus, *The Interpretation of Dream*, trans. R.J. White（Park Ridge, N.J.: 1975）4. 55, 1. 35.〈邦訳：アルテミドロス『夢判断の書』、城江良和訳、国文社、1994 年〉。

（84） E. Castelli, "'I Will Make Mary Male': Pieties of the Body and Gender Transformation of Christian Women in Late Antiquity," in *Body Guards: The Cultural Politics of Gender Ambiguity*, ed. J. Epstein and K. Straub（New York, 1991）, 37.

（85） Peter Dronke, *Women Writers of the Middle Ages: A Critical Study of Texts from Perpetua to Marguerite Porete*（Cambridge, 1984）, 7-8.

（86） Artemidorus, 2. 42. Castelli, 37. Rousselle, 195 も見よ。

（87） Bulkeley, 13.

（88） "Perpetua," in Musurillo, 110.

(89)　Dronke, 8.

(90)　「ヨハネの黙示録」7.

(91)　C. McDannell and B. Lang, *Heaven: A History* (New Haven, 1988), 40-42.

(92)　E. Gardner ed., *Visions of Heaven and Hell before Dante* (New York, 1989), 238.

(93)　"St. Peter's Apocalypse," in Gardner, 11.〈邦訳：村岡崇光訳「ペテロの黙示録」、日本聖書学研究所編『聖書外典偽典別巻 補遺 II』(教文館、1982 年) 所収〉。

(94)　ほとんどの研究者が、この牧人はペルペトゥアにとって父的な存在であると同定している。Miller, "The Davil's Gateway," 54; A. Pettersen, "Perpetua — Prisoner of Conscience," *Vigilae Christianae* 41 (1987): 144; Dronke, 9.

(95)　"Shepherd of Hermas," 259-60.

(96)　例えば、Pettersen, 148.

(97)　Heffernan, 209-910.

(98)　"Perpetua," in Musurillo, 113.

(99)　Ibid.

(100)　Ibid., 115.

(101)　Tertullian, "To the Martyrs," 19.

(102)　Eusebius, 200.

(103)　Ibid., 204-05.〈訳注：前注の (102) と合わせて、該当箇所はエウセビオス『教会史』5.1.45-46; 5.2.6 だが、両方とも、リヨンでの迫害を伝える、リヨンとヴィエンヌ教会の書状からの引用部分である〉。

(104)　"Perpetua," in Musurillo, 115.

(105)　Newman, 111,「(ペルペトゥアは) 生者たちに対する配慮を取り下げ、それを死者に与えた。そして彼女には、肉において拒んだものを、魂において与える準備ができていた」。

(106)　Dronke, 11. この幻視と、後のキリスト教徒が持った煉獄に対する見解の対照については J. Le Goff, *The Birth of Purgatory*, trans. A. Goldhammer (Chicago, 1984) 50-51 を見よ。Le Goff はまた、ペルペトゥアのとりなしの力が、後の思想を形作る上で重要な役割を果たしたことに言及している。

(107)　Virgil, *Aeneid*, 147.〈邦訳既出、第 1 章の原注(43)。該当箇所は 6 巻 426-427; 450〉。Dronke, 11-12 は、その他にもこの幻視から連想されることや、先例となっている文学作品について優れた論考を提供している。

(108)　Dronke, 11.

(109)　“Perpetua,” in Musurillo, 117.

(110)　ディノクラテスがペルペトゥアの祈りによって飢えを満たされたことに関する議論については、Giselle de Nie, “Consciousness Fecund through God,” in *Sanctity and Motherhood*, ed. A. Mulder-Bakker (New York, 1995), 119.

(111)　“Perpetua,” in Musurillo, 117.

(112)　この水が、胸と授乳の女性化されたイメージであるという分析については、Miller, “The Devil's Gateway,” 58 を見よ。

(113)　Rousselle, 199 が引用するアルテミドロス『夢判断の書』1. 66.

(114)　Dronke, 12.

(115)　“Perpetua,” in Musurillo, 117.

(116)　Ibid., 117, 119.

(117)　Rossi, 60-61.

(118)　Miller, “Dreams of Perpetua,” 61. Dronke, 14 は、ペルペトゥアが「彼女の本性の中にある弱いもの、もしくは女性的なものをすべて捨てさろう」としていたと見ている。M.R. Miles, *Carnal Knowing* (Boston, 1989), 62 は、「(ペルペトゥアの) 想定によれば、彼女の精神性は、社会的アイデンティティー同様、男性が規定する現実に対応して形を取るものだった」と見ている。

(119)　Rossi, 61, 65. 自分たちの性《ジェンダー》を捨てた異性装の聖人については、J.E. Salisbury, *Church Fathers, Independent Virgins* (London, 1991), 96-110 も見よ。

(120)　例えば、Rousselle, 204 を見よ。

(121)　L. Robert, “Une vision de Perpétue, martyre à Carthage en 203,” *Comptes rendus de l'Académie des inscriptions et belles-lettres*, 1982, 256-58. Shaw, “Passion of Perpetua,” 29 は、夢の世界をそのように実用的に解釈することを批判する。

(122)　Dio Cassius, *Dio's Roman History*, trans. E. Cary (Cambridge, 1961), 235.

(123)　Rossi, 65 はこうも記している。「テクラとペルペトゥアにとって、男性の姿をとることは、キリストとの統合を意味していた。それは、自己の変容と、新たなアイデンティティーの誕生に繋がった」。また、「(霊的な戦いでの) 勝利へと向かう女性の旅を指示する主要なシニフィアンとしての性アイデンティティーの変化」に言及する Castelli, 42 も参照。

(124)　Dronke, 14. Shaw, “Passion,” 29 も見よ。

(125)　Lucian, *Lucian*, trans. M.D. Macleod (Cambridge, 1967), 8:65-67.〈邦訳：「ルキオスまたはロバ」、戸高和弘訳、ルキアノス『偽預言者アレクサンドロス――全集 4』(第 1 章の原注(132)参照) 所収〉。Shaw, “Passion,” 29, n. 66 も見よ。

（126） 2つのテクストの類似については、Dronke, 285, n. 58を見よ。

（127） Tertullian, "To the Martyrs," 23.

（128） Ibid.

（129） これは、Dronke, 14の意見である。

（130） Juvenalis, *The Satrires of Juvenal*, trans. R. Humphries（Bloomington, Ind., 1958）, 175-81.〈邦訳：デキムス・ユーニウス・ユウェナーリス『サトゥラエ――諷刺詩』、藤井昇訳、日中出版、1995年〉。Shaw, 28, n. 62はエジプト人のイメージが使用されていることを、「単純な人種差別の現れ」と見ているが、これには私も同意する。

（131） この試合に関する議論については、Robert, 228-76を見よ。

（132） J.B. Rives, *Religion and Authority in Roman Carthage from Augustus to Constantine*（Oxford, 1995）, 64.

（133） Robert, "Une vision de Perpétue," はそう論じているが、J. Aronen, "*Pythia Carthaginis* o immagini cristiane nella visione di Perpetua," in *L'Africa romana: atti dei convegni di studio*, 6: 645-48はそれに反対する。

（134） Shaw, 28 n. 63.

（135） M.R. Lefkowitz, "The Motivations for St. Perpetua's Martyrdom," *Journal of the American Academy of Religion* 44（1976）: 419.

（136） Dronke, 8. このコンテクストで、足が性的なシンボルであると分析するRousselleには同意できない。Rousselle, 201-2.

（137） 裸足と関連づけられる儀式的魔術についての議論は、J.E. Salisbury, *Iberian Popular Religion, 600 B.C. to 700 A.D.*（New York, 1985）, 243-45にある。

（138） Ibid., 244.

（139） このシンボリズムに関する詳細な議論は、A.R. Littlewood, "The Symbolism of the Apple in Greek and Roman Literature," *Harvard Studies in Classical Philology* 72, 147-81にある。ペルペトゥアの夢におけるこの象徴の分析については、Miller, "Dreams of Perpetua," 61-63を見よ。

（140） Rousselle, 203が引用するアルテミドロス『夢判断の書』1. 73.

（141） Rossi, 62はこの文書に、「夢の中における、異教的シンボルとキリスト教的シンボルの交じり合いのユニークな一例」を見る。

（142） Dronke, 14.

（143） "Perpetua," in Musurillo, 119.

（144） Ibid., 119-23.

（145） E.R. Dodds, *Pagan and Christian in an Age of Anxiety*（Cambrdige, 1985）,

49, n. 2 は、こうした理由から、この夢は本当ではないと論じている。Shaw, "Passion of Perpetua," 32 は、これが本当の夢であるか疑っているが、殉教者の夢の間に大きな違いがある可能性を認めている。

(146) W.H.C. Frend, *Martyrdom and Persecution in the Early Church: A Study of Conflict from the Maccabees to Donatus* (Oxford, 1965), 365.

(147) Ibid.: Frend は、これらの幻視で殉教が強調されていることに注目している。サトゥルスの幻視では、教会の指導者たちは天国の中に入らず、ペルペトゥアが天国で見たのも殉教者だけだった。

(148) "Perpetua," in Musurillo, 119.

(149) Ibid., 123.

(150) Ibid.

(151) Musurillo, 22.

(152) S.B. Pomeroy, *Goddesses, Whores, Wives and Slaves: Women in Classical Antiquity* (New York, 1975), 193.

(153) "Perpetua," in Musurillo, 123, 125.

(154) Heffernan, 222-29 は、フェリキタスの妊娠の描写が持つ意義を詳細に分析している。

(155) Ibid., 229.

第５章　闘技場

(1) T. Wiedemann, *Emperor and Gladiators* (New York, 1992), 23. この闘技場を最もよく描写しているのは David L. Bomgardner, "The Carthage Amphitheater: A Reappraisal," *American Journal of Archaeology* 93 (1989): 85-103.

(2) Wiedemann, 21.

(3) Ibid., 21.

(4) Bomgardner, 100-102.

(5) Ibid., 89, 100.

(6) Ibid., 96.

(7) カルタゴで何年にもわたり作業を続け、私にこの空間を見せ、理解させてくれた考古学者たちに感謝する。ジョアン・フリード教授、M. ギャリソン教授、R. ヒッチナー教授、そしてコリン・ウェルズ教授の助力はきわめて有用だった。

(8) Carlin A. Barton, *The Sorrows of the Ancient Romans: The Gladiator and the Monster* (Princeton, 1993), 187 によれば、これらの見世物はローマ人にとっ

て、「聖なるもの、人間存在の最も本質的なものの、一つの必要な前提条件」だった。

(9) Tertullian, "To Scapula" の R. Arbesmann らによる英訳 (in *Apologetical Works and Minucius Felix*, [New York, 1950]), 153, n. 3 に引用されたラクタンティウスの文章〈訳注:『神学提要』7.25.7 以下〉を見よ。

(10) Wiedemann, 46.

(11) Ibid., 34-35.

(12) Ibid., 15.

(13) J.B. Rives, *Religion and Authority in Roman Carthage from Augustus to Constantine* (Oxford, 1995), 62-64.

(14) René Girard, *Violence and the Sacred*, trans. P. Gregory (Baltimore, 1977), 8.

(15) Tertullian, "Spectacles," in *Disciplinary, Moral and Ascetical Works*, trans. R. Arbesmann et al. (New York, 1959), 70.

(16) Ibid., 65.

(17) Barton, 19.

(18) R. Auguet, *Cruelty and Civilization: The Roman Games* (New York, 1994), 43 はさらに、衣装を身に纏うことは、「競技の宗教的な起源」を思い起こさせたと記し、衣装を着て行なわれる行列と宗教的な儀式の関連についてさらに考察している。

(19) Tertullian, "Spectacles," 73.

(20) Auguet, 49.

(21) A. Rousselle, *Porneia: On Desire and the Body in Antiquity*, trans. F. Pheasant (New York, 1988), 116-19.

(22) Ibid., 119-20.

(23) Barton, 22.

(24) Eusebius, *History of the Church* (New York, 1965), 202 を見よ。〈邦訳既出、「はじめに」の原注(1)〉。

(25) Barton, 63.

(26) Barton, 21 が引用する、小プリニウス『トラヤヌス帝への頌詩』33.1。

(27) Wiedemann, 38.

(28) Ibid., 39.

(29) Scriptores Historiae Augustae, *Historiae Augustae*, trans. D. Magie (Cambridge, 1967), 3.〈邦訳:井上文則訳「アントニヌス・カラカルスの生涯」、『ローマ皇帝群像 2』(京都大学学術出版会、2006 年) 所収〉。

（30） Wiedemann, 138-39.

（31） Justin Martyr, “2nd Apology,” in *Writings of Saint Justin Martyr*, trans. T.B. Falls（New York, 1948）, 132.〈邦訳：ユスティノス「第二弁明」、柴田有訳、『キリスト教教父著作集 1 ユスティノス』（教文館、1992 年）所収〉。

（32） Tertullian, “Spectacles,” 100.

（33） Ibid., 101.

（34） Seneca, “Ep. VII,” *Ad Lucilium Epistulae Morales*, trans. R.M. Gummere（Cambridge, 1967）31.〈邦訳：セネカ『道徳書簡集（全）――倫理の手紙集』、茂手木元蔵訳、東海大学出版部、1992 年〉。

（35） Tertullian, “Spectacles,” 84.

（36） Ibid.

（37） Ibid., 83.

（38） Wiedemann, 141-42.

（39） Prudentius, “Against Symmachus, Book 2,” in The *Poems of Prudentius*, trans. M.C. Eagan（Washington, D.C., 1965）, 175.

（40） Tertullian, “Spectalces,” 95.

（41） *The Satires of Juvenal*, trans. R. Humphries（Bloomington, Ind., 1958）, 66-67.〈邦訳既出、第 4 章の原注（130）〉。

（42） Seneca, “Ep. VII,” 31.〈邦訳は前注（34）〉。

（43） Ibid., 33.

（44） Herodian, *History*, trans. C.R. Whittaker（Cambridge, 1969）, III, 13, 349.

（45） Augustine, *Confessions*, trans. R.S. Pine-Coffin（New York, 1980）, 124.〈邦訳既出、第 2 章の原注（47）〉。

（46） Wiedemann, 141.

（47） Ibid., 61.

（48） Ibid., 60-61.

（49） この慣行を上手く要約しているのは、K.M. Coleman, “Fatal Charades: Roman Executions Staged as Mythological Enactments,” *Journal of Roman Studies* 80（1990）: 44-73。

（50） Eusebius, 201.

（51） Tertullian, “Apology,” in *Apologetical Works and Minucius Felix*, trans. R. Arbesmann et al.（New York, 1950）, 48.〈邦訳既出、第 2 章注（87）〉。

（52） Ibid.

（53） Coleman, 62.

（54） Ibid., 70.
（55） Auguet, 93.
（56） Eusebius, 172.
（57） "Montanus," in H. Musurillo, *The Acts of the Christian Martyrs*（Oxford, 1972), 225-27.〈邦訳：「聖なるモンタヌスとルキウスの殉教」土岐正策訳、『殉教者行伝』（キリスト教教父著集 22、教文館、1990 年）所収〉。
（58） Ibid., 227.
（59） Tertullian, "To the Martyrs," in *Disciplinary, Moral and Ascetical Works*, trans. R. Arbesmann et al.（New York, 1959), 24-27.〈邦訳既出、第 2 章の原注（107）〉。
（60） "Scillitan Martyrs," in Musurillo, 89.〈邦訳：「聖なるスキッリウム人の殉教」土岐正策訳、第 1 章の原注（50）参照〉。
（61） "Perpetua," in Musurillo, 121.〈邦訳：「聖なるペルペトゥアとフェリキタスの殉教」、第 1 章の原注（12）参照〉。
（62） "Marian and James," in Musurillo, 195.〈邦訳：「聖なるマリアヌスとヤコブスの殉教」土岐正策訳、前注（57）参照〉。
（63） Eusebius, 195.
（64） "Martyrdom of Polycarp," in *Early Christian Writings: The Apostolic Fathers*, trans. M. Staniforth（New York, 1968), 156.〈邦訳：「ポリュカルポスの殉教」、田川建三訳、荒井献編『使徒教父文書』（講談社文芸文庫、1998 年）所収〉。
（65） Eusebius, 169.
（66） Justin, "Apology," 34.〈邦訳既出、第 3 章の原注（87）〉。
（67） "Perpetua," in Musurillo, 125.
（68） Ibid.
（69） Ibid.
（70） Ibid.
（71） Ibid.
（72） Ibid.
（73） Ibid., 127.
（74） Auguet, 95.
（75） Staniforth, 105 にあるアンティオキアのイグナティオス、『ローマの使徒への書簡』。〈邦訳：「イグナティオスの手紙――ローマのキリスト者へ」、八木誠一訳、荒井献編『使徒教父文書』（講談社文芸文庫、1998 年）所収〉。
（76） この殉教者たちが、カルタゴの大闘技場で死んだのか、それとも、別の軍用の円形闘技場で死んだのかに関しては論争がある。これは、殉教伝の中

に munus castrense（軍営の剣闘士試合）といった語句が現れることや、見世物における軍の役割が強調されているためである。カルタゴで別の闘技場は発見されていないが、軍用の闘技場は、帝国の別の場所でも仮設的な性格のものだった。現時点でこの問題を解決することは不可能である。しかし、これ以上の情報がない以上、このイベントが公的な性格のものであったこと、裁判に直接関与した人々がたくさん出席したことから、カルタゴの大闘技場で行なわれたという説の方に説得力があると、私には思える。軍隊は特にセプティミウス・セウェルス治下で重要な存在だったので、処刑を行なう際に軍が重要な役割を果たしたとしてもおかしくはない。

（77） Auguet, 62.

（78） "Perpetua," in Musurillo, 125-27.

（79） Ibid., 127.

（80） Ibid.

（81） "Montanus," in Musurillo, 237.

（82） Rousselle, *Porneia*, 116 を見よ。

（83） "Perpetua," in Musurillo, 127.

（84） Ibid.

（85） Ibid.

（86） Eusebius, 194.

（87） Auguet, 94.

（88） Tertullian, "Spectacles," 97.

（89） J.E Salisbury, *Church Fathers, Independent Virgins*（London, 1991）, 37.

（90） Jacobus de Voragine, *The Golden Legend*, trans. G. Ryan（New York, 1969）, 553.〈邦訳既出、第 4 章の原注（35）参照〉。

（91） Eusebius, 200.

（92） "Perpetua," in Musurillo, 127.

（93） Ibid., 129.

（94） Brent Shaw, "The Passion of Perpetua," *Past and Present* 139（1993）: 7.

（95） Ibid., 8.

（96） Auguet, 95.

（97） Eusebius, 202.

（98） "Perpetua," in Musurillo, 129.

（99） Auguet, 103.

（100） Francine Cardman, "Acts of the Women Martyrs," in *Women in Early*

Christianity, ed. D.M. Scholer（New York, 1993）が、150 ページで述べていることを見よ。「母の身体においても、社会集団においても、育児を果たすことへの要求は殉教を思い止まらせる役割を果たし、このため、女性たちが最終的な信仰告白を実行に移すためには、その要求が否定されなければならなかった」。

（101） Clarissa W. Atkinson, *The Oldest Vocation: Christian Motherhood in the Middle Ages*（Ithaca, 1991）, 58 および Danielle Jacquart and Claude Thomasset, *Sexuality and Medicine in the Middle Ages*（Princeton, 1988）, 72 を見よ。

（102） Atkinson, 59.

（103） "Perpetua," in Musurillo, 129.

（104） Ibid.

（105） Ibid.

（106） Ibid.

（107） Eusebius, 202.

（108） "Perpetua," in Musurillo, 129.

（109） Jean Laporte, *The Role of Women in Early Christianity*（New York, 1982）, 10 は、「信仰告白者たちは、まさしく彼らの告白のゆえにカリスマを持った者であり、彼らは部分的な恍惚状態の中で、肉体の苦痛を耐えたようである」と述べている。

（110） "Perpetua," in Musurillo, 129.

（111） Ibid., 129-31.

（112） Ibid., 131, n. 21.

（113） Rousselle, 119.

（114） "Perpetua," in Musurillo, 131.

（115） Ibid.

（116） Seneca, "Ep. 82," 245.〈邦訳既出、第 1 章の原注（100）〉。

（117） "Perpetua," in Musurillo, 131.

（118） Ibid.

第６章　余波

（1） Herodian, *History*, trans. C.R. Whittaker（Cambridge, 1969）, III, 10, 327.

（2） Ibid., 13. 351-53.

（3） Anthony Birley, *Septimius Severus: The African Emperor*（London, 1971）, 244-68 の、この遠征の要約は素晴らしい。

(4) Herodian, III, 14, 355-57.

(5) Ibid., 14, 361.

(6) Dio Cassius, *Dio's Roman History*, trans. E. Cary (Cambridge, 1961), 267-69.

(7) Birley, 264.

(8) Dio Cassius, 271-73.

(9) Ibid., 283.

(10) Ibid.

(11) Scriptores Historiae Augustae, *Historiae Augustae*, "Ant. Geta," trans. D. Magie (Cambridge, 1967), 37-39.〈邦訳：「アントニヌス・ゲタの生涯」、アエリウス・スパルティアヌス他『ローマ皇帝群像 2』(桑山由文・井上文則・南川高志訳、京都大学学術出版会、2006 年) 所収〉。

(12) これらの事実に注意を喚起してくれたデイヴィッド・マクドナルド教授に感謝する。D. MacDonald, *The Coinage of Aphrodisias* (London, 1992), 41, 133-34 を見よ。

(13) Scriptores Historiae Augustae, "Ant. Caracalla," 25.〈邦訳：「アントニヌス・カラカルスの生涯」、『ローマ皇帝群像 2』(前注(11)参照) 所収〉。

(14) Dio Cassius, 297.

(15) J.B. Rives, *Religion and Authority in Roman Carthage from Augustus to Constantine* (Oxford, 1995), 250-51.

(16) Ibid., 259.

(17) Ibid.

(18) Herodian, VII, p. 219.

(19) Ibid., 183, n. 1.

(20) Ibid., 177-233.

(21) A. Rousselle, *Porneia: On Desire and the Body in Antiquity*, trans. F. Pheasant (New York, 1988), 128 が引用するオロシウスの『異教徒に反駁する歴史』IV, 6, 3-5.

(22) Susan Raven, *Rome in Africa* (New York, 1993), 142-43.

(23) D.L. Bomgardner, "The Carthage Amphithater: A Reappraisal," *American Journal of Archaeology* 93 (1989): 102.

(24) W.H.C. Frend, *Martyrdom and Persecution in the Early Church: A Study of Conflict from the Maccabees to Donatus* (Oxford, 1965), 379.

(25) Ibid., 399.

(26) Ibid., 370.

（27） この運動の概観については以下のものを見よ：T. Barnes, "The Chronology of Montanism," *Journal of Theological Studies*, n.s. 21, no. 2（1970）: 403-8; R.J. Heine, *Montanist Oracles and Testimonia*. North American Patristic Society, vol. 14（Macon, Ga., 1989）; P. de Labriolle, *La crise montaniste*（Paris, 1913）.

（28） D. Powell, "Tertullianists and Cataphrygians," *Vigiliae Christianae* 29（1975）: 43 は、「新預言」が、2 世紀終盤のキリスト教徒の多くが持っていた、殉教への信仰や新たなエルサレム出現の期待を共有していたと論じている。

（29） Tertullian, "Flight in Time of Persecution," in *Disciplinary, Moral and Ascetical Works*, trans. R. Arbesmann et al.（New York, 1959）, 294.

（30） Frend, 367 は、異教世界に対するテルトゥリアヌスの妥協を許さない姿勢について論じている。

（31） Tertullian, "The Chaplet," in *Disciplinary, Moral and Ascetical Works*, 231-32.〈邦訳：テルトゥリアヌス「兵士の冠について」、木寺廉太訳、『テルトゥリアヌス 4 倫理論文集』（キリスト教教父著作集 16、教文館、2002 年）所収〉。

（32） Ibid., 233.

（33） Ibid., 255.

（34） Ibid., 233.

（35） Frend, 355.

（36） Tertullian, "Flight in Time of Persecution," 307.

（37） "Perpetua," in H. Musurillo, *The Acts of the Christian Martyrs*（Oxford, 1972）, 121.〈邦訳：「聖なるペルペトゥアとフェリキタスの殉教」、第 1 章の原注（12）参照〉。

（38） "Perpetua," in Musurillo, 107.「ヨエル書」2:28〈『新共同訳聖書』では 3:1〉をパラフレーズする「使徒言行録」2:17 も見よ。

（39） Powell, 35-38 は、2 世紀、テルトゥリアヌスや他の北アフリカ住民らが、「新預言」をめぐって分離派教会を形成したことはないと論じている。

（40） W.H.C. Frend, "Blandina and Perpetua: Two Early Christian Heroines," in *Women in Early Christianity*, ed. D.M. Scholer（New York, 1993）, 94 は、モンタノス主義と 2 世紀の教会は単にこれらの確信を共有していただけだと論じている。W.C. Weinrich, *Spirit and Martyrdom: A Study of the Work of the Holy Spirit in Contexts of Persecution and Martyrdom in the New Testament and Early Christianity*（Washington, D.C., 1981）, 236 もまた、ペルペトゥアの殉教伝はモ

ンタノス主義と直接つながっているのではなく、カルタゴ教会の状態を反映しているだけだと考えている。

(41) R.S. Kraemer, *Her Share of the Blessings* (Oxford, 1992), 163.

(42) Powell, 47-49.

(43) W.H.C. Frend, *Martyrdom and Persecution*, 380. Timothy Barnes, *Tertullian: A Historical and Literary Study* (Oxford, 1971), 258-59 は、テルトゥリアヌスが「テルトゥリアヌス派」と関係しているという主張に異議を唱えている。

(44) Rives, 273-85 は、宗教と権威、そしてモンタノス主義に対する、テルトゥリアヌスの見解に秀逸な分析を加えている。

(45) Cyprian, "To Donatus," in *Saint Cyprian: Treatises*, trans. R.J. Deferrari (New York, 1958), 12-18.

(46) Ibid., 19-20.

(47) Ibid., 7.

(48) W.H.C. Frend, *The Rise of Christianity* (Philadelphia, 1984), 313.

(49) Cyprian, "Epistle 1," in *Saint Cyprian: Letters*, trans. Rose Bernard Donna (Washington, D.C., 1964), 4.

(50) Rives, 290-291.

(51) Cyprian, "The Lapsed," in *Saint Cyprian: Treatises*, 58.〈邦訳：キュプリアヌス『背教者について』、吉田聖訳、『中世思想原典集成 4 初期ラテン教父』(平凡社、1999 年) 所収〉。

(52) "Pionius," in Musurillo, 139.〈邦訳：「聖なる長老ピオニウスとその仲間の殉教」、土岐健治訳、『殉教者行伝』(キリスト教教父著作集 22、教文館、1990 年) 所収〉。

(53) Ibid., 143.

(54) Ibid., 165.

(55) Ibid., 141.

(56) Cyprian, "The Lapsed," 63-64.

(57) Cyprian, "Epistle 55," in *Cyprian: Letters*, 142.

(58) Cyprian, "The Lapsed," 65.

(59) Ibid., 86.

(60) Ibid., 70. この時代、キュプリアヌスがどうやって司教の力を増大させたかに関する議論については、Rives, 294-300 を見よ。

(61) Cyprian, "Unity of the Catholc Church," in *Cyprian: Treatises*, 95-96.〈邦訳：キュプリアヌス『カトリック教会の一致について』、吉田聖訳、『中世思想原

典集成 4 初期ラテン教父』（平凡社、1999 年）所収〉。

（62） Ibid., 103, 119. また、J.E. Salisbury, “The Bond of A Common Mind: A Study of Collective Salvation from Cyprian to Augustine,” *Journal of Religious History*, II 1985, 235-47 も見よ。

（63） “Cyprian,” in Musurillo, 175.〈邦訳：「聖なるキュプリアヌスの行伝」、土岐正策訳、『殉教者行伝』（前注（52）参照）所収〉。

（64） “Montanus,” in Musurillo, 223-25.〈邦訳、第 4 章の原注（4）参照〉。

（65） Frend, *Martyrdom and Persecution*, 455.

（66） Ibid., 500.

（67） “Felix,” in Musurillo, 266-71.〈邦訳：「聖なる監督フェリクスの殉教」、土岐正策訳、『殉教者行伝』（前注（52）参照）所収〉。

（68） W.H.C. Frend, *The Donatist Church*（Oxford, 1952）は今でも、この運動の最良の分析である。

（69） Augustine, *Confessions*, trans. R.S. Pine-Coffin（New York, 1980）, 55-56.〈邦訳既出：アウグスティヌス『告白』、第 2 章の原注（47）〉。

（70） Ibid., 68-69.

（71） Rives, 310.

（72） 救済の変化に関する議論については、Salisbury, 235-47 を見よ。

（73） Augustine, “Letter 185: On the treatment of the Donatists,” in Letters, vol. 4, 165-203, trans. W. Parsons（New York, 1955）, 142.〈邦訳：「ドナティスト批判――またはアウグスティヌス『手紙』185」、金子晴勇訳、『アウグスティヌス著作集 8　ドナティスト駁論集』（教文館、1984 年）所収〉。

（74） Ibid., 144:「彼らはカトリック教会から、すなわち、あらゆる民の統一から分離している」。

（75） Ibid., 153.

（76） Ibid., 173.

（77） Peter Brown, *Augustine of Hippo*（Bearkeley, 1969）, 334.

（78） この運動を支えた社会経済的な要因を最も巧みに分析しているのは、Frend, *Donatist Church* である。

（79） “Pionius,” in Musurillo, 137.〈邦訳：「聖なる長老ピオニウスとその仲間の殉教」、第 3 章の原注（8）参照〉。

（80） Tertullian, “Apology,” in *Apologetical Works and Minucius Felix*, trans. R. Arbesmann et al.（New York, 1950）, 125.〈邦訳既出、第 2 章注（87）〉。

（81） Peter Brown, *The Cult of the Saints*（Chicago, 1981）, 62-68.

（82） Celsus, *On the True Doctrine*, trans. R.J. Hoffman（Oxford, 1987）, 86. Caroline Walker Bynum, *The Resurrection of the Body in Western Christianity, 200-1336*（New York, 1995）, 31 も見よ。

（83） Bynum, 47.

（84） Ibid., 21-43.

（85） Ibid., 35-6.

（86） "Phileas," in Musurillo, 333.〈邦訳：「ピレアスの行伝」、土岐健治訳、『殉教者行伝』（前注（52）参照）所収〉。

（87） Brown, *Cult of the Saints*, 79:「殉教者たちの英雄的行為は常に一種の憑依として扱われ、普通の人間の勇気とははっきり区別されていた」。

（88） "Marian and James," in Musurillo, 201.〈邦訳：「聖なるマリアヌスとヤコブスの殉教」、土岐正策訳、『殉教者列伝』（前注（52）参照）所収〉。

（89） "Montanus" in Musurillo, 235.

（90） "Pionius," in Musurillo, 165.

（91） "Marian and James," in Musurillo, 213.

（92） Bynam, 107.

（93） Brown, *Cult of the Saints*, 34.

（94） Ibid.

（95） キュプリアヌスが埋葬されたときの儀式については、"Cyprian," in Musurillo, 175 を見よ。〈邦訳、前注（63）参照〉。

（96） 自分が埋葬されるはずの場所の近くに埋葬しようと、マクシミリアヌスの遺骸を手に入れるためポンペイアナが払った努力については、Musurillo, 249 の "Maximilian" を見よ。〈邦訳：「マクシミリアヌスの行伝」、土岐健治訳、『殉教者行伝』（前注（52）参照）所収〉。

（97） Brown, *Cult of the Saints*, 88.

（98） Eusebius, *The History of the Church*, trans. G.W. Williamson（Harmondsworth: 1984）, 203.〈邦訳既出、「はじめに」の原注（1）〉。

（99） Joyce E. Salisbury, "Origin of the Power of Vincent the Martyr," in *Proceedings of the PMR Conference* 8（1983）: 97-98.

（100） "Cyprian," in Musurillo, 171.

（101） J.E. Salisbury, *Iberian Popular Religion, 600 B.C. to 700 A.D.*（New York, 1985）, 167.

（102） Brown, *Cult of the Saints*, 82.

（103） Ibid.

(104)　Augustine, *City of God*, trans. H. Bettenson (Harmondsworth, 1972), 1034. 〈邦訳既出：アウグスティヌス『神の国』、第1章の原注(20)〉。

(105)　Frend, *Martyrdom and Persecution*, 363.

(106)　Barnes, 79.

(107)　B. Shaw, "The Passion of Perpetua," *Past and Present* 139 (1993): 42.

(108)　R.P. Delattre, "Sur l'inscription des martyrs de Carthage, sainte Perpétue, sainte Félicité et leurs compagnons," *Comptes rendus de l'Académie des inscriptions et belles-lettres*, 1907, 193-95.

(109)　Shaw, 37.

(110)　Salisbury, "Power of Vincent," 97-107 を見よ。

(111)　この改訂版殉教伝のジェンダー的な性質に最初に気づいたのは Shaw, 35 である。

(112)　Ibid., 35-36. また、C.I.M.I. van Beek, *Passio Sanctarum Perpetuae et Felicitatis*, vol. I, T*extum Graecum et Latinum ad fidem codicum MSS* (Nijmegen, 1956), 68.

(113)　そのうち、間違いなくアウグスティヌスが書いた説教は3つで、4つ目は彼が書いたとされているが、確実ではない。W.H. Shewring, *The Passion of SS. Perpetua and Felicity* (London, 1931), 45-59 が、この4つの説教を英訳している。

(114)　R. Braun, *Opera Quodvultdeo Carthaginiensi episcopo tributa* (Turnhout, 1976).

(115)　Augustine, "Sermon 4," in Shewring, 58.

(116)　Augustine, "Sermon 1," in Shewring, 49, 51.

(117)　Ibid., 50.

(118)　Ibid., 46-47.

(119)　Augustine, "Sermon 2," in Shewring, 53 and "Sermon 4," in Shewring, 57.

(120)　Augustine, "Letter 262," in *Letters*, vol. 5, transl. W. Parsons (New York, 1956), 261.

(121)　Augustine, "Sermon 2," in Shewring, 53.

(122)　Ibid.

(123)　信心深い女性がどのように振る舞うべきかに関するアウグスティヌスの見解については、J.E. Salisbury, *Church Fathers, Independent Virgins* (London, 1991), 49-54 を見よ。

(124)　Shaw, 33 が書いているように、「彼女が書いた言葉そのものが、反論することを許さない力を含んでいた」。

(125) Augustine, “Sermon 1,” in Shwering, 46 と ”Sermon 2,” in Shewring, 52, 54.

(126) Augustine, “Sermon 2,” in Shewring, 52.

(127) Augustine, *City of God*, 1057-58.

(128) Augustine, “Sermon 1,” in Shewring, 45-46 と “Sermon 2,” in Shewring, 52.

(129) Shaw, 41 が引用する、アウグスティヌスの *De natura et origine animae*, 4.18.26.

(130) Shaw, 41 は、「この凡庸な語呂合わせを繰り返す頻度を見ると」、アウグスティヌスはこれがかなり気に入っていたようだと記している。

(131) Augustine, “Sermon 2,” と “Sermon 3,” in Shewring, 54-55.

(132) Augustine, “Sermon 4,” in Shewring, 56.

(133) Shaw, 43-44.

(134) Victor of Vita, *History of the Vandal Persecution*, trans. J. Moorhead (Liverpool, 1992), 6.

(135) Shaw, 45.

(136) R. Rousselle, “The Dreams of Vibia Perpetua: Analysis of a Female Christian Martyr,” *Journal of Psychohistory* 14 (1987): 193-206.

(137) M.R. Miles, *Carnal Knowing* (Boston, 1989), 62.

文献一覧

『ペルペトゥアの殉教』テクストと翻訳

Dronke, Peter. *Women Writers of the Middle Ages: A Critical Study of Texts from Perpetua to Marguerite Porete.* Cambridge: Cambridge University Press, 1984.

Muncey, R. Waterville. *The Passion of Perpetua: An English Translation with Introduction and Notes.* London: J. M. Dent, 1927.

Musurillo, H., Comp. and trans. *The Acts of the Christian Martyrs.* Oxford: Oxford University Press, 1972.

Robinson. J. A. *The Passion of St. Perpetua.* Text and Studies, vol.1, no. 2. Cambridge: Cambridge University Press, 1891.

Shewring, W. H. *The Passion of SS. Perpetua and Felicity.* London: Sheed & Ward, 1931.

Thiébaux, Marcelle. *The Writings of Medieval Women: An Anthology.* New York: Garland, 1994.

van Beek, C. J. M. J. *Passio Sanctarum Perpetuae et Felicitatis*, vol. 1, *Textum Graecum et Latinum ad fidem codicum* MSS. Nijmegen, 1956.

von Franz, Marie-Louise. *The Passion of Perpetua.* Jungian Classics Series, 2, Irving, Tex. : Spring Publications, 1980.

Wilson-Kastner, Patricia, et al. *A Lost Tradition: Women Writers of the Early Church.* Lanham, Md.: University Press of America, 1981.

「聖なるペルペトゥアとフェリキタスの殉教」、土岐正策訳、『殉教者行伝』（キリスト教教父著作集 22、教文館、1990 年）所収

一次文献

Appian. *Appian's Roman History.* Trans. H. White. Cambridge: Harvard University Press, 1964.

Apuleius. *The Apologia and Florida of Apuleius of Madaura.* Trans. H. E. Butler.

Westport, Conn.: Greenwood Press, 1970.
———.*Golden Ass.* Trans. Jack Lindsay! Bloomington: Indiana University Press, 1960.
〈邦訳：アープレーイユス『黄金の驢馬』、第 1 章の原注(111)参照〉
Aristides, Aelius. *Aelius Aristides: The Complete Works.* Trans. C. A. Behr. Leiden: Brill, 1981, 1986.
Artemidorus. *The Interpretation of Dreams.* Trans. R. J. White. Park Ridge, N. J.: Noyes Press, 1975.
〈邦訳：アルテミドロス『夢判断の書』、第 4 章の原注(83)参照〉
Augustine. *City of God.* Trans. H. Bettenson. Harmondsworth: Penguin Books, 1972.
〈邦訳：アウグスティヌス『神の国』(1)～(5)、『アウグスティヌス著作集 11 ～ 15』、教文館、1980 ～ 1983 年。『神の国』 1 ～ 5、服部英次郎訳、岩波文庫、1982 ～ 1991 年。『神の国』 上（金子晴勇ほか訳）・下（梟治典ほか訳）、教文館（キリスト教古典叢書)、2014 年〉
———. *Confessions.* Trans. R. S. Pine-Coffin, New York: Penguin Books, 1980.
〈邦訳：アウグスティヌス『告白』、第 2 章の原注(47)参照〉
———. *Letters.* Vol. 4. Trans. W. Parsons. New York: Fathers of the Church, 1955.
〈邦訳：アウグスティヌス「ドナティスト批判――またはアウグスティヌス『手紙』 185」、第 6 章の原注(73)参照〉
———. *Letters:* Vol. 5. Trans. W. Parsons. New York: Fathers of the Church, 1956.
———. "On the Catechising of the Uninstructed." Trans. S. D. F. Salmond. In *Augustine: On the Holy Trinity, Doctrinal Treatises, Moral Treatises.* Vol. 3 of *Nicene and Post-Nicene Fathers.* Peabody, Mass.: Hendrickson, 1995.
———. "On the Soul and Its Origin." Trans. P. Holmes. In *Augustine: Anti-Pelagian Writings.* Vol. 5 of *Nicene aud Post-Nicene Fathers.* Peabody, Mass.: Hendrickson, 1994.
Celsus. *Celsus: On the True Doctrine.* Trans. R. J. Hoffmann. Oxford: Oxford University Press, 1987.
Cicero. *De Natura Deorum* Trans. H. Rackham. Cambridge: Harvard University Press, 1967.
〈邦訳：キケロ『神々の本性について』、第 1 章の原注(19)参照〉
"Constitutions of the Holy Apostles." In *Ante-Nicene Fathers.* Vol. 7. Peabody, Mass.: Hendrickson, 1995.
〈邦訳：『聖ヒッポリュトスの使徒伝承』、第 3 章の原注(123)参照〉

Cyprian. *Saint Cyprian: Letters.* Trans. Rose Bernard Donna, Washington, D. C.: Catholic University of America Press, 1964.

———. *Saint Cyprian: Treatises.* Trans. R. J. Deferrari. New York: Fathers of the Church, 1958.

〈邦訳：キュプリアヌス『背教者について』、第 6 章の原注(51)参照。『カトリック教会の一致について』、第 6 章の原注(61)参照〉

"Didache or Teaching of the Apostles." In *The Apostolic Fathers.* Trans. F. X. Glimm et al. 167-186. New York: Christian Heritage, 1948.

〈邦訳：「十二使徒の教訓《ディダケー》」、第 3 章の原注(70)参照〉

Dio Cassius. *Dio's Roman History.* Trans. E. Cary. Cambridge: Harvard University Press, 1961.

Diodorus. *Diodorus of Sicily.* Trans. R. M. Geer. Cambridge: Harvard University Press, 1962.

〈邦訳：ディオドロス『神代地誌』、第 2 章の原注(85)参照〉

Eusebius. *The History of the Church.* Trans. G. A. Williamson. Harmondsworth: Penguin Books, 1984.

〈邦訳：『エウセビオス「教会史」』、「はじめに」の原注(1)参照〉

Heliodorus. *Ethiopian Story.* Trans. W. Lamb. London: J. M. Dent & Sons, 1961.

〈邦訳：ヘリオドロス『エティオピア物語』、第 2 章の原注(54)参照〉

Herodian. *History.* Trans. C. R. Whittaker. Cambridge: Harvard University Press, 1969.

Herodotus. *The History.* Trans. D. Grene. Chicago: University of Chicago Press, 1987.

〈邦訳：ヘロドトス『歴史』、第 2 章の原注(6)参照)

Irenaeus. "Against Heresies." In *Ante-Nicene Fathers,* vol. 1, Ed. A. Roberts et al. Peabody, Mass.: Hendrickson, 1995.

〈邦訳：エイレナイオス『異端反駁』、第 3 章の原注(36)参照〉

Jacobus de Voragine. *The Golden Legend.* Trans. G. Ryan. New York: Arno Press, 1969.

〈邦訳：ヤコブス・デ・ウォラギネ『黄金伝説』、第 4 章の原注(35)参照〉

Jerome. *Jerome: Letters and Select Works.* Trans. W. H. Fremantle. Vol. 6 of *Nicene and Post-Nicene Fathers.* Peabody, Mass.: Hendrickson, 1995.

Justin Martyr. *Writings of Saint Justin Martyr.* Trans. by T. B. Falls. New York: Christian Heritage, 1948.

〈邦訳：ユスティノス、「第一弁明」・「第二弁明」、第 3 章の原注(87)参照〉

Juvenal. *The Satires of Juvenal,* Trans. R. Humphries. Bloomington: Indiana University

Press, 1958.
〈邦訳：ユウェナーリス『サトゥラエ——諷刺詩』、第4章の原注(130)参照〉
Lewis, Naphtali, et al. *Roman Civilization Sourcebook.* Vol. 2, *The Empire.* New York: Harper & Row, 1966.
Livy, *Livy.* Vol. 5. Trans. B. O. Foster. Cambridge: Harvard University Press, 1963.
〈邦訳：リウィウス『ローマ建国以来の歴史』1～5・9、西洋古典叢書、京都大学学術出版会、2008・2012・2014・2016年〉
Lucian of Samasota. *Lucian.* Trans. M. D. Macleod. 8 vols. Cambridge: Harvard University Press, 1967.
〈邦訳：ルキアノス「供犠について」、第1章の原注(80)参照。「偽預言者アレクサンドロス」、第1章の原注(132)参照。「ルキオスまたはロバ」、第4章の原注(125)参照〉
Marcus Aurelius, *Meditations.* Harmondsworth: Penguin Books, 1964.
〈邦訳：マルクス・アウレーリウス『自省録』、神谷美恵子訳、岩波文庫、1956年。マルクス・アウレリウス『自省録』、水地宗明訳、京都大学学術出版会、1998年。マルクス・アウレリウス『自省録』、鈴木照雄訳、講談社学術文庫、2006年〉
Meyer. Marvin W., ed. *The Ancient Mysteries: A Sourcebook.* New York: Harper Collins, 1987.
Origen. *Contra Celsum.* Trans. H. Chadwick. Cambridge: Cambridge University Press, 1953.
〈邦訳：オリゲネス『ケルソス駁論』I・II、出村みや子訳、キリスト教教父著作集8・9、教文館、1987・1997年〉
Pliny. *Natural History.* Vol. 4. Trans. H. Rackham. Cambridge: Harvard University Press, 1960.
〈邦訳：プリニウス『博物誌』、第2章の原注(37)参照〉
Plotinus. "The Six Enneads." In *Great Books of the Western World,* ed. M. J. Adler, 11: 301-678. Chicago: Encyclopedia Britannica, 1991.
〈邦訳：プロティノス、第1章の原注(105)参照〉
Plutarch. *Lives of the Noble Grecians and Romans.* Trans. J. Dryden. New York: Modern Library, n. d.
〈邦訳：プルタルコス『英雄伝』、第2章の原注(10)参照〉
————. *Moralia.* Trans. F. C. Babbitt. Cambridge: Harvard University Press, 1962.
〈邦訳：プルタルコス「イシスとオシリスについて」、第1章の原注(70)参照。

「迷信について」、第 2 章の原注(86)参照〉
Prudentius. *The Poems of Prudentius.* Trans. M. C. Eagan. Washington, D. C.: Catholic University of America Press, 1965.
Quodvultdeus. *Opera Quodvultdeo Carthaginiensi episcopo tributa.* Ed. R. Braun. Series latina, no. 60. Turnhout: Corpus Christianorum, 1976.
Scriptores Historiae Augustae. *Historia Augusta.* Trans. D. Magie. Cambridge: Harvard University Press, 1967.
〈邦訳:「セウェルスの生涯」、第 1 章の原注(54)参照。「アントニヌス・ゲタの生涯」、第 6 章の原注(11)参照。「アントニウス・カラカルスの生涯」、第 6 章の原注(13)参照〉
Seneca. *Ad Lucilium Epistulae Morales.* Trans. R. M. Gummere. Cambridge: Harvard University Press, 1967.
〈邦訳:セネカ『道徳書簡集』、第 1 章の原注(100)参照〉
"Shepherd of Hermas." In *The Apostolic Fathers,* trans. F. X. Glimm et al. 225-354. New York: Christian Heritage, 1948.
〈邦訳:「ヘルマスの牧者」、第 3 章の原注(72)参照〉
Staniforth, Maxwell, trans. *Early Christian Writings: The Apostolic Fathers.* New York: Dorset Press, 1968.
〈邦訳:『使徒教父文書』、第 3 章の原注(70)参照〉
Stephens, Susan A. and John J. Winkler, eds. *Ancient Greek Novels: The Fragments.* Princeton: Princeton University Press, 1995.
Tacitus. *Complete Works of Tacitus.* Trans. A. J. Church. New York: Random House, 1942.
Tertullian. *Apologetical Works and Minucius Felix.* Trans. R. Arbesmann et al. New York: Fathers of the Church, 1950.
〈邦訳:テルトゥリアヌス『護教論』、第 2 章の原注(87)参照〉
———. *Disciplinary, Moral and Ascetical Works.* Trans. R. Arbesmann et al. New York: Fathers of the Church, 1959.
〈邦訳:テルトゥリアヌス、「結婚の一回性について」、第 1 章の原注(36)参照。「殉教者たちへ」、第 2 章の原注(107)参照。「兵士の冠について」、第 3 章の原注(116)参照〉
———. *Fathers of the Third Century: Tertullian, Part Fourth.* Vol. 4 of *Ante-Nicene Fathers.* Peabody, Mass.: Hendrickson, 1995.
〈邦訳:テルトゥリアヌス「妻へ」、第 3 章の原注(88)参照〉

———. *Latin Christianity: Its Founder, Tertullian.* Vol. 3 of *Ante-Nicene Fathers.* Peabody, Mass.: Hendrickson, 1995.
〈邦訳：テルトゥリアヌス「洗礼について」、第 3 章の原注(67)参照〉
Victor of Vita. *History of the Vandal Persecution.* Trans J. Moorhead. Liverpool: Liverpool University Press, 1992.
Virgil, *Aeneid.* Trans. A. Mandelbaum. New York: Bantam Books, 1981.
〈邦訳：ウェルギリウス『アエネーイス』、第 1 章の原注(43)参照〉

二次文献

Abrahamsen, Valerie. "Women at Philippi: The Pagan and Christian Evidence." *Journal of Feminist Studies in Religion* 3, no. 2（1987）: 17-30.
Altman, Charles F. "Two Types of Opposition and the Structure of Latin Saints' Lives." *Medievalia et Humanistica 6*（1975）: 1-11.
Amundsen D. W., and C. J. Diers. "The Age of Menarche in Classical Greece and Rome." *Human Biology* 41（1969）: 125-32.
Anderson, Graham. *Ancient Fiction: The Novel in the Graeco-Roman World.* Totowa, N.J.: Barnes & Noble, 1984.
———.*Sage, Saint and Sophist.* London: Routledge, 1994.
Aronen, J. "*Pythia Carthaginis* o immagini cristiane nella visione di Perpetua." In *L'Africa romana: Atti dei convegni di studio,* 6:645-48.
Ash, James L. "The Decline of Ecstatic Prophecy in the Early Church." *Journal of Theological Studies,* n.s., 21（1970）: 227-52.
Atkinson, Clarissa W. *The Oldest Vocation: Christian Motherhood in the Middle Ages.* Ithaca: Cornell University Press, 1991.
Auguet, R. *Cruelty and Civilization: The Roman Games.* New York: Routledge, 1994.
Aune, David E. *Prophecy in Early Christianity and the Ancient Mediterranean World.* Grand Rapids, Mich.: Eerdmans, 1983.
Babelon, Jean. *Impératrices Syriennes.* Paris: Editions Albin Michel, 1957.
Bagnall, Roger S. *Egypt in Late Antiquity.* Princeton: Princeton University Press, 1993.
Balsdon. J. P. V D. *Roman Women: Their History and Habits.* London: Bodley Head, 1962.
Banks, Robert. *Paul's Idea of Community.* Peabody, Mass.: Hendrickson, 1994.
Barnes, Timothy: "The Chronology of Montanism." *Journal of Theological Studies,*

n.s., 21 no. 2 (1970): 403-8.

———.“The Family and Career of L. Septimius Severus.” *Historia* 16 (1967): 87-107.

———.*Tertullian. A Historical and Literary Study.* Oxford: Clarendon Press, 1971.

———“Three Neglected Martyrs.” *Journal of Theological Studies,* n.s. 22 (1971): 159-61.

Barton, Carlin A. “The Scandal of the Arena.” *Representations* 27 (1989): 1-36.

———.*The Sorrows of the Ancient Romans: The Gladiator and the Monster.* Princeton: Princeton University Press, 1993.

Benario, Herbert W. “Amphitheatres of the Roman World” *Classlcal Journal 75* (1980): 255-58.

———.“Julia Domna — Mater Senatus et Patriae.” *Phoenix* 12 (summer 1958): 67-70.

Benko. Stephen. *Pagan Rome and the Early Christians.* Bloomington: Indiana University Press, 1984.

———, and J. J. O’Rourke, eds. *The Catacombs and the Colosseum.* Valley Forge: Judson Press, 1971.

Best. E. E. “Cicero, Livy and Educated Roman Women.” *Classical Journal 65* (1970): 199-204.

Birley, Anthony. *Septimius Severus: The African Emperor.* London: Eyre & Spottiswoode, 1971.

Bisbee, G. A. *Pre-Decian Acts of Martyrs and Commentarii* Philadelphia: Fortress Press, 1988.

Bishop, W. C. “The African Rite.” *Journal of Theological Studies* 13 (1911/12): 250-71.

Bomgardner, David L. “The Carthage Amphiteater: A Reappraisal,” American Journal of Archaeology 93 (1989): 85-103.

Bonner. S. F. “Child Care at Rome: The Role of Men.” *Historical Reflections/ Réflexions Historiques* 12 (1985): 485-523.

Bowersock, G. W. *Greek Sophists in the Roman Empire.* Oxford: Clarendon Press, 1969.

———.*Hellenism in Late Antiquity.* Ann Arbor: University of Michigan Press, 1990.

Brandon, S. G. F., ed. *The Saviour God.* Manchester: Manchester University Press, 1963.

Brooten, Bernadette J. "Early Christian Women and Their Cultural Context." In *Feminist Perspectives on Biblical Scholarship,* ed. Adela Yarbro Collins, 66-91. Chicago: Scholars Press, 1985.

Brown, Peter. *Augustine of Hippo.* Berkeley: University of California Press, 1969.

〈邦訳：ピーター・ブラウン『アウグスティヌス伝』、上・下、出村和彦訳、教文館、2004 年〉

———.*The Cult of the Saints.* Chicago: University of Chicago Press, 1981.

———.*The Making of Late Antiquity.* Cambridge: Harvard University Press, 1978.

〈邦訳：ピーター・ブラウン『古代末期の形成』、足立広明訳、慶應義塾大学出版会、2006 年〉

———.*Power and Persuasion in Late Antiquity: Towards a Christian. Empire.* Madison: University of Wisconsin Press, 1992.

———.*Religion and Society in the Age of St. Augustine.* New York: Harper & Row, 1972.

———.*The World of Late Antiquity.* New York: Harcourt Brace Jovanovich, 1971.

〈邦訳：ピーター・ブラウン『古代末期の世界——ローマ帝国はなぜキリスト教化したか？』、宮島直機訳、刀水書房、2006 年〉

Brown, Shelby, *Late Carthaginian Child Sacrifice.* Sheffield: Sheffield Academic Press, 1991.

Brueggemann, Walter. *The Prophetic Imagination.* Philadelphia: Fortress Press, 1978.

Bulkeley, Kelly. *The Wilderness of Dreams: Exploring the Religious Meanings of Dreams in Modern Western Culture.* Albany: SUNY Press, 1994.

Burkert, Walter. *Ancient Mystery Cults.* Cambridge: Harvard University Press, 1987.

Burtchaell, James Tunstead. *From Synagogue to Church: Puhlic Services and Offices.* Cambridge: Cambridge Universtiy Press, 1992.

Bynum, Caroline Walker. *The Resurrection of the Body in Western Christianity,* 200-1336. New York: Columbia University Press, 1995.

Cameron, Averil, and Anrelie Kuhrt, eds. *Images of Women in Antiquity.* Detroit: Wayne State University Press, 1985.

Campbell, R. Alastair. *The Elders: Seniority within Earliest Christianity.* Edinburgh: T&T Clark, 1994.

Cantarella, Eva. *Pandora's Daughters: The Role and Status of Women in Greek and Roman Antiquity.* Baltimore: Johns Hopkins University Press, 1987.

Cardman, Francine. "Acts of the Women Martyrs." In *Women in Early Christianity,* ed.

D. M. Scholer. 98-104. New York: Garland, 1993.

Castelli Elizabeth. "'1 Will Make Mary Male': Pieties of the Body and Gender Transformation of Christian Women in Late Antiquity" In *Body Guards: The Cultural Politics of Gender Ambiguity,* ed. J. Epstein and K. Straub, 29-49. New York: Routledge, 1991.

Chuvin, Pierre. *A Chronicle of the Last Pagans.* Cambridge: Harvard University Press, 1990.

Clark, Gillian. *Women in Late Antiquity.* Oxford: Clarendon Press, 1993.

Coleman, K. M. "Fatal Charades: Roman Executions Staged as Mythological Enactments." *Journal of Roman Studies* 80 (1990), 44-73.

Cooper, Kate. *The Virgin and the Bride: Idealized Womanhood in Late Antiquity.* Cambridge: Harvard University Press, 1996.

Corley, Kathleen E. *Private Women, Public Meals: Social Conflict in the Synoptic Tradition.* Peabody, Mass.: Hendrickson, 1993.

Cramer, Peter. *Baptism and Change in the Early Middle Ages, c. 200-c. 1150.* Cambridge: Cambridge University Press, 1993.

Daube, David. *Civil Disobedience in Antiquity.* Edinburgh: University Press, 1972.

Davies, J. G. "Was the Devotion of Septimius Severus to Serapis the Cause of the Persecution of 202-3?" J*ournal of Theological Studies* n.s. 6 (1954): 73-76.

Davies, Stevan. *The Revolt of the Widows.* Carbondale: Southern Illinois University Press, 1980.

Davis, Nathan. *Carthage and Her Remains.* New York: Harper, 1861.

de Nie, Giselle. "Consciousness Fecund through God." In *Sanctity and Motherhood,* ed. A. Mulder-Bakker, 101-61. New York: Garland, 1995.

de St. Croix, G. E. M "Why Were the Early Christians Persecuted?" *Past and Present* 26 (1963): 6-38.

Delaney, Gayle, ed. *New Directions in Dream Interpretation.* Albany: SUNY Press, 1993.

Delattre, A. L. "Inscriptions Chrétiennes de Carthage 1906-1907," *Revue Tunisienne,* 1907, 405-19, 536-44; 1908, 37-45, 169-78, 225-31, 43544, 521-32.

————."Quelques Nouvelles Découvertes D'Archéologie Chrétienne à Carthage." *Nuovo Bullettino di Archeologia Cristiana,* 1909, 45-55.

Delattre, R. P. "L'Area Chrétienne et la Basilique de MCIDFA, A Carthage." *Comptes Rendus de Sciences — Academie des Inscriptions et Belles Lettres,* 1907, 118-28.

———.“La Basilica Majorum (puits Rempli de Squelettes).” *Comptes Rendus de Sciences—Academie des Inscriptions et* Belles Lettres, 1908, 59-69.

———.“La Basilica Majorum, Tombeau des Saintes Perpétue et Félicité.” *Comptes Rendus de Sciences — Academie des Inscriptions et Belles Lettlles,* 1907, 516-32.

———.“Sur l'inscription des martyrs de Carthage, sainte Perpétue, sainte Félicité et leurs compagnons.” *Comptes rendus de l'Académie des Inscriptions et Belles Lettres,* 1907, 193-95.

Dixon, Suzanne. *The Roman Mother.* Norman: Oklahoma University Press, 1988.

Dodds, E. R. *Pagan and Cristian in an Age of Anxiety.* Cambridge: Cambridge University Press, 1985.

〈邦訳：E. R. ドッズ『不安の時代における異教とキリスト教』井谷嘉男訳、日本基督教団出版局、1981 年〉

Droge, A. J., and James D. Tabor. *A Noble Death: Suicide and Martyrdom among Christians and Jews in Antiquity.* San Francisco: Harper, 1992.

Duke, T. T. “Women and Pygmies in the Roman Arena.” *Classical journal* 50 (February 1955): 223-24.

Dumézil, Georges. *Archaic Roman Religion.* Trans. P. Krapp. 2 vols. Chicago: University of Chicago Press, 1966.

Dunbabin. K. M. D. *The Mosaics of Roman North Africa.* Oxford: Clarendon Press, 1978.

Duncan-Jones, R. P. “The Chronology of the Priesthood of Africa Proconsularis under the Principate.” *Epigraphische Studien* 5 (1968): 151ff.

Dunn, James D. G, *Jesus and the Spirit.* London: SCM Press, 1975.

Dupont, Florence. *Daily Life in Ancient Rome.* Trans. Christopher Woodall. Oxford: Basil Blackwell, 1993.

Ellis, E. Earle. *Prophecy and Hermeneutic in Early Christianity.* Grand Rapids, Mich.: Eerdmans, 1978.

Esler, Philip. *The First Christians in Their Social Worlds.* New York: Routledge, 1994.

Evans, Arthur. *The God of Ecstasy.* New York: St. Martin's Press, 1988.

Evans, J. K. “Wheat Production and Its Social Consequences in the Roman World.” *Classical Quarterly* 31 (1981): 428-42.

Faversham, W. Telfer. “The Origins of Christianity in Africa.” *Studia Patristica* 4 (1961): 512-17.

Ferguson, E., ed. *Conversion, Catechumenate, and Baptism in the Early Church.* New

York: Garland, 1993.

Ferguson, J. *Greek and Roman Religion.* Park Ridge, N. J.: Noyes Press, 1980.

Fiorenza, Elizabeth Schüssler. *In Mernory of Her: A Feminist Theological Reconstruction of Christian Origins.* New York: Crossroad, 1983.

————.“‘You are not to be called Father’: Early Christian History in a Feminist Perspective.” *Cross Currents* 30 (1979): 301-23.

Ford, J. Massignberd . “Was Montanism a Jewish-Christian Heresy?” *Journal of Ecclesiastical History* 17 (1966): 145-58.

Fowden, Garth. *Empire to Commonwealth: Consequences of Monotheism in Late Antiquity.* Princeton: Princeton University Press, 1993.

Fowler, W. Warde. *The Religious Experience of the Roman People.* London: Macmillan, 1911.

Fox, Robin Lane. *Pagans and Christians.* New York: Knopf, 1987.

Free, K. B., ed. *The Formulation of Christianity by Conflict through the Ages.* Lewiston, N. Y.: Edwin Mellen Press, 1995.

Frend, W.H.C. “A Note on Jews and Christians in Third Century North Africa” *Journal of Theological Studies,* n.s., 21 (1970): 92-96.

————.“A Severan Persecution? Evidence of the ‘Historia Augusta.’” In *Forma Futuri: Studi in Onore del Cardinale Michele Pellegrino.* Torino: Bottega d’Erasmo, 1975.

————.*The Archaeology of Early Christianity: A History.* Minneapolis: Fortress Press, 1996.

————.“Blandina and Perpetua: Two Early Christian Heroines.” In *Women in Early Christianity,* ed. D. M. Scholer, 87-97. New York: Garland, 1993.

————.*The Donatist Church.* Oxford: Basil Blackwell, 1952.

————.*Martyrdom and Persecution in the Early Church: A Study of Conflict from the Maccabees to Donatus.* Oxford: Basil Blackwell, 1965.

————.T*he Rise of Christianity.* Philadelphia: Fortress Press, 1984.

————.“The Seniores Laici and the Origins of the Church in North Africa.” *Journal of Theological Studies,* n.s., 12 (1961): 280-85.

Freud, Sigmund. *Interpretation of Dreams.* Trans. J. Strachey. New York: Avon Books, 1965.

〈邦訳：フロイト『夢判断』上・下、高橋義孝訳、新潮文庫、1969 年。フロイト『夢解釈（初版)』上・下、金関猛訳、中公クラシックス、2012 年〉

Gager, John G. "Body-Symbols and Social Reality: Resurrection, Incarnation and Asceticism in Early Christianity." *Religion* 12 (1982): 345-63.

———— .*Kingdom and Community: The Social World of Early Christianity.* Englewood Cliffs, N. J.: Prentice-Hall, 1975.

Gardner, Eileen, ed. *Visions of Heaven and Hell before Dante.* New York: Italica Press, 1989.

Gardner, Jane. *Women in Roman Law and Society.* Bloomington: Indiana University Press, 1986.

Garnsey, Peter. "Child Rearing in Ancient Italy" In *The Family in Italy from Antiquity to the Present,* ed. D. Kertzer et al., 48-65. New Haven: Yale University Press, 1991.

Gillespie, Thomas W. *The First Theologians: A Study in Early Christian Prophecy.* Grand Rapids, Mich.: Eerdmans, 1994.

Girard, René. *Violence and the Sacred.* Trans. P. Gregory: Baltimore: Johns Hopkins University Press, 1977.

Gleason, Maud W. "The Semiotics of Gender: Physiognomy and Self-Fashioning in the Second Century C.E." In *Before Sexuality: The Construction of Erotic Experience in the Ancient Greek World,* ed. D. M. Halperin et al., 389-416. Princeton: Princeton University Press, 1990.

Golvin, Jean-Claude. *L'Amphithéâtre Romain.* Paris: Boccard, 1988.

Goodman, Martin. *State and Society in Roman Galilee, A.D. 132-212.* Totowa, N. J.: Rowman & Allanheld, 1983.

Grant. F. C., ed. *Ancient Roman Religion.* New York: Library of Religion, 1957.

Greer, Rowan A. *The Fear of Freedom: A Study of Miracles in the Roman Imperial Church.* University Park: Pennsylvania State University Press, 1989.

Guterman, S. L. *Religious Toleration and Persecution in Ancient Rome.* London: Aiglon Press, 1951.

Hallett, Judith. *Fathers and Daughters in Roman Society.* Princeton: Princeton University Press, 1984.

Heffernan, Thomas J.*Sacred Biography: Saints and Their Biographers in the Middle Ages.* Oxford: Oxford University Press, 1988.

Heine, Ronald J. *Montanist Oracles and Testimonia.* North American Patristic Society, vol. 14. Macon, Ga.: Mercer University Press, 1989.

————."The Role of the Gospel of John in the Montanist Controversy." *The Second Century* 6 (1987/88): 1-19.

Herrin, Judith. *The Formation of Christendom.* Princeton: Princeton University Press, 1987.

Hiesinger, Ulrich S. "Julia Domna: Two Portraits in Bronze." *American Journal of Archaeology* 73 (January 1969): 39-44.

Hillard, T. "*Materna Auctoritas:* The Political Influence of Roman *Matronae.*" *Classicum* 22 (1972): 10-13.

Hoffsten, Ruth. *Roman Women of Rank in the Early Empire as Portrayed by Dio, Paterculus, Suetonius, and Tacitus.* Philadelphia: University of Pennsylvania Press, 1939.

Hopkins, Keith. "On the Probable Age Structure of the Roman Population." *Population Studies* 20 (1966): 245-64.

Ide, Arthur Frederick. *Martyrdom of Women: A Study of Death Psychology in the Early Christian Church to 301 C.E.* Garland, Tex.: Tangelwüld Press, 1985.

Jacquart, Danielle, and Claude Thomasset. *Sexuality and Medicine in the Middle Ages.* Princeton: Princeton University Press, 1988.

Jones, A. H. M. *The Later Roman Empire, 284-602.* Baltimore: Johns Hopkins University Press, 1986.

Kee, H. C. *Medicine, Miracle, and Magic in New Testament Times.* Cambridge: Cambridge University Press, 1986.

———. *Miracle in the Early Christian World.* New Haven: Yale University Press, 1983.

Kertzer, David I. and R. P. Seller, eds. *The Family in Italy from Antiquity to the Present.* New Haven: Yale University Press, 1991.

Kiefer, Otto. *Sexual Life in Ancient Rome.* New York: Dorset Press, 1993.

Klawiter, Frederick C. "The Role of Martyrdom and Persecution in Developing the Priestly Authority of Women in Early Christianity: A Case Study of Montanism." In *Women in Early Christianity,* ed. D. M. Scholer, 105-16. New York: Garland, 1993.

Kraemer, Ross Shepard. *Her Share of the Blessings.* Oxford: Oxford University Press, 1992.

Kruger, Steven F. *Dreaming in the Middle Ages.* Cambridge: Cambridge University Press, 1992.

LaBerge, Stephen. *Lucid Dreaming.* Los Angeles: Jeremy Tarcher, 1985.

Labriolle, Pierre de. *La Crise Montaniste.* Paris: Ernest Leroux, 1913.

Lancel, Serge. *Carthage: A History.* Oxford: Basil Blackwell, 1995.

la Piana, G. "The Roman Church at the End of the Second Century," *Harvard Theological Review* 18 (1925): 201-77.

Laporte, Jean. *The Role of Women in Early Christianity.* Lewsiton, N. Y. Edwin Mellen Press, 1982.

Lefkowitz, Mary R. "The Motivations for St. Perpetua's Martyrdom."*Journal of the American Academy of Religion* 44 (1976): 417-21.

————, and M. B. Fant. *Women's Lives in Greece and Rome.* Baltimore: Johns Hopkins University Press, 1982.

LeGoff, Jacques. *The Birth of Purgatory.* Trans. A. Goldhammer. Chicago: University of Chicago Press, 1984.

〈邦訳：ジャック・ル・ゴッフ『煉獄の誕生』、渡辺香根夫・内田洋訳、法政大学出版局、1988 年〉

————."Christianity and Dreams." In *The Medieval Imagination,* trans. A. Goldhammer. Chicago: University of Chicago Press, 1988.

Levenson, Jon D. *The Death and Resurrection of the Beloved Son.* New Haven: Yale University Press, 1993.

Lewis, I. M. *Ecstatic Religion.* New York: Routledge, 1989.

Liebeschuetz, J. H. W. G. *Continuity and Change in Roman Religion.* Oxford: Clarendon Press, 1979.

Lietzmann, H., ed. *Die drei ältesten Martyrologien.* Kleine Texte fur theologische und philologische Vorlesungen und Übungen, vol.2. Bonn: A. Marcus & E. Weber, 1911.

Lightman, M., and W. Zeisel. "Univira An Example of Continuity and Change in Roman Society." *Church History* 46 (1977): 19-32.

Lincoln, Bruce. *Emerging from the Chrysalis.* Oxford: Oxford University Press, 1991.

Littlewood, A. R. "The Symbolism of the Apple in Greek and Roman Literature." Harvard Studies in Classical Philology 72 (1968), 147-81.

Lyttleton, M., and W. Forman. *The Romans: Their Gods and Their Beliefs.* London: Orbis, 1984.

MacDonald, David J. *The Coinage of Aphrodisias.* London: Royal Numismatic Society, 1992.

MacMullen, Ramsay. *Christianizing the Roman Empire (A.D. 100-400),* New Haven: Yale University Press, 1984.

————. *Paganism in the Roman Empire.* New Haven: Yale University Press, 1981.

Marshall, A. S. "Roman Women and the Provinces." *Ancient Society* (1976) 6: 109-

27.
Martin, Luther H. *Hellenistic Religions.* Oxford: Orford University Press, 1987.
Mattingly D. J., and R. B. Hitchner. "Roman North Africa: An Archaeological Survey" *Journal of Roman Studies* 85 (1995): 165-213.
McCabe, Joseph. *The Empresses of Rome.* New York: Holt, 1911.
McDannell, Colleen and B. Lang. *Heaven: A History.* New Haven: Yale University Press, 1988.
Meeks. Wayne. *The First Urban Christians: The Social World of the Apostle Paul.* New Haven: Yale University Press, 1983.
〈邦訳：ウェイン・A・ミークス『古代都市のキリスト教――パウロ伝道圏の社会学的研究』、加山久夫監訳／布川悦子・挽地茂男訳、ヨルダン社、1989年〉
――――.*The Origins of Christian Morality: The First Two Centuries.* New Haven: Yale University Press, 1993.
Merrill, Elmer Truesdell. "Tertullian on Pliny's Persecution of the Christians." *American Journal of Theology,* 52 (1918): 124-35.
Milavec, Aaron. "Distinguishing True and False Prophets: The Protective Wisdom of the Didache." J*ournal of Early Christian Studies* 2, no. 2 (1994): 117-36.
Miles, Margaret R. *Carnal Knowing.* Boston: Beacon Press, 1989.
Millar, Fergus. *The Emperor in the Roman World.* Ithaca: Cornell University Press, 1977.
Miller, Patricia Cox. "'All the Words Were Frightful': Salvation by Dreams in the Shepherd of Hermas." *Vigiliae Christianae* 42 (1988): 327-38.
――――."The Devil's Gateway: An Eros of Difference in the Dreams of Perpetua." *Dreaming* 2, no, I (1992): 45-63.
Newman, Barbara. *From Virile Woman to Woman Christ.* Philadelphia: University of Pennsylvania Press, 1995.
Neyrey, Jerome H. "Body Language in 1 Corinthians." *Semeia* 35 (1986): 129-70.
Nock, A. D. "Alexander of Abonuteichos." *Classical Quarterly* 22 (1928): 160-62.
――――.*Conversion: The Old and the New in Religion from Alexander the Great to Augustine of Hippo.* Oxford: Oxford University Press, 1961.
Oliver, J. H. "Julia Domna as Athena Polias." In *Athenian Studies Presented to William Scott Ferguson,* 521-30. Cambridge: Harvard University Press, 1973.
Olseon, H. "The Five Julias of the Severan Emperors." *Voice of the Turtle* 4 (1965): 197.

Oppenheim, A. L. "The Interpretation of Dreams in the Ancient Near East." *Transactions of the American Philosophical Society* 46 (1956): 179-255.

Pagels, Elaine. *The Origin of Satan.* New York: Random House, 1995.

Pedley, John Griffiths. *New Light on Ancient Carthage.* Ann Arbor: University of Michigan Press, 1980.

Perowne, Stewart. *Caesars and Saints: The Rise of the Christian State, A.D. 180-313.* New York: Barnes & Noble, 1962.

Pettersen, Alvyn. "Perpetua — Prisoner of Conscience." *Vigiliae Christianae* 41 (1987): 139-53.

Phillips, J. E. "Roman Mothers and the Lives of Their Adult Daughters," *Helios,* n,s., 6 (1990): 69-80.

Platnauer, Maurice. *The Life and Reign of the Emperor Lucius Septimius Severus.* 1918. Reprint, Westport, Conn.: Greenwood Press, 1970.

Pomeroy, Sarah B. *Goddesses, Whores, Wives and Slaves: Women in Classical Antiquity.* New York: Schocken, 1975.

Poque, S. "Spectacles et festins offerts par Augustin d'Hippone pour les fêtes de martyrs." *Pallas* 15 (1968): 103-25.

Potter, David. *Prophets and Emperors: Human and Divine Authority from Augustus to Theodosius.* Cambridge: Harvard University Press, 1994.

Powell, Douglas. "Tertullianists and Cataphrygians." *Vigiliae Christianae* 29 (1975): 33-54.

Price, S. R. F. "The Future of Dreams: From Freud to Artemidorus." In *Before Sexuality: The Construction of Erotic Experience in the Ancient Greek World,* ed. D. M. Halperin et al., 365-88. Princeton: Princeton University Press, 1990.

————.*Rituals and Power: The Roman Imperial Cult in Asia Minor.* Cambridge: Cambridge University Press, 1984.

Raven, Susan. *Rome in Africa.* New York: Routledge, 1993.

Rawson, Beryl, ed. *The Family in Ancient Rome: New Perspectives.* Ithaca: Cornell University Press, 1986.

Reitzenstein, Richard. *Hellenistic Mystery-Religions: Their Basic Ideas and Significance.* Trans. J. E. Steely Pittsburgh: Pickwick Press, 1978.

Rives, J. B. "The Piety of a Persecutor." *Journal of Early Christian Studies* 4, 1 (1996): 1-26.

————.*Religion and Authority in Roman Carthage from Augustus to Constantine.*

Oxford: Clarendon Press, 1995.

Robert, Louis. "Une vision de Perpétue, martyre à Carthage en 203." *Comptes rendus de l'Académie des Inscriptions et Belles-Lettres,* 1982, 228-76.

Rossi, Mary Ann. "The Passion of Perpetua, Everywoman of Late Antiquity." In *Pagan and Christian Anxiety:A Response to E. R. Dodds,* ed. R. C. Smith and J. Lounibos, 53-86. New York: University Press of America, 1984.

Rouselle, Aline. *Porneia: On Desire and the Body in Antiquity.* Trans. F. Pheasant. New York: Basil Blackwell, 1988.

Rousselle, R. "The Dreams of Vibia Perpetua: Analysis of a Female Christian Martyr," *Journal Psychohistory* 14（1987）: 193-206.

Rupprecht, Carol Schreier. T*he Dream and the Text: Essays on Literature and Language.* Albany: SUNY Press, 1993.

Salisbury, Joyce E. "The Bond of a Common Mind: A Study of Collective Salvation from Cyprian to Augustine." *Journal of Religious History* 11（1985）: 235-47.

———.*Church Fathers, Independent Virgins.* London: Verso, 1991.

———. *Iberian Popular Religion, 600 B.C. to 700 A.D.* Lewiston, N. Y.: Edwin Mellen Press, 1985.

———."Origin of the Power of Vincent the Martyr." *Proceedings of the PMR Conference* 8（1983）: 97-107.

Saxer, V. *Morts, martyrs, reliques en Afrique Chrétienne aux premiers siècles.* Paris: Beauchesne, 1980.

Schlegel, G. D. "The Ad Martyras of Tertullian and the Circumstances of Its Composition." *Downside Review* 63（1945）: 125.

Schwarte, K. H. "Das angebliche Christengesetz des Sep. Sev." *Historla* 12（1963）: 185-208.

Scobie, Alex. "Spectator Security and Comfort at Gladiatorial Games." In *Nikephoros: Zeitschrift für Sport und Kultur im. Altertum,* 1988, 191-243.

Segal, Alan F. *Rebecca's Children: Judaism and Christianity in the Roman World.* Cambridge: Harvard University Press, 1986.

Seltzer, Robert M., ed. *Religions of Antiquity.* New York: Macmillan, 1989.

Shafton, Anthony. *Dream Reader: Contemporary Approaches to the Understanding of Dreams.* Albany: SUNY Press, 1995.

Shaw, Brent. "The Age of Roman Girls at Marriage: Some Reconsiderations." *Journal of Roman Studies* 77（1987）: 30-46.

———.“Body/Power/Identity: Passions of the Martyrs.” *Journal of Early Christian Studies* 4 (fall 1996): 269-312.

———.“The Passion of Perpetua.” *Past and Present* 139 (1993): 3-45.

Shewring, W. H. “Prose Rhythm in the Passio S.Perpetuae.” J*ournal of Theological Studies* 30 (1928/29): 56-57.

Smith, J. Z. *Drudgery Divine: On the Comparison of Early Christianities and the Religions of Late Antiquity.* Chicago: University of Chicago Press, 1990.

Snyder, Jane MaIntosh. *The Woman and the Lyre: Women Writers in Classical Greece and Rome.* Carbondale: Southern Illinois University Press, 1989.

Soren, David, et al. *Carthage.* New York: Simon & Schuster, 1990.

Sprague de Camp, L. *Great Cities of the Ancient World.* New York: Dorset Press, 1972.

Stager, Lawrence E., and Samuel R. Wolff, “Child Sacrifice at Carthage — Religious Rite or Population Control?” *Biblical Archeology Review* 10, no. 1 (January-February 1984): 31-51.

Stark, Rodney. *The Rise of Christianity: A Sociologist Reconsiders History.* Princeton: Princeton University Press, 1996.

〈邦訳：ロドニー・スターク『キリスト教とローマ帝国――小さなメシア運動が帝国に広がった理由』、穐田信子訳、新教出版社、2014 年〉

Starr, Raymond J. “The Circulation of Literary Texts in the Roman World.” *Classical Quarterly* 37 (1987): 213-23.

Tabbernee, William. “Early Montanism and Voluntary Martyrdom.” *Colloquium: The Australian and New Zealand Theological Review* 19 (1985): 33-44.

Telfer, W. “The Origins of Christianity in Africa.” Studie Patristica, vol. 4: *Texte u. Unters* 79 (1960): 512-17.

Tilley, Maureen A. “One Woman’s Body: Repression and Expression in the *Passio Perpetuae.*” In *Ethnicity, Nationality and Religious Experience,* ed. Peter C. Phan. New York: University Press of America, 1991.

Vande Kappelle, Robert P. “Prophets and Mantics.” In *Pagan and Christian Anxiety: A Response to E. R. Dodds,* ed. R. C. Smith and J. Lounibos, 87-111. New York: University Press of America, 1984.

Veyne, Paul. *Bread and Circuses.* Trans. B. Pearce. London: Penguin Press, 1990.

〈邦訳：ポール・ヴェーヌ『パンと競技場――ギリシア・ローマ時代の政治と都市の社会学的歴史』、鎌田博夫訳、法政大学出版局、1998 年〉

Walsh, P. G. *The Roman Novel.* Cambridge: Cambridge University Press, 1970.

Warmington, B. H. *Carthage: A History,* New York: Barnes & Noble, 1993.

Weinrich, William C. *Spirit and Martyrdom.: A Study of the Work of the Holy Spirit in Contexts of Persecution and Martyrdom in the New Testament and Early Christianity.* Washington, D. C.: University Press of America, 1981.

White, Robert J. *The Interpretation of Dreams: Oneirocritica by Artemidorus.* Noyes Classical Studies. Park Ridge, N. J.: Noyes Press, 1975.

Wiedemann, Thomas. *Emperors and Gladiators.* New York: Routledge, 1992.

Wild, Payson S. “Two Julias.” *Classical Journal* 12 (October 1917): 14-24

Wilken, Robert L. *The Christians as the Romans Saw Them.* New Haven: Yale University Press, 1984.

〈邦訳：R. L. ウィルケン『ローマ人が見たキリスト教』、三小田敏雄・松本宣郎・阪本浩・道躰滋保子訳、ヨルダン社、1987年〉

Wilkins, P. J. “Amphitheatres and Private Munificence in Roman Africa.” *Zeitschrift für Papyrologie und Epigraphik* 75 (1988): 215-21.

Williams, Mary Gilmore. “Studies in the Lives of Roman Empresses, I: Julia Domna.” *American Journal of Archaeology* 6, no. 3 (1902): 259-305.

Witt, R. E. *Isis in the Graeco-Roman World.* Ithaca: Cornell University Press, 1971.